戦国武将列伝❖9

中国編

光成準治 編

戎光祥出版

はしがき

中国地域における戦国大名といえば、多くの人が毛利元就《もうりもとなり》を思い浮かべるであろう。しかし、元就が一国衆の地位からの脱却を図ったのは天文二十三年（一五五四）であり、仮に戦国期の始期を応仁《おうにん》・文明《ぶんめい》の乱《らん》が勃発した応仁元年（一四六七）、終期を毛利氏と羽柴秀吉《はしばひでよし》方との国境が画定した天正十三年（一五八五）初頭とすると、戦国大名毛利氏の登場以後よりもそれ以前の期間のほうがはるかに長い。にもかかわらず、毛利氏以外の大名や国衆は脇役的にとりあげられるケースが多かった。

例えば、大内氏《おおうち》は守護大名の典型とされてきたため、戦国大名毛利氏に取って代わられ滅亡した古いタイプの権力とみなされることも少なくなかった。しかし、戦国大名領国とは、守護権ではなく自らの公儀性に基づいて広域的な支配を行う地域国家と定義でき、守護職を獲得していない安芸国や備後国においても多くの国人領主層を従属下に置いていた大内氏は戦国大名といってもよかろう。大内氏は応仁・文明の乱勃発以前の康正三年（一四五七）に安芸武田《たけだ》氏領へ進攻しており、その時点で戦国大名化への道が始まっていたと捉えることもできる。大内氏の滅亡は弘治三年（一五五七）。戦国期の中国地域西部に影響力を及ぼした期間は毛利氏よりも大内氏のほうが長い。

毛利氏と並ぶ中国地域における代表的な戦国大名尼子《あまご》氏についても、天文十年（一五四一）の郡山《こおりやま》城合戦での敗退や、永禄九年（一五六六）の富田《とだ》開城、山中幸盛《やまなかゆきもり》らの再興活動の失敗といった対毛利氏戦の敗北が広く知られたエピソードだが、郡山城敗退後も尼子晴久《はるひさ》が死没する以前においては、尼子氏が大きく衰退したわけではない。

さらに、因幡国・伯耆国・備前国・美作国・備中国においては、守護山名《やまな》氏・細川《ほそかわ》氏の退潮の中から武田高信《たけだたかのぶ》、南条宗勝《なんじょうそうしょう》、浦上宗景《うらがみむねかげ》、宇喜多直家《うきたなおいえ》、三村元親《みむらもとちか》・家親《いえちか》といった地域領主が台頭している。けれども、これらの武将も毛利氏との関係に注目が集まり、地域領主としての面は広く知られていない。安芸国や備後国の国衆は本来毛利氏と同格の存在であり、毛利氏が戦国大名化した後も同盟関係的側面は残されていたが、毛利氏家臣としての活動のみに注目が集まってきた。

このような毛利氏中心史観は、江戸期に成立した軍記類（『陰徳太平記《いんとくたいへいき》』など）の影響が現代にも色濃く残っていたためである。このため、本書では、軍記類の叙述に基づく虚像を排して実像を描き出すことに努めた。

中国地域の戦国期史料については、『大日本古文書』『萩藩閥閲録』など従来から活用されてきた毛利氏関係文書に加え、近年、『山口県史』『新鳥取県史』といった県史編纂における史料編や『出雲尼子氏史料集』『戦国遺文大内氏編』などの大名別史料集が刊行されたほか、『新修倉敷市史』『久世町史』『松江市史』といった自治体史においても充実した史料編纂が行われている。本書はそれらの成果を踏まえ、最新の研究動向を盛り込み各武将の実像に迫ったものである。

中国地域においては、他の地域と異なり、守護あるいは守護代層に出自をもつ家が大名として織豊期まで存続することができなかった。そのような特殊性は毛利元就や宇喜多直家といった武将の知勇によって、守護・守護代層が滅亡・衰退に追い込まれたことのみを要因にするとは考えられない。その謎を解き明かすためには、滅亡・衰退していった家の武将や国衆を研究対象とすることも有効であろう。本書は単に武将の一生を追うだけでなく、マクロな視点で中世から近世へと移行する時期の中国地域史を見直そうとしたものである。

右記のように比較的史料に恵まれた当地域であるが、未解明の史実も少なくない。本書の刊行を契機にさらなる研究の深化に加え、埋もれた史料の発掘につながることにも期待したい。

二〇二三年七月

光成準治

目次

凡　例

一、本書では、戦国時代に主に中国地方を基盤として活躍した武将四十八人を取り上げ、各武将の事蹟や個性、そして彼らは何のために戦っていたのかをまとめた。

一、人名や歴史用語には適宜ルビを振った。読み方については、各種辞典類を参照したが、歴史上の用語、とりわけ人名の読み方は定まっていない場合も多く、ルビで示した読み方が確定的なものというわけではない。また、執筆者ごとに読み方が違う場合もあり、本書で立項した武将名以外のルビについては、各執筆者の見解を尊重したことをお断りしておきたい。

一、用語についても、それ自体が論点となりうるため、執筆者間で統一をしていない。

一、掲載写真のうち、クレジットを示していないものについては、戎光祥出版編集部撮影のものである。

因幡武田氏
鳥取城
南条氏
羽衣石城
鹿野城
但馬
新山城
雲大社
宍道湖
山中氏
富田城
米子城
尾高城
杉原氏
打吹山城
因幡山名氏
若桜鬼ヶ城
伯耆山名氏
因幡
高瀬城
伯耆
尼子氏
出雲
三沢城
三浦氏
岩屋城
美作
高田城
播磨
蔀山城
赤穴
(瀬戸山)城
備中
三村氏
天神山城
甲山城
山内氏
松山城
浦上氏
三石城
宍戸氏
五龍城
清水氏
備後
国吉城
備中高松城
沼城
備前
旗返城
吉田郡山城
国府
(八尾山)城
幸山城
細川氏
砥石城
宇喜多氏
毛利氏
備後山名氏
猿掛城
神辺城
鴨山城
小早川氏
槌山城
三原城
鏡山城
高山城
鞆の浦
讃岐
阿波
伊予
土佐

戦国時代の中国関係図

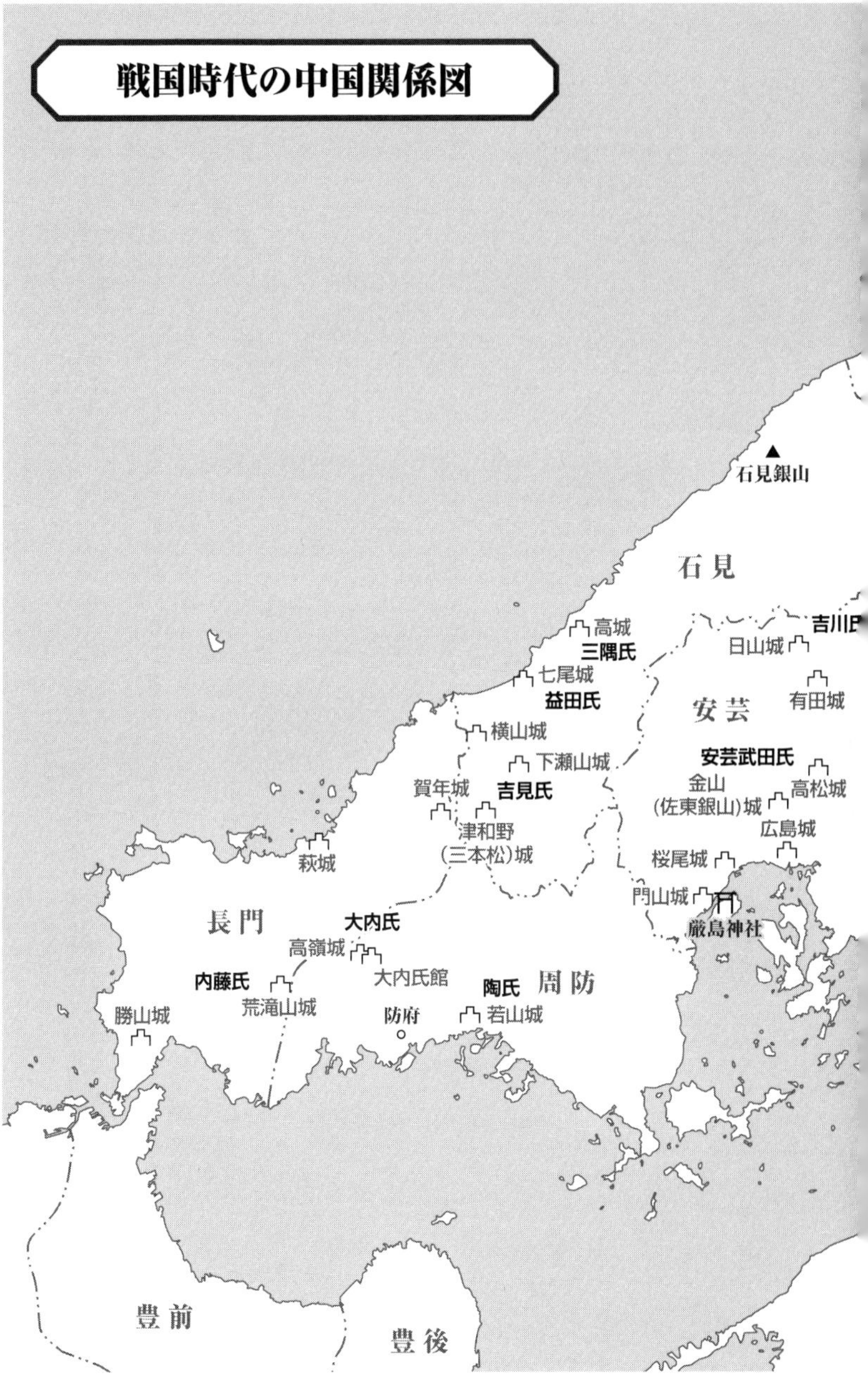
石見銀山
石見
吉川氏
高城
三隅氏
日山城
七尾城
益田氏
有田城
安芸
横山城
下瀬山城
安芸武田氏
賀年城
吉見氏
金山
(佐東銀山)城
高松城
津和野
(三本松)城
広島城
萩城
桜尾城
門山城
長門
大内氏
厳島神社
高嶺城
大内氏館
内藤氏
陶氏
周防
荒滝山城
勝山城
防府
若山城
豊前
豊後

大内義興——足利義植を復権させ遣明船の経営権を得る

義興の家督相続まで

大内《おおうち》氏は、周防・長門両国を中心に中国地方西部から北部九州に大きな勢力を誇った大大名であり、おおよそ十五世紀末から十六世紀第一四半期にかけての大内氏当主が義興《よしおき》（一四七七～一五二八）である。大内氏は、義興の祖父教弘《のりひろ》の代から、在国を基本とするようになり、領国支配機構の整備が進んだ。一方、幕府や遣明船《けんみんせん》の主導権をめぐってか、細川《ほそかわ》氏やその主導する幕府との対立的な姿勢を辞さないようになっていった。両勢力の対立は、室町後期の西日本における中心的な対立軸となり、大内氏領国周辺の大名・領主らに対応を迫ることとなった。

義興の父政弘《まさひろ》は、応仁・文明の乱に際して上洛し、西軍方の主力として長期在京した。文明二年（一四七〇）、留守を預かっていた政弘の伯父道頓《どうとん》（教幸《のりゆき》）が、その子嘉々丸が東軍方から大内氏当主として認められたため東軍方につき、政弘留守中の大内氏領国は東軍・道頓方が席巻した。この状況を救ったのは、周防国守護代を務める陶弘護《すえひろもり》で、政弘の母を奉じ、他の政弘方の重臣や、妻の実家である石見国の有力国人益田《ますだ》氏との連携により、道頓方を九州へ追い落とすことに成功した。政弘は文明九年に帰国し、翌年、北部九州に出陣し、豊前・筑前両国を奪還した。一方、抑留していた遣明船の積み荷を幕府に返還した。

延徳三年（一四九一）、足利義稙《あしかがよしたね》（義材《よしき》→義尹《よしただ》→義稙。本項では義稙に統一）が六角《ろっかく》氏を討つために近江国に出陣すると、政弘は義興を名代として上洛させた。明応二年（一四九三）、義稙が今度は畠山《はたけやま》氏を討つため河内国に出陣すると、在京していた義興もこれに従うが、その間に京都に残っていた細川政元《まさもと》が足利義澄《よしずみ》（義高《よしたか》→義澄）を擁立して義稙を廃した（明応の政変）。このとき義興は、事態を傍観するかたちで帰国した〔藤井二〇一四、晴富宿称記〕。

明応四年九月十八日、政弘が死去し〔大乗院寺社雑事記〕、義興が大内氏の家督を継ぐ。

義興が家督を相続した時点で、西日本の大名や領主が直面していた最も大きな問題は、将軍復権を目指す足利義稙からの協力要請にどのように対応するかであったと思われる。

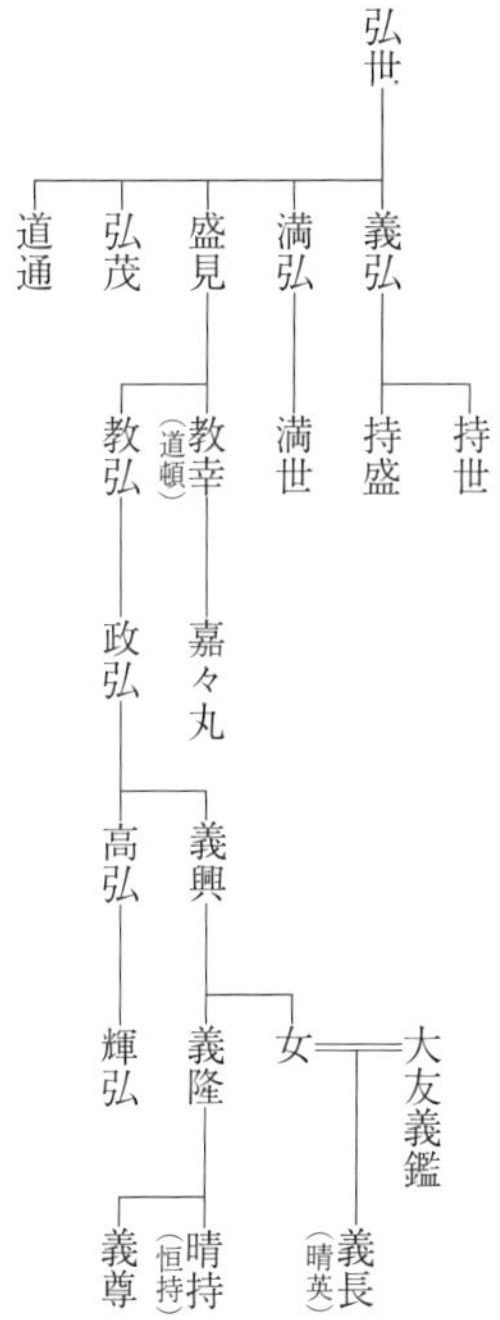

大内氏系図

結論から言えば、義興は明応九年（一五〇〇）三月に義稙を山口《やまぐち》（山口市）に迎え、永正四年（一五〇七）十一月に上洛を開始することになるが、それまでにはかなりの時間を要した。まず、義興の上洛に向けた動きを確認したい。

義興の上洛準備①——重臣層の粛清

政弘死去の半年ほど前の明応四年（一四九五）二月十三日、大内氏重臣筆頭の陶氏において、遁世《とんせい》していた前当主の武護《たけもり》（法名宗景《そうけい》）が、家督を継いでいた弟興明《おきあき》を殺害するという奇妙な事件が起こった。武護は追討を受けることになった。さらに同二十八日、長門国守護代の内藤弘矩《ないとうひろのり》が防府《ほうふ》（山口県防府市）にて討たれ、その子弘和《ひろかず》も城に籠もったが義興の軍勢により討たれた。内藤弘矩父子が討たれたのは、陶武護が弟興明を殺害することに同意していたためだという〔晴富宿称記〕（内藤弘矩が討たれた場所は、同書では「大内左京入道（政弘）宅」）。内藤父子を討つにあたり義興は石見国の益田氏を動員しており〔益田家文書〕、義興による計画的な粛清であったことがわかる。

さらに明応八年二月、義興の弟で氷上山興隆寺《ひかみさんこうりゅうじ》（山口市）の別当《べっとう》、周防国目代《もくだい》であった大護院尊光《だいごいんそんこう》（還俗《げんぞく》して大内高弘《たかひろ》）を擁立して義興を廃する企てをしたとして、大内氏の重臣杉武明《すぎたけあき》が自害に追い込まれた〔大乗院寺社雑事記〕。

これらの事件は一連のものと考えられ、杉武明が大護院尊光を擁立しようとした理由は義興が上洛しようとしたためとされ、結果として上洛はなくなったとされている。足利義稙の協力要請に義興が応じようとしたことに重臣層の反発があったことがうかがわれる〔播磨二〇〇二、和田二〇〇七〕。

この一連の事件は、最上級の重臣三者に背かれたものであり、義興にとっては大きな危機であったと思われるが、これを乗り越えたことにより、義興は反対勢力の粛清に成功し、強力な求心力を得ることになったと思われる。

大内義興像（部分）　山口県立山口博物館蔵

義興の上洛準備②――石見国への介入

明応二年（一四九三）、杉武明・弘中《ひろなか》武長《たけなが》・杉武道《たけみち》・陶興明・陶弘詮《ひろあき》といった大内氏の重臣らが益田《ますだ》宗兼《むねかね》と協力関係を確認した〔益田家文書〕。明応の政変後の動揺の中で、益田氏の大内氏への協力を維持しようとする義興の意向を受けたものと見られる。先述の同四年の内藤弘矩の粛清に際しては益田宗兼も動員された。

この頃、石見国では益田氏と並ぶ有力な国衆三隅《みすみ》氏の家中で、当主（貞信《さだのぶ》か）が家臣に背かれ、三隅（島根県浜田市）を離れるとい

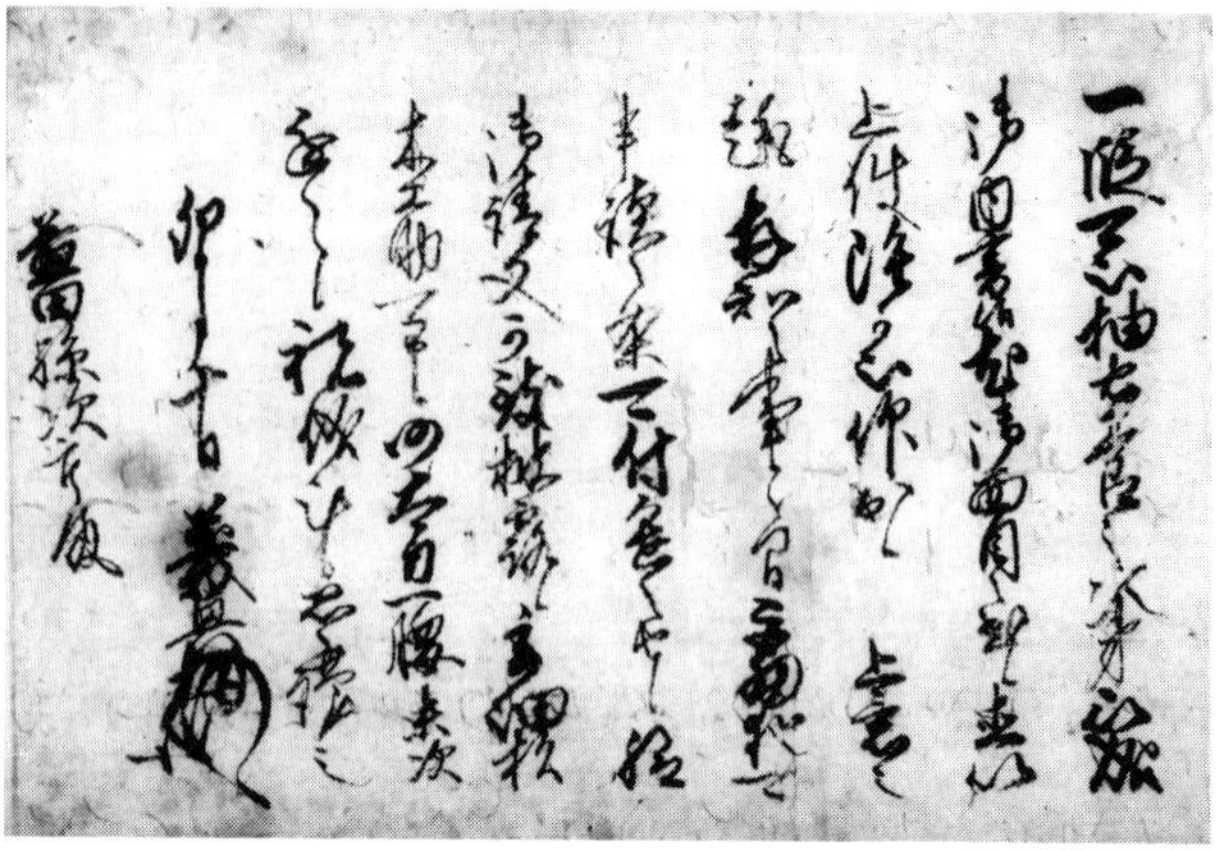

大内義興書状　「益田家文書」　東京大学史料編纂所蔵

う事態が起こっていた。この事件は、益田氏、福屋《ふくや》氏、小笠《おがさ》原《わら》氏といった周辺の石見国衆の介入により、当主が三隅に復帰して解決した。その際、三隅氏は益田氏らに対して、係争地となっていた所領の領有を認めることとなった〔益田家文書〕。このような石見国の情勢に義興は介入した。義興は三隅氏と益田氏との契約を承認し、その関係を維持するよう求めた〔益田家文書〕。同九年、三隅氏と益田氏の関係が再び悪化すると、義稙の動向にふれつつ、先の契約の内容どおり和睦するよう再度働きかけた〔益田家文書〕。

かつて、応仁・文明の乱中、周防国東部で陶弘護に大敗した道頓方を支えたのは吉見《よしみ》氏、三隅氏、周布《すふ》氏、小笠原氏といった石見国衆らであり、一方で政弘・陶弘護方を支えたのが益田氏であった〔益田家文書〕。また、大内氏では歴史上何度も家督をめぐって内紛が起こっているが、しばしば、益田氏をはじめとする石見国の領主は、それぞれ大内氏当主候補を支援するなどしていた。それが、大内氏の当主争いを複雑化・激化させていた。それは、もともとの石見国の領主間の紛争が大内氏の内紛や将軍権力の分裂に結び付いたものであった〔和田二〇一三、中司二〇一八・二〇一九〕。このため、義興は石見国の領主間の対立構図を解消あるいは緩和させることで、石見国の情勢を安定させ、留守中の不安要素を減らそうとしたものと考えられる。

文亀二年（一五〇二）頃、義興はその一年前の益田宗兼の出陣が遅れたことについて問いただし、宗兼は実に七十年前にさかのぼって代々の益田氏が大内氏にどのように貢献してきたかを記して弁明した〔益田家文書〕。本来、大内氏と益田氏の間に主従関係はなく、このとき義興は石見守護ではないため統治権的支配も及んでいなかった。もちろん大内氏の影響力は隣国石見国に及んでおり、このとき以前から益田氏は大内氏に従わざるをえない側面はあった。しかし、このような強圧的な態度は過去に見られないものであり、足利義稙の復権を大義名分とした周辺の領主に対する統制強化と考えられる。

義興の上洛準備③——九州情勢への対応

明応五年（一四九六）、豊後国では、大友政親《おおともまさちか》が子義右《よしすけ》（大内政弘の娘を娶る）を毒殺し、さらに大内氏から豊前・筑前両国を奪取しようと出船したが、悪風により船が長門国の浦に漂着したため、大内氏により捕縛され殺害されたという。もともと大内氏に親しい義右と政親の折り合いが悪く、義右が足利義稙の協力要請に応じようとしたため、政親に殺害されたのだという〔後法興院記、晴富宿祢記〕。

また同年、少弐政資《しょうにまさすけ》が筑前国に打ち入り国中が「錯乱」し、義興は赤間関《あかまがせき》（山口県下関市）に出陣した〔王丸文書、晴富宿祢記〕。このとき大内氏の軍勢は少弐氏を肥前国小城《おぎ》郡に追い詰めたようで、このときの益田宗兼の協力に感謝を伝えたものと思しき惣悟《そうご》（杉重道《しげみち》）書状によると、少弐氏を「一度に四五人まて」討ち取ったとある〔益田家文書〕。「北肥戦誌《ほくひせんし》」に見えるように少弐政資らを討ち取り、少弐氏に大きな打撃を与えた可能性が高い。

また、明応七年十月、大友氏の軍勢が豊前国に侵入し、明応八年には大友氏が妙見岳城《みょうけんだけ》（大分県宇佐市）の城衆を降伏させて豊後国に連行した〔佐田文書〕。文亀元年（一五〇一）、豊後国国東《くにさき》郡の田原親述《たわらちかのぶ》が大友氏に反旗を翻し、大内氏の水軍が別府湾（大分県）に侵入した。さらに妙見岳城も奪回した。閏六月、大友氏・少弐氏の軍勢が豊前国馬岳《うまがだけ》城（福岡県行橋市）などを攻撃し、大内氏は同城主杉弘隆《ひろたか》や仁保護郷《にほもりさと》など有力家臣が戦死するなど、多くの被害を出したが、撃退に成功した〔三浦家文書〕。

明応九年に山口に下向した義稙は大友親治《ちかはる》（政親の弟）を大内氏と和睦させ、自身の上洛に協力させようとした〔大友家文書録〕。また、西国の領主らに御内書《ごないしょ》を発給し、忠節を求めた。義興はこれに副状を発給することで、その権威を高めた〔今岡一九九七〕。一方、足利義澄を擁立する細川政元は、大友親治・大内高弘・少弐資元《すけもと》・菊池武運《きくちたけかず》らに忠節を求め、文亀元年閏六月には義興を治罰すべきとの後《ご》柏原《かしわばら》天皇の綸旨《りんじ》が発せられた〔大友家文書録〕。

中国や朝鮮との貿易に重要な国際貿易港の博多（福岡市博多区）の掌握のため、豊前・筑前両国をめぐって少弐氏や大友氏と大内氏は代々争っていた。そして、互いに内紛に介入し、領国の不安定要因となっていた。明応六年に義興は少弐氏を大きく弱体化させることに成功した。細川氏が主導する幕府は、大内氏の背後を脅かす役割を大友氏に期待するようになった。不安要素を残しているが、義興は北部九州において優位な状況を作ることに成功したとみてよいと思われる。

総じて義興は、応仁・文明の乱に際しての父政弘の上洛時に、政弘の伯父道頓が東軍方につき領国が分断された事態と同じ轍を踏まないようにしていたと思われる。内憂と外患を可能な限り排除し、留守中の領国の安定を図ったものと思われる。

義興の上洛と船岡山合戦

こうして準備が整いつつあった永正四年（一五〇七）六月、細川政元が家臣に暗殺されるという事件が起こる。政元の後継者をめぐって、澄之《すみゆき》・澄元《すみもと》・高国《たかくに》の三人の養子が争い、澄元が優勢となったが、高国は義稙・義興と結び挽回を図ろうとした。

こうして義興は永正四年十一月に上洛を開始した。大内氏家臣はもちろん、多くの大内氏領国周辺の領主らもこれに従った。翌年四月に和泉国堺（大阪府堺市）に義稙・義興の船団が到着すると、足利義澄と細川澄元らは京都から近江へと逃亡し、義稙は将軍に返り咲いた。

義興は長期間在京するつもりはなかったようだが、朝廷や幕府は義興を引き留めるため、官位（従四位下、次いで従四位上〔歴名土代〕）や副将軍・山城国守護などの地位を与えた〔実隆公記〕。

足利義稙木像　京都市北区・等持院蔵

永正八年八月、足利義澄派の諸勢力が政権奪還を目指し各方面から京都に迫ると、義稙・義興・高国らは丹波に逃れた。義稙・義興にとってはかなり危機的な状況であったが、義澄の病死や、八月二十四日の船岡山《ふなおかやま》合戦での勝利により、京都の奪還に成功した。この戦いでは大内氏重臣の問田弘胤《といだひろたね》が戦死しており、激しい戦闘だったようだ〔実隆公記〕。この戦闘に勝利したことにより、義稙・義興・高国の政権はしばらく安定する。

しかし、永正五年から数えてすでに三年以上にわたる在京は、義稙・義興に従って上洛した安芸国や石見国の領主らには大きな負担となっていたようで、船岡山合戦前の八月中旬に安芸国の吉《きっ》川《かわ》氏らが、合戦後の同年十二月までにも多くの安芸・石見の領主らが帰国した〔益田家文書〕。義興は永正十五年まで在京し続けるが、最後までこれに従って在京し続けたのは益田氏などに限られた。

義稙・義興政権への対応をめぐってそれぞれが個別の対応をしたことにより、安芸・石見の領主らは相互不信に陥ったようで、それを解消するためか、志芳《しわ》東天野《ひがしあまの》氏、志芳《しわ》堀《ほり》天野氏、毛利《もうり》氏、平賀《ひらが》氏、竹原小早川《たけはらこばやかわ》氏、阿曽沼《あそぬま》氏、野間《のま》氏、高橋《たかはし》氏、吉川氏の九氏が、将軍や大内義興からの命令に一致協力して対応することを誓う盟約を結んでいる〔右田毛利家文書〕。将軍権力の分裂などによる複雑な情勢に、領主らは団結して行動することで対応しようとした〔岸田一九八三〕。

寧波の乱

義興は永正十五年（一五一八）八月に帰国する。実に十年間にわたる上洛であった。上洛の最大の成果は、遣明船の経営を将軍義稙から認められたことであろう。しかし、義興の帰国後、義稙と細川高国の関係が悪化し、義稙は出奔、高国は新たに義澄の子足利義晴《よしはる》を擁立した。これにより義興と高国の提携も解消され、両氏は遣明船の利権をめぐり熾烈な争いを展開する。

大内・細川両氏がそれぞれ遣明船を派遣したことで、明《みん》朝の日本に対する玄関港である寧波《ニンポー》にて両氏の遣明船が対立し、大内方が細川方の正使を殺害して、副使を追い回し、取り締まりにあたった明朝の官吏を拉致するという寧波の乱が発生した。

これにより、日明関係は断絶するが、その回復をめぐっても両氏は争い、南九州―琉球ルートを押さえた大内氏が遣明船の経営権を独占することとなった〔伊藤二〇〇三・二〇一二〕。

義興の安芸国遠征

義興の帰国以前、安芸国西部の佐東《さとう》郡・安南《あなん》郡・山県《やまがた》郡を領する武田《たけだ》元繁《もとしげ》が反大内氏に転じた。義興は毛利興元《おきもと》に命じて山県郡有田城《ありだ》（広島県北広島町）を陥落させ、その奪回を目指した元繁は永正十四年（一五一七）十月の合戦で戦死した〔房顕覚書、毛利家文書〕。さらに、大永二年（一五二二）三月、義興は武田氏攻略のため安芸国に陶興房《おきふさ》を大将とする軍勢を派遣した〔房顕覚書〕。

しかし、大永三年四月、厳島《いつくしま》神主家の一族友田興藤《ともだおきふじ》が挙兵し、桜尾城《さくらお》（広島県廿日市市）を奪取して、大内氏に敵対する姿勢を見せた。これ以前に神主家の当主をめぐって内紛が起こっていたが、義興は当主を定めず、厳島社領を直接支配しようとしており〔房顕覚書〕、興藤の挙兵はこれに対抗しようとしたものと思われる。

さらに、大永三年六月、出雲国の尼子経久《あまごつねひさ》が率いる軍勢が、安芸国における大内氏の重要拠点である鏡山城《かがみやま》（広島県東広島市）を攻略した〔閥閲録〕。これにより、安芸国・備後国の多くの領主が尼子経久に与した。このことは大内氏と大内氏方の諸勢力に大きな衝撃を与えたと思われる。

こうした情勢を受け、大永四年、義興は子大内義隆《よしたか》とともに安芸国に自ら出陣し、厳島（広島県廿日市市）に本陣を置き、翌年には対岸の門山城《かどやま》（廿日市市）に移り、尼子氏方勢力との戦いを進め、毛利氏、天野氏らが帰順した。大内氏は、大永五年末には豊後大友氏の軍勢をも動員し〔房顕覚書、閥閲録〕、翌六年には但馬国・備後国守護の山名誠豊《やまなのぶとよ》に尼子経久への敵対を表明させるなど〔長谷川二〇〇〇〕、外交も駆使して尼子氏や武田氏との戦いを進めた。

義興は安芸・備後の反大内氏勢力との戦いを優勢に進めていたが、大永八年七月に門山城で病に倒れ帰国、同年末の十二月二十日に山口で病没した〔房顕覚書〕。凌雲寺《りょううんじ》（山口市）に葬られ、死後は「凌雲寺殿」と称される。

義興の時代

大内義興は、将軍権力が分裂する状況下で、その一方を擁立し、一時は中央政権を牛耳ることのできる立場にあった。そのような意味で、義興は、三好長慶《みよしながよし》や織田信長《おだのぶなが》に先行する存在であった。しかし、義興はその地位にほとんど執着していない。義興にとって最も重要であったのは、遣明船の利権の独占であった。単に統一政権への連続という視点では読み解けない点に義興の魅力がある。

（中司健一）

伝大内義興墓　山口市・凌雲寺跡

【主要参考文献】

伊藤幸司「大内氏の琉球通交」（『年報中世史研究』二八、二〇〇三年）

伊藤幸司「大内氏の対外交流と防長」（『山口県史』通史編中世、山口県、二〇一二年）

今岡典和「御内書と副状」（大山喬平教授退官記念会編『日本社会の史的構造』古代・中世、思文閣出版、一九九七年）

今谷明「大内義興の山城国支配」（『山口県地方史研究』五一、一九八四年）

川岡勉「大内氏と周防・長門」（『山口県史』通史編中世、山口県、二〇一二年）

河村昭一「大内・尼子両勢力の争覇」（『広島県史』中世、広島県、一九八四年）

岸田裕之『大名領国の構成的展開』（吉川弘文館、一九八三年）
中司健一「中世後期石見国人の動向と室町幕府・大名」（『石見の中世領主の盛衰と東アジア海域世界』島根県古代文化センター、二〇一八年）
中司健一「国人衆からみた大内氏」（大内氏歴史文化研究会編『室町戦国日本の覇者　大内氏の世界をさぐる』勉誠出版、二〇一九年）。
橋本雄『中世日本の国際関係』（吉川弘文館、二〇〇五年）
長谷川博史『戦国大名尼子氏の研究』（吉川弘文館、二〇〇〇年）
長谷川博史『大内氏の興亡と西日本社会』（吉川弘文館、二〇二〇年）
播磨定男「陶氏供養塔の発見」（同著『山口県の歴史と文化』大学教育出版、二〇〇二年）
福尾猛市郎『大内義隆』（吉川弘文館、一九五九年）
藤井崇『大内義興』（戎光祥出版、二〇一四年）
松岡久人著・岸田裕之編『大内氏の研究』（清文堂、二〇一一年）
和田秀作「大内氏の領国支配組織と人材登用」（岸田裕之編『毛利元就と地域社会』中国新聞社、二〇〇七年）
和田秀作「大内氏の物庶関係をめぐって」（鹿毛敏夫編『大内と大友』勉誠出版、二〇一三年）

大内義隆――大内氏最大版図を築くも家臣に背かれる

義隆の家督相続

大内《おおうち》義隆《よしたか》の初陣は、大永四年（一五二四）から始まる父大内義興《よしおき》の安芸国遠征であった。これは出雲国尼子《あまご》氏や、尼子氏と連携し反大内氏の姿勢を示した武田《たけだ》氏・厳島《いつくしま》神主家との戦いであった。義隆は義興とともに厳島やその対岸の門山《かどやま》城（いずれも広島県廿日市市）に在陣した。大内氏はこの戦いを優勢に進めていたが、義興が大永八年七月に病に倒れ帰国したため、義隆もあわせて帰国したようだ。そして同年末の義興の死去により、家督を相続する。

大内義隆の家督相続は、それまでの大内氏歴代当主とは異なり、平穏なものであった。大規模な家督争いや家臣の粛清は起こらなかった。しかし、それは別の見方をすれば、対立の芽が温存されたと見ることもできる〔和田二〇一三〕。

北部九州経略と大宰大弐任官

家督相続後、義隆は領国の東側よりも、西側の九州方面での軍事行動を優先する方針をとったようだ

大内義隆画像　山口市・龍福寺蔵

〔長谷川二〇二〇〕。

たとえば、享禄三年（一五三〇）、尼子経久《つねひさ》が塩冶《えんや》氏に養子として送り込んでいた三男興久《おきひさ》を中心とする出雲国西部の勢力と戦闘状態になると、義隆は毛利元就《もうりもとなり》の意見を入れて尼子経久への支援を表明し、毛利氏に経久を支援させている〔秋山一九九二〕。このときは経久にとって最大の危機と言える状況であったが、この頃の義隆は尼子氏をたいした脅威と見なしていなかったのか、むしろこれを手助けしている。

そして、九州経略のため、義隆は肥後国の菊池《きくち》氏と結んで大友《おおとも》氏の後方を脅かそうとしていた。これに対抗して大友義鑑《よしあき》は、天文元年（一五三二）に安芸武田氏、尼子経久、伊予国の河野《こうの》氏、宇都宮《うつのみや》氏、村上《むらかみ》氏と連携して大内氏包囲網を形成した〔熊谷家文書〕。また、享禄元年頃から少弐《しょうに》氏が肥前国多久《たく》城（佐賀県多久市）を拠点に軍事行動を展開していた。

こうして天文元年八月に大友氏の軍勢が豊前・筑前に出陣すると、義隆も九月に北部九州に軍勢を派遣した。義隆も長府《ちょうふ》（山口県下関市）まで出陣している。豊前国では万代平城（大分県中津市）や妙見《みょうけん》岳《だけ》城（同宇佐市）を大友氏の軍勢が攻撃していたが、天文三年二月頃に大規模な戦闘は終息したようで、大内氏側が撃退に成功したようだ〔屋形米二郎文書、佐田家文書〕。筑前国でも四月に大友氏の立花城《たちばな》（福岡市東区、福岡県新宮町・久山町）や柑子岳城《こうしだけ》（福岡市西区）を攻略するなど、大内氏が優勢となった〔大永享禄之比御状并書状之跡付、村田文書〕。

さらに大内氏軍は肥前国にも攻め入り、陶興房《すえおきふさ》率いる軍勢が少弐氏との戦いを優勢に進めた〔相良家文書〕。筑後国には菊池義武《よしたけ》が攻め入り、大友氏は逆に肥後に軍勢を派遣した〔五条文書〕。戦いは天文三年も続き、長期戦の様相を呈するようになった。ここで将軍足利義晴《あしかがよしはる》が大内氏と大友氏に和睦を命じる御内書《ごないしょ》を発給し〔大友家文書録ほか〕、義隆は天文四年三月にこれに応じて「開陣」を表明した〔林家文書、閥閲録〕。

一方で、少弐氏との戦いは継続され、興房が率いる軍勢により少弐資元《すけもと》は多久城に追い詰められ、天文五年九月に自刃したと伝わる〔歴代鎮西志、北肥戦誌〕。

また、大内義隆は、天文五年に大宰大弐《だざいだいに》に任官され、北部九州の支配の正統性を得て、これを最大限利用している〔山田二〇一五〕。

安芸国遠征

大内氏が九州で大きな戦果をあげていた頃、尼子経久は大内氏の承認のもと毛利氏の支援を得たことで、塩冶氏ら出雲国西部の勢力との戦いを有利に進めた。一方、経久は先述のとおり天文元年（一五三二）

大内氏館跡　山口市

の大友義鑑による大内氏包囲網にも参加した。さらに、天文二年から同五年にかけて出雲国西部の勢力と関係の深い備後国北部の山内《やまのうち》氏らをも攻撃し、これらを服属させることで、尼子氏の支配は出雲国西部にも強く及ぶようになった〔長谷川二〇〇〇〕。

　これにより、これまで以上に積極的な出雲国外への侵攻を尼子氏は図るようになった。天文六年から同十年にかけては播磨国へ断続的に遠征し、その間の天文八年には安芸・備後両国北部に侵攻している。それは、安芸武田氏をはじめとする安芸・備後の反大内氏勢力との連携のもと行われた〔長谷川二〇二〇〕。

　前述のとおり、大内義隆は領国の東側よりも九州方面を重視していた。むしろ、父義興同様に、将軍足利義晴の要請に応じて一足飛びに上洛を検討していた。そのような中、安芸国においては毛利氏を厚遇して尼子氏への備えとしていたように思われる。享禄二年（一五二九）、石見国と安芸国にまたがって勢力を誇り、領主連合の盟主の地位にあった高橋《たかはし》氏が尼子氏についた際には、これを毛利氏が滅ぼして盟主の地位を継承することを支援した〔岸田一九八三〕。天文二年には毛利元就に従五位下・右馬頭の叙位任官を斡旋した。また、人質として山口にあった元就の長男隆元《たかもと》も厚遇を受けた。しかし、天文八年には大内義隆が毛利元就に疑心をもっていないことを伝えなければならないほど事態は紛糾していた。おそらく尼子氏に与同する勢が拡大し、安芸国の情勢が不安定になっていたのであろう。毛利氏家中も不穏な情勢にあったようだ〔毛利家文書、小早川家文書、下郷共済会蔵文書〕。

このような流れの中、天文九年に毛利氏の本拠吉田《よしだ》郡山《こおりやま》城（広島県安芸高田市）をめぐる尼子氏と大内氏・毛利氏による攻防が起こる。

大内義隆も上洛を断念し、ようやく安芸国方面に目を向けた。防府《ほうふ》（山口県防府市）を経て、九月には岩国《いわくに》（同岩国市）へと陣を移した〔房顕覚書〕。陶隆房《たかふさ》（のちに晴賢《はるかた》）や東西条代官の杉隆宣《すぎたかのぶ》らを毛利氏への援軍として派遣し、翌十年正月に撃退に成功した〔野坂文書、毛利家文書、房顕覚書〕。

さらに大内氏は、尼子氏に呼応した厳島神主家と武田氏を立て続けに滅ぼし、安芸国を平定した。義隆はそのまま安芸国にとどまり、金山《かなやま》城（広島市安佐南区）に滞在中の天文十年八月、天文七年に派遣した遣明船《けんみんせん》帰国の報告を受けた〔策彦入明記〕。同年十月に尼子経久が死去した。この頃が義隆の絶頂期といえるかもしれない。

出雲国遠征と嫡子晴持の戦死

天文十一年（一五四二）を安芸国で迎えた義隆は、出雲国に向かった。六月には出雲国南西端に位置する赤穴《あかな》氏の瀬戸山《せとやま》城（島根県飯南町）に攻め寄せ、七月にこれを落とした〔中川家文書〕。これにより、出雲国の領主のほとんどが大内氏方となった。同年九月、大内氏の水軍が中海《なかうみ》の大根島《だいこんしま》（松江市）を攻撃した〔冷泉家文書〕。

そして、天文十二年二月に尼子氏の本拠富田《とだ》城（島根県安来市）を望む京羅木山《きょうらぎさん》（安来市）に義隆は本陣を移した。尼子氏は滅亡の危機にあった。しかし、四月末頃に吉川興経《きっかわおきつね》、山名理興《やまなただおき》をはじめとする多くの領主が尼子氏方に転じ、五月七日に大内氏の軍勢は敗走を余儀なくされた。このとき、義隆の嫡子晴持《はるもち》、東西条代官杉隆宣、安芸国の領主沼田小早川正平《ぬたこばやかわまさひら》らが戦死した〔房顕覚書、譜録、小早川家文書〕。

なお、安芸国出陣から出雲国遠征まで、大友氏の軍勢が動員されており、その助けや石見国三隅《みすみ》（島根県浜田市）の船持ち衆大賀《おおが》氏の助けもあって義隆はなんとか帰国した〔山田二〇一九、大賀家文書〕。

一般に、義隆はこの出雲国遠征に失敗し、嫡子晴持を失ったことで、領国経営に対する関心を失ったと言われる。本当にそうなのか、その後の動きを確認してみたい。

備後国・肥前国経略

天文十二年（一五四三）六月、義隆は沼田《ぬまた》・金山（いずれも広島市安佐南区）に軍勢を入れ〔宍戸家文書〕、また、戦死した杉隆宣に替えて弘中隆兼《ひろなかたかかね》を東西条の槌山《つちやま》城（広島県東広島市）に派遣した〔閥閲録〕。早々に安芸国の守りを固めている。

さらに備後国への勢力拡大が図られた。外郡《そとごおり》と呼ばれる同国南部は弘中隆兼が、内郡《うちごおり》（中郡とも）

と呼ばれる北部地域は毛利元就がそれぞれ担当し、攻略が進められた。富田城攻めの際に尼子氏に転じた山名理興の拠る神辺城《かんなべ》（広島県福山市）の攻略がその焦点となるが、天文十七年六月から大内氏軍は攻撃をしかけ、翌年九月にこれを落とした。大内氏支配下となった神辺城督には青景隆著《あおかげたかあきら》が任じられた〔湯浅家文書〕。

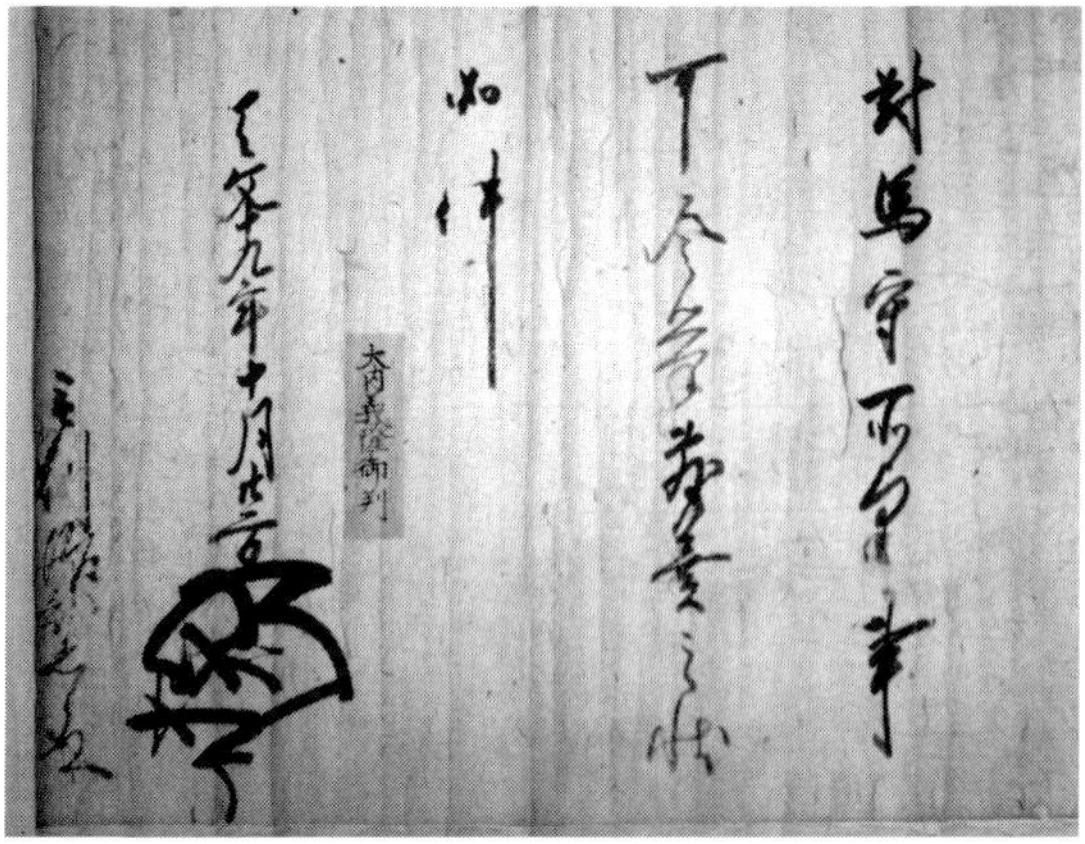

大内義隆吹挙状　「厚母家文書」　山口県文書館蔵
大内義隆の花押はゆるやかに変化し続け、次第に巨大化する。この花押は亡くなる前年のもの。

こうして備後国も大内氏の支配下に入った。

また、義隆は肥前国への影響力も強めている。龍造《りゅうぞう》寺《じ》氏と関係を深め、天文十六年には龍造寺胤栄《たねみつ》を「肥前国代官」に任じ、同十九年には龍造寺民部大輔を山城守に吹挙し、「隆」字を与え隆信《たかのぶ》と名乗らせた。このことが後に龍造寺氏の戦国大名化に影響を与えた可能性が高い。実態については研究を深める必要があるが、大内氏が肥前国に一定の影響力を持ったことは間違いないだろう。

重臣層との緊張関係

こうして大内義隆は、義興代までに守護職を得ていた周防・長門・豊前・筑前・石見に加え、安芸・備後・肥前などに勢力を展開し、大内氏の最大版図を実現した。

官位も天文十七年（一五四八）に従二位となり、将軍をも上まわった〔公卿補任〕。

対外的には最盛期を迎えていた大内氏であるが、領国統治においてもその内実は充実していた。周防・長門・豊前・筑前については、守護である大内氏のもと、守護代―小守護代（または各郡代）という支配系統が整備されていた〔松岡二〇一一、佐伯弘次一九七八・一九八〇a、b〕。各守護代は、周防国は陶氏、長門国は内藤《ないとう》氏、豊前国は伯耆守系杉氏が世襲し、すでにそれは百年近くに及んでいた。

安芸国と備後国については、従来の安芸国東西条代官が守護代的存在へと発展するが、その管轄範囲は主に両国の南部地域であった。一方、有力かつ自立的な領主が割拠している両国の北部地域は、領主連合の盟主の地位を大内氏から認められた毛利氏が大内氏と領主らの連絡を仲介するという重要な役割を果たしていた。石見についても、従来からの迩摩《にま》郡代が守護代へと発展したが、多くの有力な領主が自立性を保っていた。ここでも大内氏は、益田《ますだ》氏を領主連合の盟主と認め、益田氏を介して領主らと連絡をとる方針がうかがえる。また、益田氏と険悪な吉見《よしみ》氏とは直接結びつくなどして統制を図っていた。

支配下に収めてからの歴史が短く、領主の自立性がまだ強い地域については、領主連合の盟主を介して連絡をとることで、支配を円滑に進めようとする方針がうかがえる。肥前国については、龍造寺氏が代官に任じられていた。その内実はまだ不明な点が多いが、ここでも有力な領主を領主連合の盟主とすることで掌握・統制しようとしたのではないか。

このように領主連合の存在を前提とした支配の展開が見られるが、領主連合の形成は大内氏が利用しようとし、その形成・維持を促した側面もあるが、両国において歴史的に形成されてきたものでもある〔岸田一九八三〕。

また、こうした国ごとの支配とは別に重要な都市や城、特別な地域には、個別に代官や城督が置かれた。たとえば筑前国博多（福岡市博多区）には大内氏直属の博多代官と現地を統括する下代官が置かれた〔佐伯一九八五〕。長門国赤間関《あかまがせき》（山口県下関市）には赤間関役人と呼ばれる代官的存在が置かれていた〔須田二〇〇四〕。大友氏や少弐氏に備えなければならなかった北部九州の重要な城（妙見岳など）の城督は大内氏直属であったと思われる。

このように、大内氏は義隆代に最大版図を実現した。そして、それにあわせて陶、内藤、伯耆守系杉氏の三家は守護代の世襲を繰り返して権力基盤を充実させていた。また、毛利氏や益田氏ら領国周辺の有力領主は、大内氏から領主連合の盟主としての地位を認められたことで、その影響力を増していた。

これら重臣層や領主連合が大内氏の軍事力を支えていたが、彼らが従わなかった場合、大きな脅威ともなりえた。その意味で、大内氏は絶頂期にあったが、大内氏当主としての義隆の地位を脅かしうる不安材料を内包していた。義隆の家督相続は、歴代の大内氏当主と異なり、目立った争いは起こらず、内紛の火種を残していたとも見られる。

義隆もそのような状況にまったく手を打たなかったわけではなく、側近を登用して新たに支配下に収めた地域（たとえば旧厳島神主家領や旧武田氏領）の支配にあたらせ、自身の権力基盤にするなどしていた。そのような義隆の指向性は重臣層の反感を買った可能性がある。その意味で、義隆期の武断派と文治派の対立とされる状況は、伝統的な重臣層と義隆の側近層の対立ととらえうるのではないか〔中司二〇一三a・b〕。

大内義隆の墓　山口県長門市・大寧寺　撮影：筆者

大寧寺での死去

天文二十年（一五五一）八月、陶隆房をはじめとする大内氏重臣等が挙兵し、義隆は大内館から法泉寺《ほっせんじ》（いずれも山口市）を経て逃走し、最終的に長門国大寧寺《たいねいじ》（山口県長門市）にて自害した〔益田市所蔵周布家文書〕。陶隆房は伯耆守系杉氏や内藤氏に合意を取り付けており、毛利氏・益田氏とも連携していた。義隆に従って戦死した家臣は能《の》美《み》備前守、龍崎隆輔《りゅうざきたかすけ》、貫隆仲《ぬきたかなか》、麻生《あそう》中務丞であり〔弘文荘待賈古書目録、増補訂正編年大友史料〕、このほか、冷泉隆豊《れいぜいたかとよ》、右田隆次《みぎたたかつぐ》、天野隆良《あまのたかよし》、黒川《くろかわ》隆像、大田隆通《おおたたかみち》、岡部隆景《おかべたかかげ》、岡屋隆秀《おかやたかひで》、祢宜右延《ねぎみぎのぶ》、藤島《ふじしま》実直《さねなお》、伊佐隆光《いさたかみつ》、伊佐景久《かげひさ》、深野隆弘《ふかのたかひろ》、蔵田教信《くらたのりのぶ》、佐波隆連《さわたかつら》らが大寧寺にて死去したという。義隆が取り立てた領国周辺の領主や奉行人の子弟と覚しき人物と思われる。

このように、義隆に対する下剋上とされる事件は、自身の権力基盤強化のため側近層を新興家臣で固めようとした義隆と、伝統的な大内氏重臣層との対立の結果とみることができると思われる。ただし、大内氏の家督争いにおいて、家督候補らがそれぞれ大内氏の家臣や領国周辺の領主らに指示されて相争うという構図はこの事件においても共通している。大きく異なるのはその後大内氏が滅亡に向かうことであり、その理由の一つは守護代層の重臣や領主連合の盟主となる領主の力が強大化していたことが挙げられるのではないだろうか。

（中司健一）

【主要参考文献】
秋山伸隆「大永・享禄年間の尼子氏と毛利氏」（藤岡大拙編『尼子氏の総合的研究』、一九九二年）
河村昭一「大内・尼子両勢力の争覇」（『広島県史』中世、広島県、一九八四年）
岸田裕之『大名領国の構成的展開』（吉川弘文館、一九八三年）
岸田裕之「陶隆房の挙兵と毛利元就」（同著『大名領国の政治と意識』吉川弘文館、二〇一一年。初出は一九九一年）
木村信幸「実像の郡山合戦」（『戦乱中国の覇者毛利の城と戦略』成美堂出版、一九九七年）
佐伯弘次「大内氏の筑前国支配」（『九州中世史研究』一、文献出版、一九七八年）
佐伯弘次「大内氏の筑前国守護代」（『九州中世史研究』二、文献出版、一九八〇年a）
佐伯弘次「大内氏の筑前国郡代」（『九州史学』六九、一九八〇年b）
佐伯弘次「大内氏の博多支配機構」（『史淵』一二二、一九八五年）

須田牧子「中世後期における赤間関の機能と大内氏」（『ヒストリア』一八九、二〇〇四年）
中司健一「大内義隆の安芸国支配」（『芸備地方史研究』二八七、二〇一三年a）
中司健一「大内氏当主側近層の形成と展開」（鹿毛敏夫編『大内と大友』勉誠出版、二〇一三年b）
長谷川博史『戦国大名尼子氏の研究』（吉川弘文館、二〇〇〇年）
長谷川博史「大永七年備後国和智郷細沢山合戦と陣城遺構」（『芸備地方史研究』二三〇、二〇〇二年）
長谷川博史「十六世紀の日本列島と出雲尼子氏」（『尼子氏の特質と興亡史に関わる比較研究』島根県古代文化センター、二〇一三年）。
長谷川博史『大内氏の興亡と西日本社会』（吉川弘文館、二〇二〇年）
松岡久人著・岸田裕之編『大内氏の研究』（清文堂、二〇一一年）
山田貴司「大内義隆の大宰大弐任官」（同『中世後期武家官位論』戎光祥出版、二〇一五年。初出は二〇〇六年）
山田貴司「大内義隆の「雲州敗軍」とその影響」（黒嶋敏編『戦国合戦〈大敗〉の歴史学』山川出版社、二〇一九年）
和田秀作「陶氏のクーデターと石見国人周布氏の動向」（『山口県地方史研究』七〇、一九九三年）
和田秀作「大内義隆と陶隆房」（『山口県史』通史編中世、山口県、二〇一二年）
和田秀作「大内氏の惣庶関係をめぐって」（鹿毛敏夫編『大内と大友』勉誠出版、二〇一三年）

陶興房――総大将を務めた大内氏筆頭重臣

陶氏の系譜

陶興房《すえおきふさ》が家督を相続したとき、陶氏の置かれた立場は非常に微妙なものであったと思われる。その歴史を振り返ってみたい（本節は主に「陶弘護像賛《ひろもりぞうさん》」による）。

陶氏は、もとは大内《おおうち》氏の庶流右田《みぎた》氏のさらに庶流で、右田弘賢《ひろかた》が陶保《すえのほ》（山口市）を領したことから陶を名乗ったとされる。弘賢の子弘政《ひろまさ》の代に富田《とんだ》保（山口県周南市）を領した。富田保は周防国衙《こくが》領で鹿野《かの》（周南市）や得地《とくじ》（山口市）に通じる道と山陽道が交わり、富田津という港もあり、海陸の要衝であった。富田を領したことで、陶氏は飛躍的に力をつけたと思われる。

弘政の子弘長《ひろなが》は豊前国守護代や長門国守護代を務め、康応元年（一三八九）には将軍足利義満《あしかがよしみつ》から富田保地頭職を安堵された。弘長は戦死したといい、その跡を継いだ盛長《もりなが》は長門国守護代を務めたが、あまり史料に見えない。盛長の子盛政《もりまさ》は、最初、長門国守護代であったが、周防国守護代に任じられ、以後、陶氏が同職を世襲することになる。盛政の子弘房《ひろふさ》は、同職を務め、応仁・文明の乱では大内政弘《まさひろ》に従って上京し、応仁二年（一四六八）に京都相国寺《しょうこくじ》の合戦で戦死した。弘房までの陶氏は、大内氏重

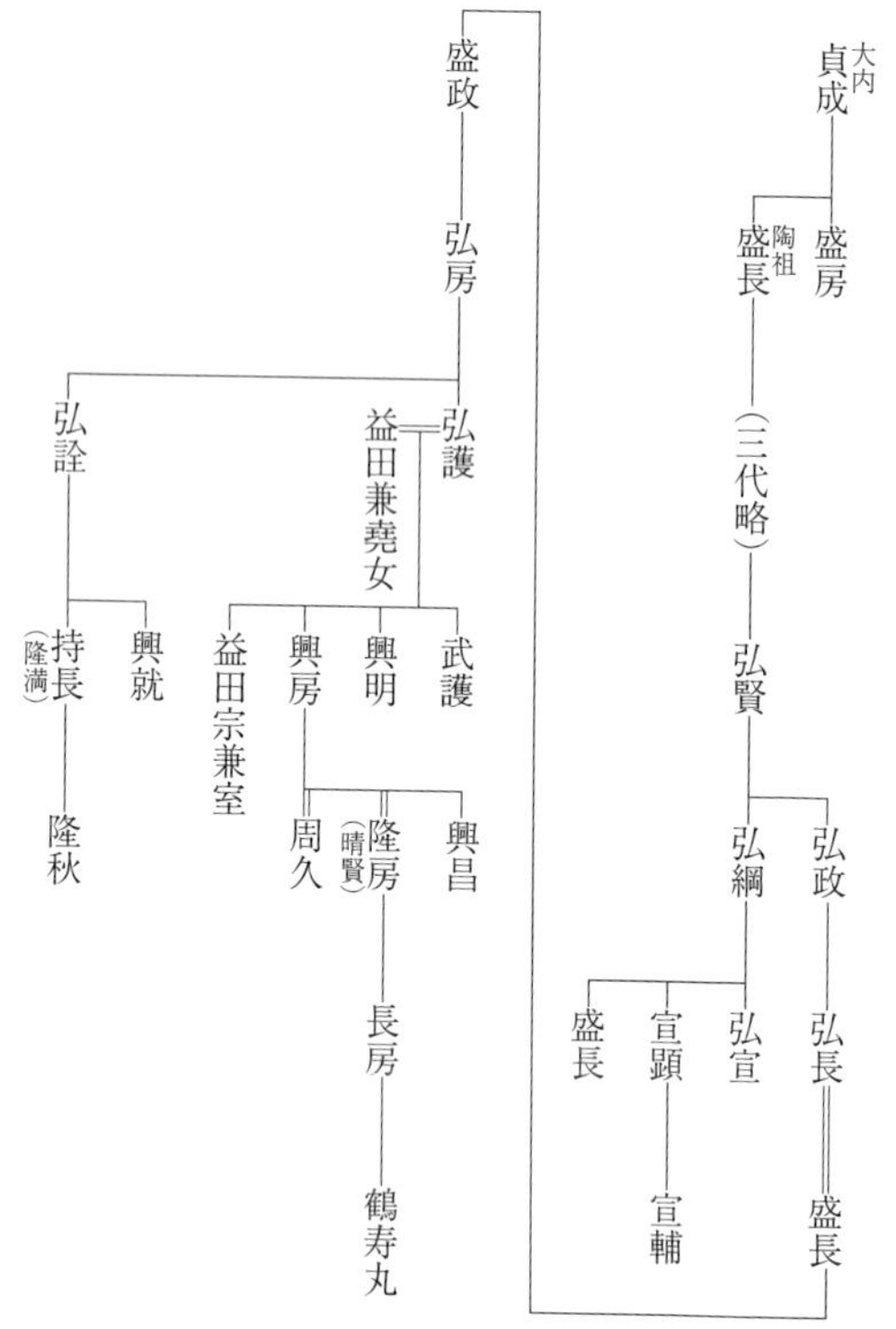

陶氏系図（『山口県史』通史編中世512頁を参考に作成）

臣筆頭とは言えるものの、他の重臣たちからぬきんでているという印象はない。

　弘房の子が、陶弘護である。弘護は上洛する父弘房から後事を託されたといい、その戦死後の文明元年（一四六九）に元服した。翌二年、政弘の留守を預かっていたその叔父道頓《どうとん》（大内教幸《のりゆき》）が東軍方につき、一時大内氏領国は東軍・道頓方が席巻した。弘護は当初これに従ったが、十二月二十二日に政弘方としての旗幟を鮮明にし、道頓方を石見国に追い落とした。さらに石見国の多くの領主を味方に付けた道頓と賀年《かね》（山口市）で戦い、九州へと没落させた。陶弘護は、政弘の母を奉じ、他の政弘方の重臣や、妻の実家であり石見国の最有力国人であった益田《ますだ》氏と連携することにより、道頓方に勝利することができた。

政弘が文明九年に帰国し、翌年北部九州に遠征すると、弘護は筑前国守護代を兼ねてその総大将とも言うべき地位にあった。同国の領主らへの処遇をめぐって政弘と意見があわないところがあり、文明十一年かぎりで筑前国守護代を辞することになったが、その後任は弟の陶弘詮《ひろあき》であった。

このように、弘護の時代に陶氏は、他の大内氏重臣らと比較しても一歩ぬきんでた地位を占めたと思われる。

陶弘護像（部分）　山口県周南市・龍豊寺蔵　周南市美術博物館寄託

弘護の悲劇と兄二人の内訌

陶弘護は文明十三年（一四八一）に伊勢に参詣し、翌十四年には小笠原元長《おがさわらもとなが》から弓馬の伝授を受けた〔陶弘護像賛〕。この元服後の激動の十年の骨休めだったのだろうか。まだこのとき数えで二十八歳、さらなる活躍が期待されていたと思われる。

しかし、文明十四年五月二十七日に大内館（山口市）での宴席の最中、弘護は石見国津和野《つわの》（島根県津和野町）を本拠とする有力な領主である吉見信頼《よしみのぶより》により刺殺された。信頼もその場で殺害された〔蔭凉軒日録〕。

陶氏と吉見氏は得地や得佐《とくさ》（山口市）をめぐって対立関係にあり、陶氏と益田氏が同盟関係を結んだのも吉見氏を仮想敵としたものであったと考えられている。応仁・文明の乱中、弘護は益田氏との連携にあたって吉見氏を絶対に許容しないと誓っており、政弘が許そうとしても意見するとしている〔益田家文書〕。結局、吉見氏は帰国した政弘に降伏するが、陶氏・益田氏と吉見氏の間に遺恨はあり続けたのであろう。弘護の死後、政弘は報復のため吉見氏を攻めたところ、室町幕府が制止したため手を引いたが、陶氏と益田氏は引き続き吉見氏を攻撃している〔益田家文書〕。

弘護は益田氏から迎えた妻（咲山妙听《しょうざんみょうきん》）との間に三男一女をもうけた〔陶弘護像賛〕。弘護が亡くなった時点でいずれもまだ幼かったと思われ、弘詮が後見を務めたという。このうち女子（梅林智春《ばいりんちしゅん》）は母の実家である益田氏に嫁いだ。

長男の武護《たけもり》は、文明十八年には周防国守護代として活動しているが〔萩博物館保管周布家文書〕、大内義興《よしおき》に従って上洛していた延徳四年（一四九二）七月、突如遁世した〔蔭凉軒日録〕。

これにより次男の興明《おきあき》が跡を継ぎ、益田氏との関係を深め〔益田家文書〕、領内の寺領を安堵するなどしたが〔興隆寺文書、満願寺文書〕、明応四年（一四九五）二月に武護（出家して宗景《そうけい》）が富田に立ち帰り、興明と戦闘して殺害した。宗景は義興から追討されることになり、安芸国能美島《のうみしま》（広島県江田島市）に潜伏し、高野山《こうやさん》（和歌山県高野町）に赴いたとの噂もあったが、その後は知れない〔晴富宿祢記、益田家文書、閥閲録、前田育徳会尊経閣文庫蔵東福寺文書〕。なお、興明の供養塔が海印寺《かいいんじ》（周南市）にある（「陶晴賢」の項に写真）。

この事件は、長門守護代である内藤《ないとう》氏や大内氏重臣の杉《すぎ》氏などもからんだ大内義興廃嫡計画の一端であったと考えられている〔播磨二〇〇二、和田二〇〇七〕。

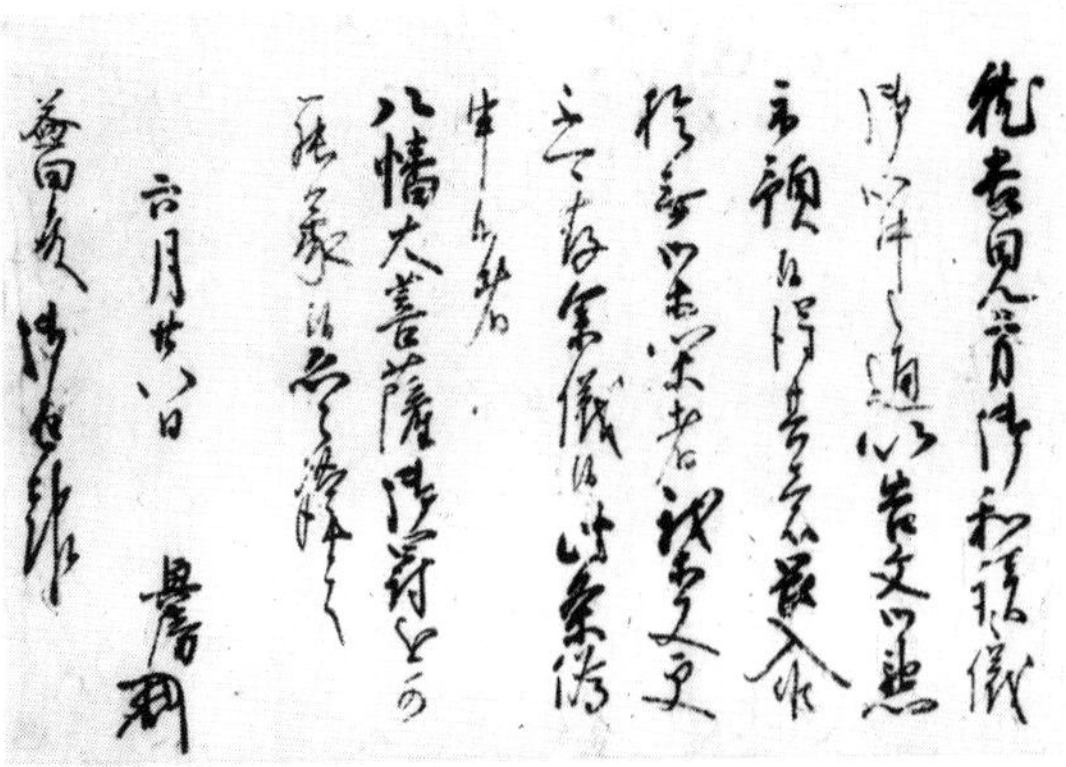
陶興房書状　「益田家文書」　東京大学史料編纂所蔵

父は早世し、次兄は長兄に殺害され、長兄は大内氏から追討を受けた。一方で、周防国守護代を世襲し、大内氏重臣筆頭である。このような状況の陶氏を興房は継いだのである。

家督相続前後の興房

明応四年（一四九五）に亡くなった兄興明の没年が十九歳なので〔龍豊寺過去帳〕、それよりも若く家督を相続したと考えられる。なお、家督相続以前の明応三年の松崎天満宮《まつざきてんまんぐう》（山口県防府市）の十月会に、義興の代理として桟敷《さじき》に入った「陶二郎殿」が興房の初見と思われる〔防府天満宮文書〕。この三兄弟は、長男武護が三郎、次男興明が五郎〔晴富宿称記〕、三男興房が次郎（二郎）をそれぞれ名乗っている。実名も含め、やや不思議な印象を受ける。

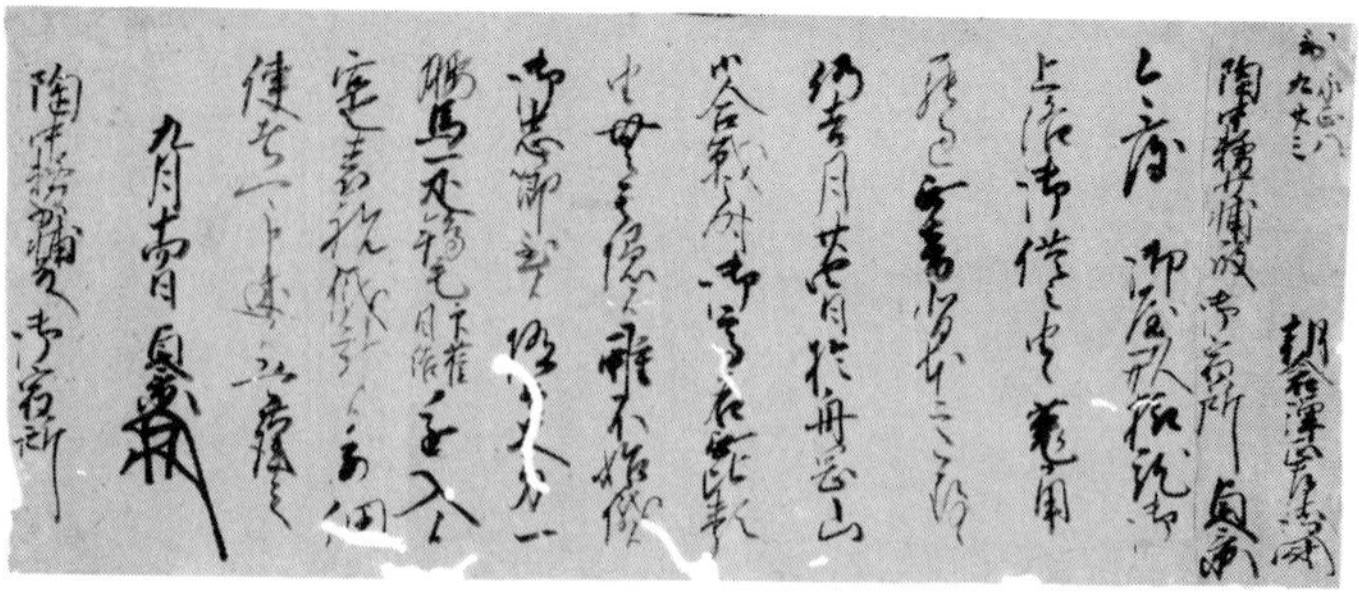

朝倉貞景書状　個人蔵

興房は、周防国守護代としての役目を果たし、大内氏と領国周辺の領主らとの仲介を務めるなど、着実に任務をこなした。

足利義稙《よしたね》（義材《よしき》→義尹《よしただ》→義稙）・義興の上洛に従い、永正八年（一五一一）の船岡山《ふなおかやま》合戦でも戦功をたてたようで（「大内義興」の項を参照）、越前国守護の朝倉貞景《あさくらさだかげ》からその活躍を讃えられている〔益田實氏所蔵文書〕。

安芸・備後遠征

義興の上洛中、安芸国西部を領する武田元繁《たけだもとしげ》が反大内氏に転じた。義興は毛利興元《もうりおきもと》に命じて山県《やまがた》郡有田《ありだ》城（広島県北広島町）を陥落させ、その奪回を目指した元繁は永正十四年（一五一七）十月二十二日の合戦で戦死した〔房顕覚書、毛利家文書〕。大永二年（一五二二）三月、義興は武田氏攻略のため陶興房を大将とする軍勢を安芸国に派遣した。安芸府中《ふちゅう》（同府中町）や仁保島《にほしま》（広島市南区）など広島湾頭周辺から武田氏の本拠金山《かなやま》城（広島市安佐南区）周辺で戦闘が行われたが、戦況は武田氏が優勢であった〔房顕覚書〕。

大永三年四月、厳島《いつくしま》神主家の一族友田興藤《ともだおきふじ》が挙兵し、桜尾《さくらお》城（広島県廿日市市）を奪取して、大内氏に敵対する姿勢を見せた〔房顕覚書〕。さらに、同年七月、出雲国の尼《あま》子経久《ごつねひさ》が率いる軍勢が、安芸国における大内氏の重要拠点である東西条の鏡山《かがみやま》城（同東広島市）を攻略した〔毛利家文書、平賀家文書〕。これにより、安芸国・備後国の多くの領主が尼子経久に与した。安芸武田氏と尼子氏は連携しており、この一連の動きにより、大内氏の安芸国への影響力は大きく後退することになったと思われる。

大永四年、義興は義隆《よしたか》とともに安芸国に出陣し、やはり興房が事実上の総大将を務めた。興房は友田興藤の桜尾城を攻撃するが苦戦し、石見国の有力領主吉見頼興《よりおき》の仲介により和議が成立した〔房顕覚書〕。

一方、興房は大永五年三月までに毛利元就《もとなり》を大内氏方に転じさせることに成功した〔閥閲録〕。このとき重要な役割を果たしたのが、毛利氏の執権を務めていた志道広良《しじひろよし》で、志芳東天野《しわひがしあまの》氏が大内氏方に転じた際も仲介した〔右田毛利家文書〕。

大永七年、尼子経久は備後国北部に出陣し、山内《やまのうち》氏の甲山《こうやま》城（広島県庄原市）を攻撃した。しかし、陶興房や毛利元就などが救援にかけつけ合戦となり（細沢山《ほそさわやま》合戦・三吉表《みよしおもて》合戦など）、出雲国へと撤退した〔長谷川二〇〇二〕。

こうして大内氏は尼子氏や武田氏との戦いを有利に進めていたが、大永八年七月、大内義興が病に倒れ帰国、同年末の十二月二十日に山口にて没した〔房顕覚書、実隆公記〕。

義隆の家督相続と北部九州遠征

こうして大内義隆が家督を相続するが、義隆は安芸・備後方面よりも、九州方面での軍事行動を優先する方針をとったようだ〔長谷川二〇二〇〕。

享禄三年（一五三〇）、尼子経久は塩冶《えんや》氏に養子に送り込んでいた三男興久《おきひさ》を中心とする出雲国西部の勢力と戦闘状態になった。これは出雲国を二分する大きな戦争であり、尼子氏にとっては大きな危機であったが、義隆はこの機に尼子氏を滅ぼそうとは考えていなかった。陶興房は毛利氏重臣に戦況などのように対応すべきかを問い合わせており、毛利元就が経久の味方をすべきと回答したため、義隆は尼子経久への支援を表明し、その意向を受けた元就の協力を得て経久はこの戦争に勝利することができた〔秋山一九九二〕。これにより、尼子氏は出雲国内の敵対勢力を屈服させ、以後の出雲国外への飛躍的な拡大が可能になった。いずれにせよ、この間に大内氏と武田氏・尼子氏の和睦が成立していたものと見られる。

義隆は、大友義鑑《おおともよしあき》の弟義武《よしたけ》が養子入りしていた菊池《きくち》氏と結んで大友氏の後方を脅かそうとしていた。これに対抗して義鑑は、天文元年（一五三二）に安芸武田氏、尼子経久、伊予国の河野《こうの》氏、宇都宮《うつのみや》氏、村上《むらかみ》氏と連携して大内氏包囲網を形成した〔熊谷家文書〕。また、享禄元年（一五二八）頃から少弐《しょうに》氏が肥前国多久《たく》城（佐賀県多久市）を拠点に軍事行動を展開していた。

こうして天文元年八月に大友氏の軍勢が豊前・筑前に出陣すると、義隆も九月に北部九州に軍勢を派遺した。やはりその総大将は興房が務めた〔閥閲録〕。筑前国では四月に大友氏の立花城《たちばな》（福岡市東区、福岡県新宮町・久山町）や柑子岳城《こうしだけ》（福岡市西区）を攻略するなど、大内氏が優勢となった〔大永享禄之比御状并書状之跡付、村田文書〕。

さらに大内氏軍は肥前国にも攻め入り、興房率いる軍勢が少弐氏との戦いを優勢に進めた〔相良家文書〕。筑後国には菊池義武が攻め入り、大友氏は逆に肥後に軍勢を派遣した〔五条文書〕。

陶興房の供養塔　山口県周南市・建咲院

戦いは天文三年も続き、長期戦の様相を呈するようになった。ここで将軍足利義晴《よしはる》が大内氏と大友氏に和睦を命じる御内書《ごないしょ》を発給し〔大友家文書録ほか〕、義隆は天文四年三月にこれに応じて「開陣」を表明した〔林家文書、閥閲録〕。一方で、少弐氏との戦いは継続され、興房が率いる軍勢により少弐資元《すけもと》は多久城に追い詰められ、天文五年九月に自刃したと伝わる〔歴代鎮西志、北肥戦誌〕。

興房の死

興房は天文五年（一五三六）六月以前に陶隆房《たかふさ》に家督を譲り、天文八年四月に死去した。享禄三年（一五三〇）末から翌四年初め頃出家して、道麒《どうき》、道麟《どうりん》、大幻斎《だいげんさい》などと称した。院号は「大幻院殿」で、建《けん》咲院《しょういん》（周南市）と妙寿院《みょうじゅいん》（山口市）に供養塔がある。かつては陶興房の寿像《じゅぞう》（生前に描かれた肖像画）があったようで、その賛および序文の写によると、人となりは寡言にして仁義忠功孝に篤く、文武両道に秀で、公務の暇に安禅静慮していたという〔寺社証文〕。実際、飛鳥井《あすかい》雅俊《まさとし》に蹴鞠と歌道を学び、歌書を蒐集し、連歌会もたびたび興行した〔米原一九七六〕。

義興・義隆の二代に仕え、周防国守護代として、また重臣筆頭として大内氏軍の総大将をたびたび務め、よくこれを補佐したと言えるだろう。それは幼い頃、長兄が義興廃嫡を企て次兄を殺害し義興から追討を受けることになったという苦い経験、自身も嫌疑をかけられかねないという微妙な立場にあったことが大きかったのではないだろうか。

（中司健一）

【主要参考文献】
秋山伸隆「大永・享禄年間の尼子氏と毛利氏」（藤岡大拙編『尼子氏の総合的研究』、一九九二年）
川岡勉「大内氏と周防・長門」（『山口県史』通史編中世、山口県、二〇一二年）
河村昭一「大内・尼子両勢力の争覇」（『広島県史』中世、広島県、一九八四年）
長谷川博史『戦国大名尼子氏の研究』（吉川弘文館、二〇〇〇年）
長谷川博史「大永七年備後国和智郷細沢山合戦と陣城遺構」（『芸備地方史研究』二三〇、二〇〇二年）
長谷川博史「十六世紀の日本列島と出雲尼子氏」（『尼子氏の特質と興亡史に関わる比較研究』島根県古代文化センター、二〇一三年）
長谷川博史『大内氏の興亡と西日本社会』（吉川弘文館、二〇二〇年）

播磨定男「陶氏供養塔の発見」(同『山口県の歴史と文化』大学教育出版、二〇〇二年)
福尾猛市郎『大内義隆』(吉川弘文館、一九五九年)
藤井崇『大内義興』(戎光祥出版、二〇一四年)
松岡久人著・岸田裕之編『大内氏の研究』(清文堂、二〇一一年)
山本浩樹『戦争の日本史一二　西国の戦国合戦』(吉川弘文館、二〇〇七年)
米原正義『戦国武士と文芸の研究』(桜楓社、一九七六年)
和田秀作「大内氏の領国支配組織と人材登用」(岸田裕之編『毛利元就と地域社会』中国新聞社、二〇〇七年)
和田秀作「大内義隆と陶隆房」(『山口県史』通史編中世、山口県、二〇一二年)

陶晴賢（隆房）——大内義隆を討ち大内氏の実権を握るも厳島に散る

晴賢の出自

陶晴賢《すえはるかた》（天文二十年〈一五五一〉末頃から同二十一年初頭の間に隆房《たかふさ》から晴賢に改名。本項では原則晴賢で統一）の出自については、近年、驚くべき発見があった。戦国時代の神道家吉田兼右《よしだかねみぎ》の日記「兼右卿記」のうち、天文十一年に周防国に下向した際の日記「防州下向記《ぼうしゅうげこうき》」の記述から、陶晴賢は、実父は不明であるものの、大内氏の石見国守護代を務める問田隆盛《といだたかもり》の同腹の弟で、大永元年（一五二一）十一月十四日に誕生したことが明らかとなった。実父については問田興之《おきゆき》、母については陶興房《おきふさ》の異母姉妹の可能性が指摘されている〔和田二〇二〇〕。

陶興房には次郎興昌《おきまさ》（興次《おきつぐ》）という子があった。晴賢の時代に活躍する陶氏家臣に「昌」字をもつ家臣が少なからず見られ、彼らは興昌から偏諱《へんき》を受けたと考えられる。大永七年（一五二七）に河内山《こうちやま》平五郎に「昌佐《まさすけ》」の名を与えたのは興昌と考えられる〔閥閲録〕。興昌は大内義興《おおうちよしおき》の安芸国出陣に陶興房とともに従い、その間に病を得て帰国〔房顕覚書〕（同書には「陶ノ次郎興次」と見える）、享禄二年（一五二九）四月に亡くなったことが海印寺《かいいんじ》（山口県周南市）にあるその供養塔から知られる。興房の実子興昌の死により、問田氏から晴賢が養子に迎えられたと考えられる。

　陶興昌が夭折せず、陶氏当主となっていたら、後の下剋上は起こらなかったのか、それとも個人の志向とは関係なく下剋上が起こる背景があったのか、興味深いところである。

陶興明・興昌供養塔　山口県周南市・海印寺　撮影：筆者

安芸国・出雲国遠征

　晴賢は天文五年（一五三六）六月以前に陶興房から家督を譲られた。天文九年から始まる大内義隆《よしたか》の安芸国遠征では総大将を務め、尼子《あまご》氏に包囲された吉田《よしだ》郡山《こおりやま》城（広島県安芸高田市）への援軍に東西条代官の杉隆宣《すぎたかのぶ》らとともに派遣されている。郡山合戦は毛利元就《もうりもとなり》が毛利氏の手柄を積極的に宣伝したため、あたかも独力で尼子氏に勝利したかのような印象を持つが、大内氏の援軍はやはり大きかった。元就もそのことを認識しており、天文十年正月十三日の合戦で毛利勢の後詰めを主導して戦死した陶氏の重臣深野房重《ふかのふさしげ》に後々まで恩義を感じており、房重の孫の処遇を気にかけていた〔和田二〇一二〕。

　毛利氏の救援に成功し尼子氏を退けた大内氏軍は、同年、さらに武《たけ》田《だ》氏・厳島《いつくしま》神主家を滅ぼした。

天文十一年からの出雲国遠征時の晴賢の動向については、赤穴《あかな》城（島根県飯南町）攻略の際に陶氏家臣粟屋《あわや》内蔵助が戦死したことが知られるが〔房顕覚書〕、あまり詳しいことはわからない。出雲国からの敗走時に石見国刺賀《さっか》（島根県大田市）にて、陶氏家臣深野勘解由左衛門尉と内藤興盛《ないとうおきもり》の家臣熊野《くまの》蔵人大夫がもめ、深野が熊野を殺害したため、興盛の抗議を受けた晴賢は深野に腹を切らせた〔房顕覚書〕。

「陶晴賢の下剋上」

天文二十年（一五五一）八月二十日、陶氏の軍勢が厳島やその対岸にある桜尾《さくらお》城（いずれも広島県廿日市市）を占拠・接収した〔房顕覚書〕。そして陶晴賢は二十八日に本拠富田《とんだ》（周南市）で挙兵し山口に攻め入り、大内義隆は逃亡を図ったが長門国大津《おおつ》郡深川《ふかわ》の大寧寺《たいねいじ》（山口県長門市）で九月一日に自害した。八月二十九日に陶氏家臣の椋木《むくのき》木工助が香積寺《こうしゃくじ》門前（山口市）で能美《のうみ》備前守を、美祢《みね》郡徳林庵《とくりんあん》（山口県美祢市）で龍崎隆輔《りゅうざきたかすけ》や貫隆仲《ぬきたかなか》を討ち取り、浦上《うらがみ》玄蕃允が吉敷《よしき》郡妙孝寺《みょうこうじ》（山口市）で麻生《あそう》中務丞を自害に追い込んだことが知られる〔弘文荘待賈古書目所収陶隆房感状〕。このとき筑前国守護代であった杉興運《おきかず》も大内義隆に殉じて死亡したと伝わるが、確たる証拠はないようだ。

この事件は「陶晴賢の下剋上」として有名であるが、この言葉には違和感がある。まず、この事件は陶晴賢が単独で起こしたものではない。陶氏同様、大内氏の長門守護代である内藤興盛、豊前守護代である杉重矩《しげのり》や、安芸・備後両国の領主連合の盟主である毛利元就、石見国の領主連合の盟主である益田《ますだ》

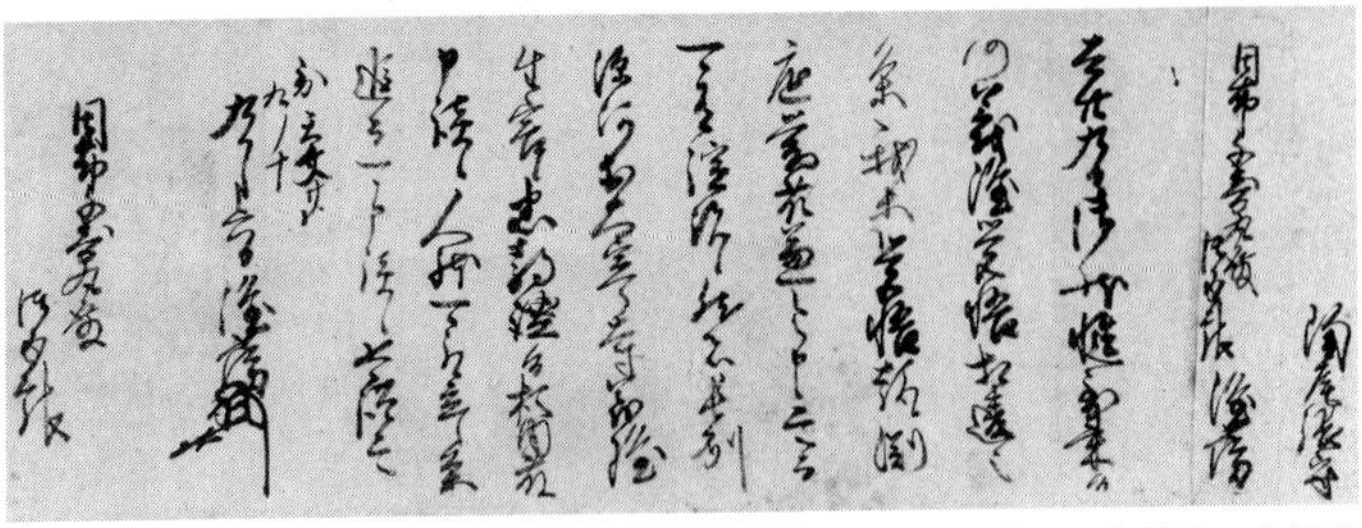

（天文20年）9月6日付陶隆房書状　「周布家文書」　益田市蔵　画像提供：島根県古代文化センター

藤兼《ふじかね》の同意を事前に取り付けており〔岸田一九九一、和田一九九三〕、入念な多数派工作が行われていた。

また、陶晴賢は大内氏にとって代わったわけではなく、新たな当主として義長《よしなが》（最初は晴英《はるふさ》、本項では義長で統一。父は大友義鑑《おおともよしあき》、母は大内義興の娘）を迎えた。後に反陶氏の旗をあげ、最終的には大内氏を滅ぼす毛利氏ですら、挙兵当初は義長を擁立することを掲げていた〔毛利家文書〕。これらの点で、大内氏当主の家督争いに際して、重臣層や領国周辺の領主らがそれぞれ当主候補を支持して争うという構図は従来と変わっていない。

大きく異なっているのは、結果として大内氏が滅亡したことであり、その原因も重要な問題であるが、次のようなことが指摘できると思われる。大内教弘《のりひろ》以来、政弘《まさひろ》、義興、義隆と当主の正統性が強化されたこと〔須田二〇一一〕、当主の側近層や直轄領が整備され〔中司二〇一三a・b〕、大内氏当主権力が強化されたことで、大内氏当主およびその側近と伝統的な重臣層という対立構図が形成されていた可能性があること。陶氏をはじめとする守護代級の重臣の権力が大内氏当主の思惑や掣肘を超えて強大化していたこと〔和田二〇一二、中司二〇一三a〕。そして、毛利氏のような領主連合の盟主が、大内氏の意向もあってその権限が強化されており、広域公権力の担い手として成長していたこと〔岸田一九八三〕。これらの要因は、大内氏権力の強大さと表裏の関係にあるものであり、ある意味、大内義隆、そして大内氏はその権力の絶頂において滅びたとも言える。

陶氏の居城・若山城跡　山口県周南市

対抗勢力の討滅

陶晴賢は、下剋上に際して、長門国守護代内藤興盛、豊前国守護代杉重矩の同意をとりつけていたが、次第に権力を独占するような動きを見せる。下剋上後、晴賢は従来の周防国守護代に加え、筑前国守護代を兼ねた。内藤氏では、天文二十一年（一五五二）九月頃、当主興盛と孫の隆世《たかよ》とで対立があったようで、「家中錯乱」という状態になっていた〔勝間田家文書〕。天文二十二年、晴賢は杉重矩を長門国厚狭《あさ》郡長光寺《ちょうこうじ》（山口県山陽小野田市）で自害に追い込んだ〔到津文書〕。また、同年四月十六日、筑前国怡土《いと》郡の有力な領主であった原田隆種《はらだたかたね》が、弘中隆兼《ひろなかたかかね》と、陶氏家臣で筑前国小守護代を務める毛利房広《ふさひろ》によって居城高祖《たかす》城（福岡県糸島市）を落とされた〔児玉韞採集文書〕。

陶晴賢の次なる標的となったのは、石見国津和野《つわの》（島根県津和野町）を本拠とする吉見正頼《よしみまさより》であった。

陶氏は親密な関係にある益田氏とともに、代々吉見氏と対立していた（「陶興房」、「益田藤兼」、「吉見正頼」の項参照）。おそらく下剋上の以前から、共同で攻めることを益田氏と密約していたのであろう。天文二十二年末頃から陶晴賢率いる大内氏軍と益田氏軍による吉見氏攻めが始まった。当初、吉見正頼は降伏を申し入れていたようだが〔加藤家文書〕決裂し、翌二十三年三月三日に大内氏・陶氏の軍勢が賀年《かね》要害（山口市）を落とし、吉見氏の本拠三本松城《さんぼんまつ》（津和野町）を包囲した。このときの陣城《じんじろ》と思われる遺構が三本松城を取り囲むように残っているという〔宮田二〇二二〕。

吉見氏攻めにあたり、陶晴賢は毛利氏に援軍を要請したが、毛利氏は陶晴賢への不信感から天文二十三年五月十二日に反陶氏の姿勢を明らかにし、金山城《かなやま》（広島市安佐南区）、草津城《くさつ》（広島市西区）、桜尾城、厳島といった安芸国の大内氏の拠点を接収した〔房顕覚書〕。

このため、大内氏・陶氏は毛利氏との戦いを優先し、八月下旬に吉見氏と和睦し、陶晴賢は毛利氏との戦いに向かった。

厳島合戦前哨戦

陶氏は、天文二十三年（一五五四）五月晦日には安芸国・周防国の国境近くの山間部である山里（広島県廿日市市・大竹市）・山代（山口県岩国市）の土豪らを組織化した。この土豪らを組織した軍勢が折《お》敷畑《しきばた》（廿日市市）に陣取ったが、毛利氏軍の攻撃を受けて大将の宮川《みやかわ》甲斐守が戦死した。この戦いについて、従来は同年九月十五日とされていたが、実際は同年六月五日であったこと、毛利氏の感状などでは明石口の合戦とされるものであったことが明らかにされている〔秋山一九九八〕。

その後、大内氏・陶氏と毛利氏の間で何度か戦闘が行われた。天文二十四年三月十六日、陶氏家臣で神領衆（厳島社領の領主ら）の寄親《よりおや》であった江良房栄《えらふさひで》が水軍を率いて厳島に攻め寄せていたところ、晴賢の依頼を受けた弘中隆兼によって討たれた。これにより神領衆に動揺が走った。五月十三日にはやはり大内氏の水軍が厳島の有の浦を焼き払った〔房顕覚書〕。

晴賢はこの頃、山里黒滝に在陣しており、毛利氏は狼か蔵に要害を築き、これと対峙した。結局、陶氏は毛利氏の防衛戦を突破することはできなかった。このため、大内氏・陶氏の軍勢は安芸国に山間部から進軍することができなかった。

厳島合戦

このような状況下、陶晴賢は、同年九月二十一日、岩国から厳島に渡海した。厳島渡海自体は、これまでの大内氏の安芸国遠征ではまず行われていたことなので、毛利氏におびき寄せられたわけではない。問題なのは、山里などの山間部を制圧できなかったために、海路と沿岸部からしか進軍できなかったと思われることである。

こうなると水軍が勝敗を左右することになる。大内氏・陶氏方の水軍の主力は、屋代島衆《やしろしま》（周防大島

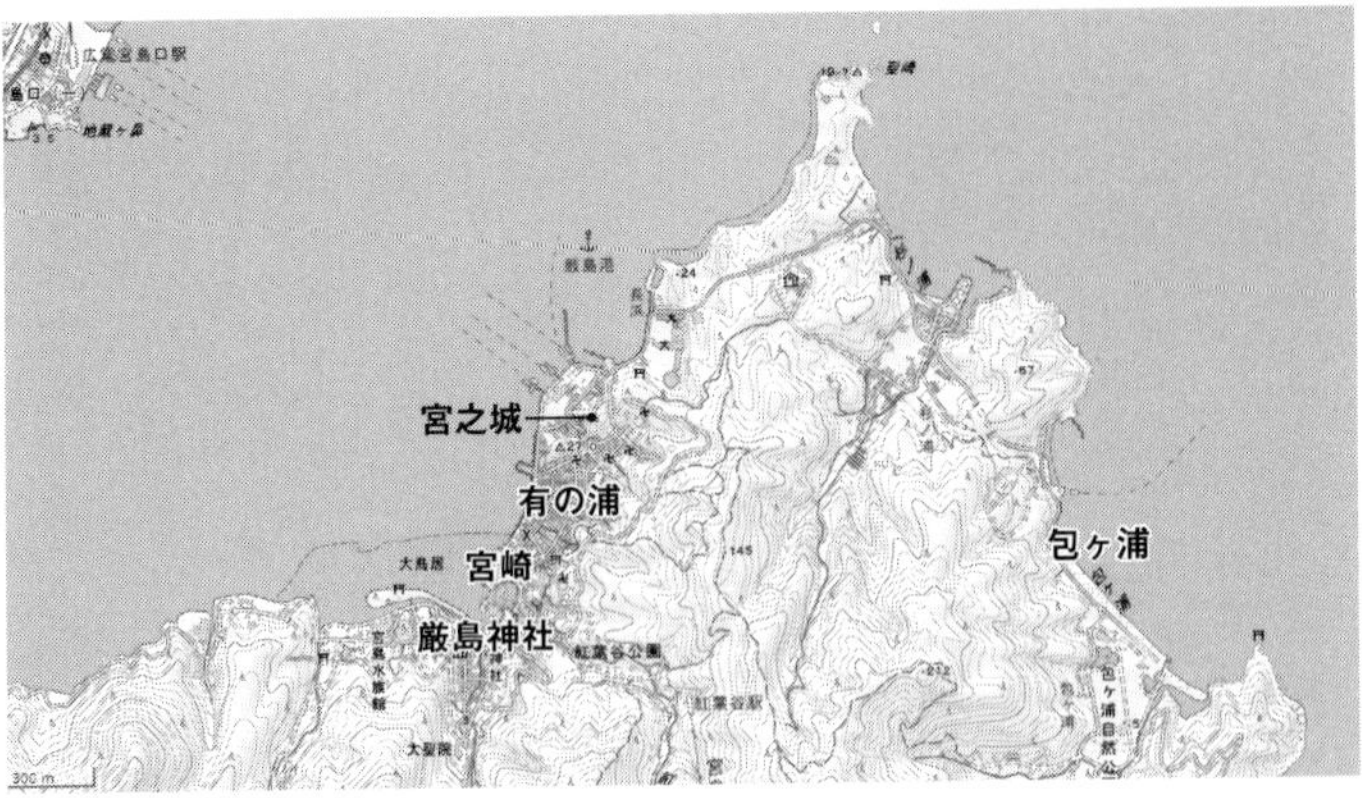

厳島合戦関係地名図　国土地理院地図をもとに作成

を本拠とする水軍）と、安芸国府中と仁保島《にほしま》（いずれも広島市）を本拠とする白井《しらい》氏であったが、これらの水軍には毛利氏の調略が及んでいた可能性が指摘されている〔宇田川一九七二、秋山二〇一四〕。三島村上《むらかみ》氏のうち、能島《のしま》村上氏は大内氏・陶氏方であったようだが〔益田家文書〕、厳島合戦に来援したことは確認されていない。

こうした状況を認識していたためか、陶晴賢とともに厳島に渡海していた弘中隆兼は、妻と思われる女性や家臣らに宛てて、九月二十八日・二十九日に敗北を予見するような書状を送った。隆兼は一部の者（神領衆、警固衆、陶氏家臣三浦《みうら》氏）の意見を聞いて渡海を決めた晴賢を批判した〔西郷文書〕。弘中隆兼は東西条代官、西条守護として、大内氏の安芸国支配の責任者として長く毛利元就と関わった人物であり、その力量をよく知っていたのだろう。また、元就も小早川隆景《こばやかわたかかげ》に宛てた書状の中で、吉川元春《きっかわもとはる》室（熊谷信直《くまがいのぶなお》娘）からの書状がいつも簡略であることについて、尼子経久《つねひさ》や弘中隆兼の書状のようだと記しており〔毛

陶晴賢の墓　広島県廿日市市・洞雲寺

利家文書」、元就にとっても隆兼はつきあいの長いよく知った人物であった。なお、先述の隆兼の書状は、このような状況に陥った無念さと残される家族への配慮にあふれており、決して簡略なものではない。

　こうして渡海した大内氏・陶氏軍は、陶晴賢（出家して全姜と称していた）が宮崎《みやざき》（千畳閣《せんじょうかく》付近）、弘中隆兼が「古城」に、その他の大内氏の軍勢もそれぞれ陣取った。そして、毛利氏方の「宮之城」（要害山）の攻略にとりかかった。この城を押さえないと、厳島周辺の制海権を掌握できないためと思われる。

　要害山は、現在は周りが埋め立てられているが、当時は舌状の丘陵が海に突き出した形をしており、三方が海に囲まれ、北東方向のみが尾根続きとなっていた。毛利氏はこの尾根に空堀を設け、水瓶を厳島の町から集めて籠城に備えていた。大内氏・陶氏軍はこの城に猛攻をしかけ、空堀を埋めるとともに、「水手」を掘り崩したが、二十六日に毛利氏の援軍である熊谷信直の入城を防げなかった。それは「警固」（水軍）の数が不足していたからだと弘中隆兼が記している。先述のとおり、大内氏・陶氏の水軍に毛利氏の調略が伸びていた可能性が指摘されている。

　毛利氏は九月三十日に地御前《じごぜん》（廿日市市）から厳島東岸の包ヶ浦《つつみがうら》に上陸（出港したのは、大内氏や陶氏の軍勢から死角となる草津だとする説もある）、夜間に山を越え、「宮之城」を包囲していた大内氏・陶氏軍の背後をついた。大内氏の軍勢は総崩れとなり、制海権を奪われていたためか、厳島からの逃亡も困難であったようで、一時は権勢をほしいままとした陶晴賢は自害した。

（中司健一）

【主要参考文献】

秋山伸隆「天文二十三年安芸折敷畑合戦と感状」（同『戦国大名毛利氏の研究』吉川弘文館、一九九八年。初出は一九八八年）

秋山伸隆「厳島合戦再考」（『宮島学』渓水社、二〇一四年）

宇田川武久「大内氏警固衆の消長と毛利氏の水軍編成」（『海事史研究』一九、一九七二年）

河村昭一「大内・尼子両勢力の争覇」（『広島県史』中世、広島県、一九八四年）

岸田裕之『大名領国の構成的展開』（吉川弘文館、一九八三年）

岸田裕之「陶隆房の挙兵と毛利元就」（同『大名領国の政治と意識』吉川弘文館、二〇一一年。初出は一九九一年）

木村信幸「実像の郡山合戦」（『戦乱中国の覇者毛利の城と戦略』成美堂出版、一九九七年）

須田牧子『中世日朝関係と大内氏』（東京大学出版会、二〇一一年）

中司健一「陶氏の領主財政」（『史学研究』二六五・二六六、二〇〇九年）

中司健一「大内義隆の安芸国支配」（『芸備地方史研究』二八七、二〇一三年a）

中司健一「大内氏当主側近層の形成と展開」（鹿毛敏夫編『大内と大友』勉誠出版、二〇一三年b）

宮田健一「津和野町の中世遺跡」（『中世石見における在地領主の動向』島根県古代文化センター、二〇二一年）

和田秀作「陶氏のクーデターと石見国人周布氏の動向」（『山口県地方史研究』七〇、一九九三年）

和田秀作「大内義隆と陶隆房」（『山口県史』通史編中世、山口県、二〇一二年）

和田秀作「大内氏の惣庶関係をめぐって」（鹿毛敏夫編『大内と大友』勉誠出版、二〇一三年）
和田秀作「吉田兼右「防州下向記」に見える大内氏関係記事」（『山口県地方史研究』一二三、二〇二〇年）

内藤興盛・隆世・隆春
――代々守護代を務めた長門支配の要

出自についての新説

内藤《ないとう》氏については、従来、中世後期の大内《おおうち》氏家臣としての歴史が主に語られてきたが、近年、渡辺滋氏によって中世前期の実像についての検討がなされた〔渡辺二〇一二〕。渡辺氏は内藤氏の系図や関係史料の分析から、次のような想定をされている。

①「先祖は宗教者として瀬戸内海各地で活躍していた時期があ」り、「本姓は藤原氏で、現在は内藤を名乗っている」という情報が、内藤氏の「一族内では史実と見なされていた可能性が高」く、②「古代後期に周防国の国衙在庁を勤める有力氏族」で都濃《つの》郡南部を本拠とし、「金属精錬・加工の技術を保持していた」大中臣《おおなかとみ》氏と、「山伏と鉱山開発・経営の密接な関係」から結びつき、③「山伏集団が周防国都濃郡で活動を活発化した結果、内藤氏という武装集団が成立したという筋が読み取れる」という。

そして、④「周防国造（熊毛郡・玖珂郡が本拠）の子孫」で、「一〇世紀の段階では正式な除目を経て周防介に任命されるほどの有力な勢力」で「富田（都濃郡）周辺にも所領を持っていた」周防氏が「源平合戦の結果として失脚し」、内藤氏が「自らこの地域における周防氏の権益を継承した主体と自認していた可能性も想定される」という。

さらに、院政期においては、⑤「治天の君（白河・鳥羽・後白河）の近臣として誠意を振る」い、「周防守を歴任し」ていた藤原盛重《ふじわらのもりしげ》流に仕えて、中央での積極的な活動をはじめており、それは当時の多々良《たたら》氏（のちの大内氏）も同様であり、両氏は、「地方有力者としては異例の形態を採っていたライバルである」とされている。

こうして、⑥「鎌倉期には、内藤氏の方が幕府に重用される時期も認められ」たが、当主の夭折と支流である勝間田《かつまた》氏からの養子入りにより、「遠隔地の一族とのネットワークが切れてしま」い、「周防内藤氏が大内氏の傘下に入らざるを得なくなった」と考察されている。

これらのことから、『吾妻鏡』元暦二年（一一八五）正月六日条に見える内藤六（盛家《もりいえ》）の活動も源氏方としての活動であったと推測されている。

そして南北朝時代には内藤氏は大内氏の傘下におさまっていく（閥閲録：内藤。以下、特に断らないものは同書による）。宗教者を出自とする認識、国衙在庁を務める有力氏族、鉱山との関わりなど興味深い点が多い。

大内氏家臣としての内藤氏

大内氏家臣となってからの内藤氏は、内藤盛貞《もりさだ》（法名智得《ちとく》）が在京雑掌《ざいきょうざっしょう》として室町幕府と在国している大内氏の連絡をとる重要な役目を果たし、常熙《じょうき》（山名時熙《やまなときひろ》）から高く評価された〔満済准后日記、防長風土注進案〕。

また、応永二十七年（一四二〇）に内藤盛貞（智得）が就任して以降、一時中断があったものの〔永享三年〈一四三一〉～文安四年〈一四四四〉〕、盛貞（のちの有貞《ゆうじょう》）、盛世《もりよ》、武盛《たけもり》、弘矩《ひろのり》、弘春《ひろはる》、興盛《おきもり》、隆世《たかよ》と長門国守護代を歴任した〔長門国守護職次第、長門守護代記〕。

系図によると、内藤興盛の父弘春には二人の兄がいた。長兄武盛《たけもり》は長門国守護代を務めたようだが、文明四年（一四七二）までに次兄内藤弘矩がこれに替わっている〔長門国守護代記〕。西軍方として上洛していた大内政弘《まさひろ》の留守中、東軍方として挙兵した道頓《どうとん》（大内教幸《のりゆき》）に従うことを報告した大内氏家臣の中に「内藤中務丞武盛」の名が見えることから〔大乗院寺社雑事記〕、道頓に従って没落したものと思われる。

内藤弘矩は、陶弘護《すえひろもり》らとともに政弘の上洛中の領国をよく守り、文明十四年に大内第での酒宴中に陶弘護が吉見信頼《よしみのぶより》に暗殺された際は、信頼をその場で殺害した〔蔭涼軒日録〕。こうして大内氏重臣中で

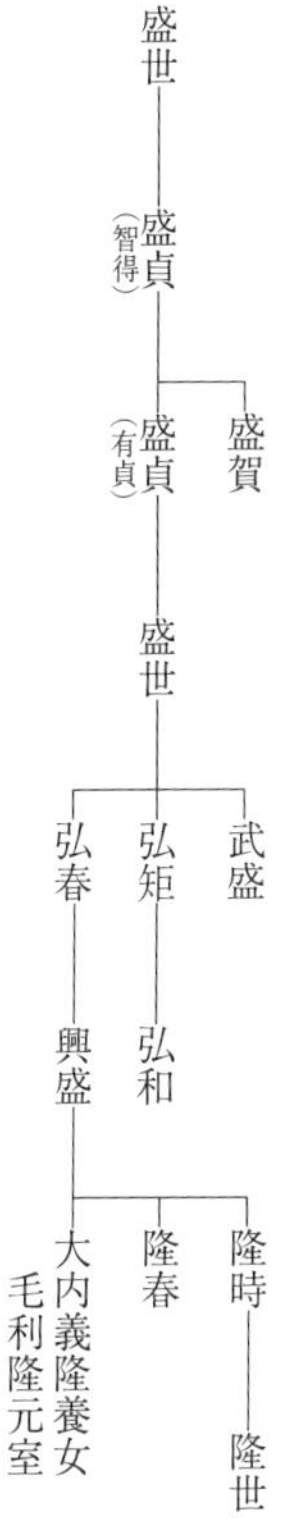

内藤氏系図（南北朝時代の盛世以降。阿武 1998 を参考に作成）

も最上級の位置を弘矩は占めたと思われるが、明応四年（一四九五）に大内義興《よしおき》は石見国の有力国人益《ます》田《だ》氏をも動員して防府《ほうふ》（山口県防府市）にて弘矩を討った。弘矩の子内藤弘和《ひろかず》もあわせて討たれた〔晴富宿祢記、益田家文書〕。

この直前に、周防守護代である陶氏で内紛が起こり、四年後の明応八年には杉武明《すぎたけあき》が義興により討たれた〔晴富宿祢記、大乗院寺社雑事記〕。この一連の事件は陶氏・内藤氏・杉氏ら大内氏重臣による大内義興廃嫡計画があり、これに対する義興による反撃・粛清であったと考えられている〔播磨二〇〇二、和田二〇〇七〕。

内藤弘春は明応六年九月に長門国守護代に任じられたようであり〔長門国守護代記〕、内藤家の相続を認められたようだ。そしてその地位は文亀三年（一五〇三）頃に興盛へと譲られたと考えられる〔長門国守護代記〕。

内藤興盛

内藤興盛が家を継いだ状況は、大内氏の最上級の重臣である一方、伯父二人は大内氏内部の権力抗争の中で敗北していた。この点、陶興房《おきふさ》とよく似ているといえる。

永正八年（一五一一）の京都船岡山《ふなおかやま》合戦で興盛は軍功を立て、左衛門尉《さえもんのじょう》に吹挙された。

大永年間の義興の安芸国遠征にも従軍していたようで、大永八年（一五二八）に義興の体調が悪化すると、陶興房、野田《のだ》興方《おきかた》、右田、杉、内藤興盛、宗長《そうちょう》（杉興重《おきしげ》）、右田右京亮が協議して義興の帰国を決めた〔房顕覚書〕。

天文年間の大内義隆《よしたか》の安芸・出雲遠征にも従軍したようで〔勝間田家文書〕、出雲国からの敗走時に石見国刺賀《さっか》（島根県大田市）にて、陶氏家臣深野《ふかの》勘解由左衛門尉と興盛の家臣熊野《くまの》蔵人大夫がもめ、深野が熊野を殺害したため、興盛の抗議を受けた陶隆房《たかふさ》（のちの晴賢《はるかた》）は深野に腹を切らせた〔房顕覚書〕。

このようなことはあったものの、陶隆房の下剋上に興盛は協力した。下剋上の前年天文十九年（一五五〇）九月の式日評定を、隆房は「所労《しょろう》」を理由に、興盛は「虫を相煩」ったとしてともに欠席した。陶隆房は、領国周辺の国人らに下剋上への協力を求める際、「杉（重矩）・内藤（興盛）」と談合して決めたと伝えた〔益田市所蔵周布家文書ほか〕。

内藤興盛像（部分）　山口市・善生寺蔵

天文二十二年七月、備後国出陣にあたり願文《がんもん》を熊毛《くまげ》神社（山口県周南市）に納めた〔熊毛神社文書〕。

系図によると、同年十二月に興盛は死去したという。慶長二十年（一六一五）に山口多賀《たが》社大宮司の言延が記した「大内殿滅亡之次第」では、石見国津和野《つわの》（島根県津和野町）

の吉見氏攻めの際の五月に死去したといい、「乙卯歳にて当年六十一年」であったという。これは矛盾していて、「乙卯歳」生まれとすれば明応四年（一四九五）生まれ、津和野での戦いが行われていた天文二十三年五月に数えで六十一歳であれば明応三年生まれとなる。いずれにせよ、文亀三年（一五〇三）頃に家督を相続したのだとすれば、幼くして家を継いだことになる。

内藤興盛は長門国守護代であり、安芸国遠征中の大内義興の体調が悪化したときにその帰国を決めた重臣らの一人であり、陶隆房の下剋上の中心的な人物の一人であり、大内氏最上級の重臣であったことは間違いないが、その存在感は陶隆房や杉重矩と比較するとやや薄い感がある。幼くして家を継いだこともその一因かもしれない。

なお、天文十八年に興盛の娘が大内義隆の養女として毛利《もうり》隆元《たかもと》に嫁いだ。このことが後に大きな意味を持つ。このとき、船岡山合戦の際に着用していた鎧を隆元に譲った〔毛利家文書〕。

内藤隆世

興盛の子内藤隆時《たかとき》は天文十年（一五四一）に亡くなったといい、その子隆世が興盛の後継者と目されていた。興盛と隆世はなんらかの理由で対立したようで、天文二十一年に内藤家は「家中錯乱」という事態に陥った〔勝間田家文書〕。豊筑の家人が隆世に味方し、内藤氏の庶子家で周防国を本貫とすると思われる勝間田氏などが興盛方についたようだ。

このようなことがあったものの、天文二十三年二月までには内藤家の家督を相続し、「代始吉例」として勝間八幡宮（周南市）に太刀と神馬を寄進した〔熊毛神社文書〕。

天文二十四年の厳島合戦で大内氏の実権を握っていた陶晴賢が戦死すると、内藤隆世はその地位に最も近い存在となった。

下剋上の際、陶・内藤とともにその中心的な役割を果たした杉重矩は、陶晴賢によって滅ぼされていた〔到津文書〕。その子杉重輔《しげすけ》は弘治二年（一五五六）三月に陰謀が露見したとして討たれた〔閥閲録〕。「大内殿滅亡之次第」によれば、その経緯は次のようなものであった。厳島合戦後に杉重輔が親の敵を討つと大内義長《よしなが》に伝え、その返事もないうちに陶氏の本拠富田《とんだ》（周南市）に攻めかけ、陶晴賢の子長《なが》房《ふさ》に腹を切らせた。陶氏の家臣に頼られた内藤隆世は、弘治二年三月二日に山口後河原の杉重輔の館に攻めかけ、このときの戦火で山口の町が焼けた。大内義長の斡旋で人質を交換して休戦がすすめられたが、隆世は人質に出した弟もろとも杉重輔を滅ぼしたという。

「大内殿滅亡之次第」はこの事件の約六十年後に記されたものであり、その内容がどの程度事実なのかは不明であるが、内藤隆世と杉重輔の間で権力争いがあり、隆世が勝利したのは事実なのであろう。杉重輔が毛利氏と連携しようとしていたこともその背景かもしれない〔閥閲録〕。

このように大内氏が内部抗争をしている間、毛利氏は周防国玖珂《くが》郡・熊毛郡を攻略したが、須々万《すすま》城（周南市）で苦戦した。弘治二年四月には攻撃を始めているが、攻略したのは翌三年の三月であった。しかし、その間に、石見国津和野の吉見氏が阿武郡《あぶ》の賀年城《かね》（山口市）を弘治二年三月に攻略し、渡川城《わたりがわ》（山口市）に迫っていた〔毛利博物館所蔵諸家文書〕。同年四月二十一日に渡川城で合戦が行われ、これに大内氏は勝利したようだ〔成恒文書〕。

毛利氏の警固衆である堀立直正《ほたてなおまさ》は、弘治三年に右田ヶ岳《みぎたがたけ》（防府市）の右田隆量《たかかず》を味方につけ、右田隆量は内藤隆世が大内義長とともに高嶺《こうのみね》（山口市）に登城したこと、姫山《ひめやま》（山口市）から撤退したことなどを伝えた〔堀立家証文写〕。そして、大内義長と内藤隆世らが高嶺から撤退したことが三月十二日に右田隆量から毛利氏に伝えられた。

大内義長・内藤隆世は三月十五日以前に長府《ちょうふ》（山口県下関市）の勝山城《かつやま》に籠もった〔乃美文書〕。毛利氏の水軍により関門海峡《かんもんかいきょう》を封鎖されていたため、九州に逃れることはできなかったようだ。同年四月四日までに内藤隆世がまず討たれ、大内義長は長府の長福寺《ちょうふくじ》にて自害した〔房顕覚書〕。内藤隆世は大内氏の実権をにぎったものの、毛利氏の調略もあり、内部抗争による大内氏の弱体化は避けられず、滅亡することとなった。

内藤隆春

内藤隆春《たかはる》は、興盛の子、隆時の弟、隆世の叔父であり、毛利隆元の正妻と同腹の兄弟である。このため、毛利氏は厳島合戦のころから、隆世に代えて隆春を内藤氏の当主にしようとしていた〔毛利家文書〕。

弘治二年（一五五六）には隆春は毛利氏方についていた〔岩国徴古館所蔵藩中諸家古文書纂〕。そして、隆世の滅亡により、隆春が内藤家を相続した。

毛利氏が隆春を重視した背景として、婚姻関係に加えて、防長制圧・支配に有利に働くと考えられたことがあげられる。実際、弘治三年十二月二十日に「長門国守護役」に任じられているが、その役割は、大内氏時代のような守護代としてのそれではなく、戦後処理の時期を除いて、従来からの人的な繋がりを活かした一時的なパイプ役であり、特に長門国の国衙《こくが》のような古い伝統のある地域での支配を円滑に進めるために有効に機能することが期待されていたという〔阿武一九九八〕。軍事的な活躍もあり、毛利氏の防長制圧後に起こった一揆を鎮圧した。

内藤隆春の墓　山口市・昌福寺

また、長門国の国府である長府に拠点を持っていたこともあり、隣接する赤間関《あかまがせき》（下関市）に置かれた「在関衆」や門司《もじ》城督の仁《に》保《ほ》隆《たか》慰《やす》、山口に置かれた市川経好《いちかわつねよし》らと連携して、関門海峡を挟んだ大友《おおとも》氏からの攻勢に備えていた〔大阪青山大学所蔵吉見家文書〕。

隆春には嫡子がなく、宍戸《ししど》氏から養子を迎え、天正十年（一五八二）頃に隠居したと推測されている。所領替えにより、隆春は周防を拠点とするようになったが、朝鮮侵略の際は毛利輝元《てるもと》から「留守中気遣」

を依頼されており、引き続き重要視されていた。慶長五年（一六〇〇）に死去したという。（中司健一）

【主要参考文献】

秋山伸隆「毛利氏の防長進攻」（『山口県史』通史編中世、山口県、二〇一二年）
阿武桂子「中世後期防長両国における内藤氏と大名権力」（『山口県史研究』六、一九九八年）
田村杏士郎「大内氏家臣内藤智得考」（『七隈史学』二〇、二〇一八年）
播磨定男「陶氏供養塔の発見」（同著『山口県の歴史と文化』大学教育出版、二〇〇二年）
和田秀作「大内義隆と陶隆房」（『山口県史』通史編中世、山口県、二〇一二年）
渡辺滋「周防内藤氏の成立」（『山口県立大学学術情報』一五、二〇二二年）

益田藤兼——野心を捨て毛利氏との和睦を決断

藤兼以前の益田氏①

益田《ますだ》氏は、石見国衙《こくが》（島根県浜田市上府町・下府町あたりに所在したと推定される）の在庁官人《ざいちょうかんじん》藤原《ふじわら》氏（御神本《みかもと》とも称す）を出自とし、源平合戦に際して藤原兼高《かねたか》が西国でいち早く源氏方についたことで、石見国の御家人の統率者としての地位と幅広い地域に所領を認められた。その後、惣領《そうりょう》家が益田（同益田市）に本拠を移したこともあって、御神本一族は、三隅《みすみ》・福屋《ふくや》・周布《すふ》などの各氏が同族意識を持ちつつもそれぞれが独立した動きを見せていく。

益田氏は惣領家で、最大の勢力を誇っていたこともあり、その所領や被官ら、さらには惣領家の地位をめぐって庶子家、特に三隅氏と激しく争った。南北朝時代にはそのようなもともとの構造に朝廷や武家政権の分裂がからみあって、益田氏が北朝方、三隅氏が南朝方のそれぞれ石見国における中心となり長期間抗争した。また、隣国である周防国・長門国を統一した大内《おおうち》氏の影響を石見国の領主らは強く受けた。大内弘世《ひろよ》が足利直冬《あしかがただふゆ》を支援すると、足利直冬方が多数を占めた。貞治二年（一三六三）に弘世は北朝方に転じると、益田兼見《かねみ》を北朝方に誘い、貞治五年（一三六六）に石見国に出陣して南朝方勢力を攻撃し、石見国における南北朝の内乱は終息した。

益田兼見は、益田氏の中では庶子家出身であったが、内乱中、惣領家の当主が文献に見えなくなる頃に活躍しはじめ、内乱を生き抜いて益田平野の支配権を確立した。また、崇観寺《すうかんじ》を庇護下に入れ、幕府

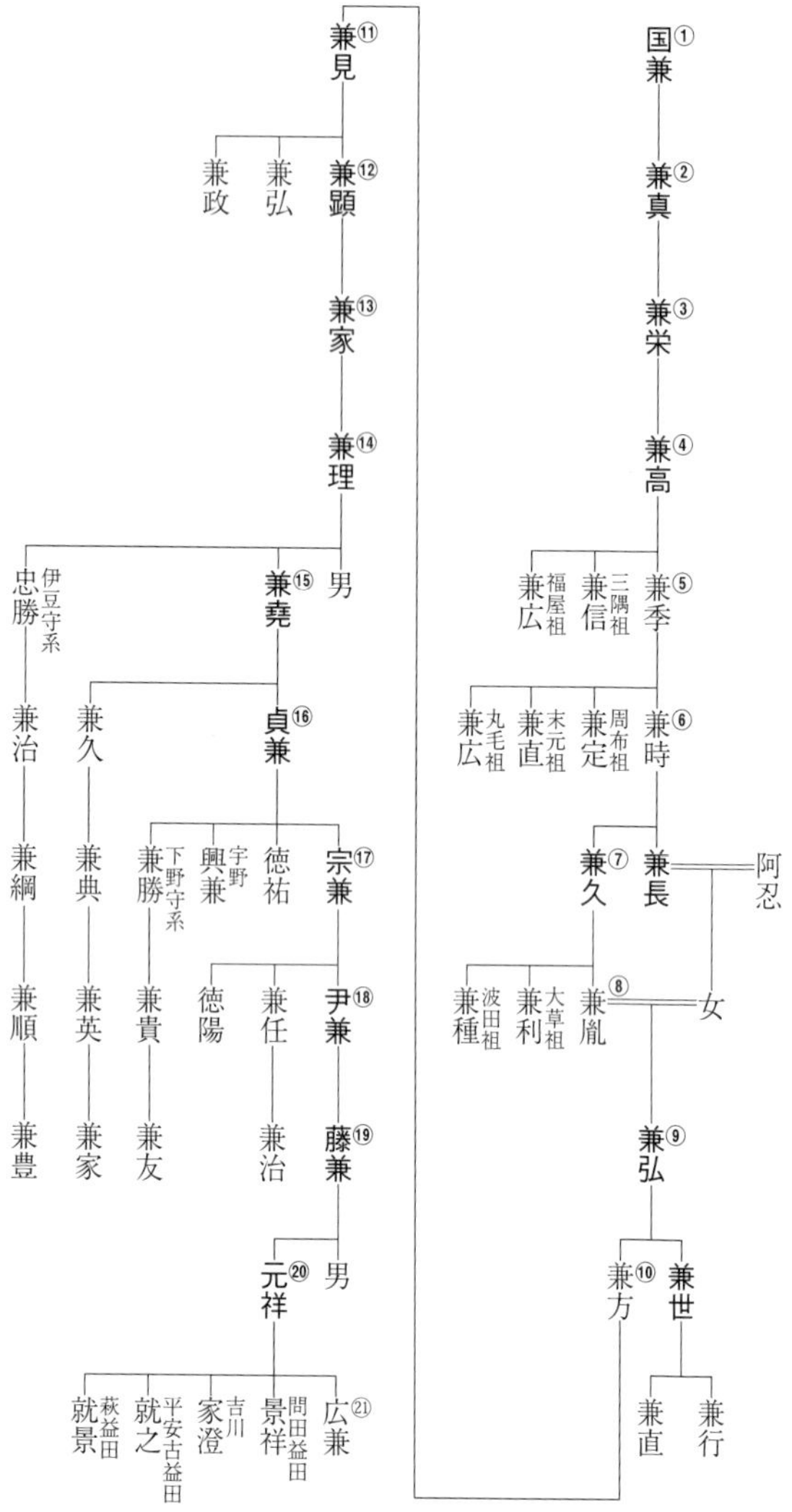

益田氏系図（元祥の子供の世代まで。一部省略。系図をもとに近年の学説を踏まえて作成。丸数字は一般に言われる益田氏歴代当主の代数。太字は益田氏当主であったことが史料で確認できる人物）

に働きかけて諸山《しょざん》とし、さらに万福寺《まんぷくじ》を創建し、家訓にあたる置文《おきぶみ》を定めるなど、中世の益田と益田氏の基礎を築いた。

益田氏は、大内氏のうち馬場殿《ばばどの》を称する一族（満弘《みつひろ》とその子満世《みつよ》）と関係を深め（大内氏の系図については、「大内義興」の項を参照されたい）、益田兼顕《かねあき》は至徳二年（一三八五）頃、大内氏における内戦で満弘方に与し、義弘方と戦って敗北、一時期益田を占領された。しかし、応永の乱で大内義弘《よしひろ》が戦死した後に、幕府が大内氏当主と認めた弘茂《ひろもち》と在国していた盛見《もりみ》の家督争いが起こると、弘茂方として戦い、満世も呼び出して粘り強く戦った。この戦いは幕府が盛見方を屈服させることができず、大内氏の幕府に対する自立性を保持させる結果となったが、盛見方もまた満世を擁する益田氏を屈服させることができなかった。応永の乱後に大内氏が石見国守護職を失ったこともあって、益田氏は大内氏に対する自立性を保った。また、大内氏の内紛に石見国の領主らがそれぞれ当主候補を支援するという構造は、大内氏の歴史を通じて見られる。

藤兼以前の益田氏②

益田兼堯《かねたか》は、父兼理《かねただ》が大内盛見の九州遠征中に少弐《しょうに》氏の急襲を受けて戦死し、兄もこの頃亡くなっていたため、幼くして家督を継いだ。東の三隅氏、南の吉見《よしみ》氏との関係は良くなく、益田氏は存亡の危機にあった。兼堯は家中を団結させ、幕府や石見国守護の山名《やまな》氏と関係を深めるなどして家の存続を図った。晩年には雪舟《せっしゅう》を益田に招いて、絵画や庭園などその作品を多く益田に残させた。

兼堯の子貞兼《さだかね》は、応仁・文明の乱で大内政弘《まさひろ》が上洛している間に留守を預っていた叔父道頓《どうとん》（大内教《のり》幸《ゆき》）が東軍方として挙兵し、大内氏領国が東軍・道頓方と西軍・大内政弘方に分裂した際に、西軍・政弘方を支援してその勝利に大きく貢献した。その背景には、政弘方の中心人物であった陶弘護《すえひろもり》との婚姻（貞兼の姉妹が陶弘護に嫁ぐ）による緊密な同盟関係があった。両氏はそれぞれ所領をめぐって吉見氏と対立しており、利害が一致していた。実際、道頓を支援する吉見氏と両氏は激しく争っている。益田氏・陶氏と吉見氏の対立は、以後もこの地域の政治史において重要な意味を持った。

貞兼の子宗兼《むねかね》は、足利義稙《よしたね》（義材《よしき》→義尹《よしただ》→義稙）・大内義興《よしおき》に従って上洛し、義稙・義興政権を長期間支え、大名に準じる大外様衆《だいとざましゅう》として遇された。義尹を称していた義稙から「尹」字を子尹兼《ただかね》に与えられ、さまざまな名物も与えられた。尹兼は、陶隆房《たかふさ》と兄弟契約を結んだ。

このように、益田氏の歴史は大内氏・陶氏と深く関わっている。しかし、それは単純な上下関係ではない。益田氏は大内氏の本拠周防・長門の近くにあって自立性を保持し続けており、その支援を得られれば強力な戦力になる一方、対立すれば手強い存在でもあった。また、石見国最大級の領主ということもあり、領主連合の盟主的な存在でもあった。

陶晴賢（隆房）の下剋上

益田藤兼《ふじかね》は尹兼の子である。享禄二年（一五二九）に生まれ、天文十五年（一五四六）に家督を相続した。同十七年に将軍足利義輝《よしてる》（当時は義藤《よしふじ》）から「藤」字を与えられた〔益田家文書〕。同二十年九月、西日本を揺るがす大事件が起こった。大内氏の重臣陶晴賢《はるかた》（当時は隆房）らが大内義《よし》隆《たか》を自殺に追い込み、その後釜に大友義鎮《おおともよししげ》（のちに宗麟《そうりん》）の弟義長《よしなが》（当時は晴英《はるふさ》。母は大内義興の娘）を迎えた。

下剋上の代表例として有名なこの事件は、陶晴賢が単独で起こしたものではなく、他の大内氏重臣や領国周辺の有力領主に事前に了解を取り付けて行われたものであった。このとき、重要な役割を果たしたのが毛利元就《もうりもとなり》と益田藤兼であった。毛利元就は、安芸・備後両国の領主連合の盟主として、安芸・備後の領主らにこの下剋上に協力させ、見返りとして安芸国佐東郡《さとう》（広島市）の領有を認められた〔岸田二〇一二〕。

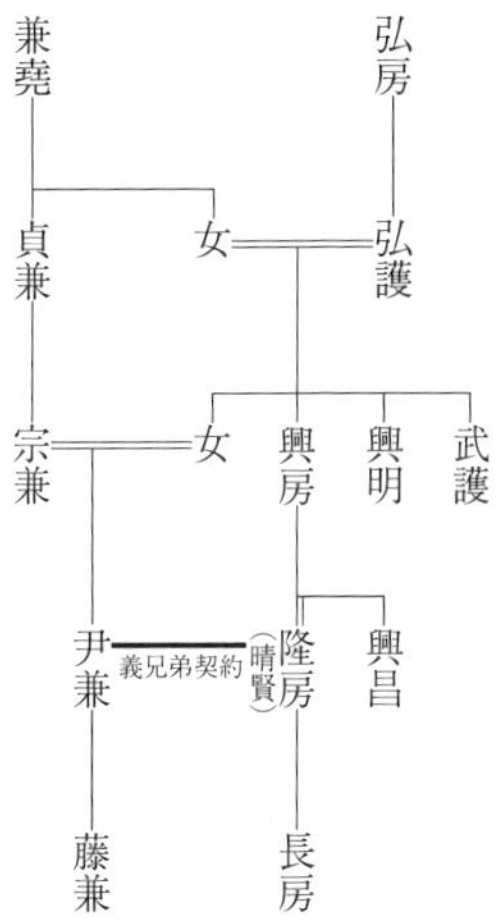

陶氏と益田氏の関係

益田藤兼は、石見国の領主連合の盟主として、周布氏や福屋氏に下剋上への協力を呼びかけ、周布氏領内に逃げ込んだ陶晴賢の政敵相良武任《さがらたけとう》の一族と思われる相良虎王を殺害させた〔和田一九九三、益田市所蔵周布家文書〕。この下剋上にあたり、元就と藤兼はそれぞれ領主連合の盟主として同じような立場で行動して

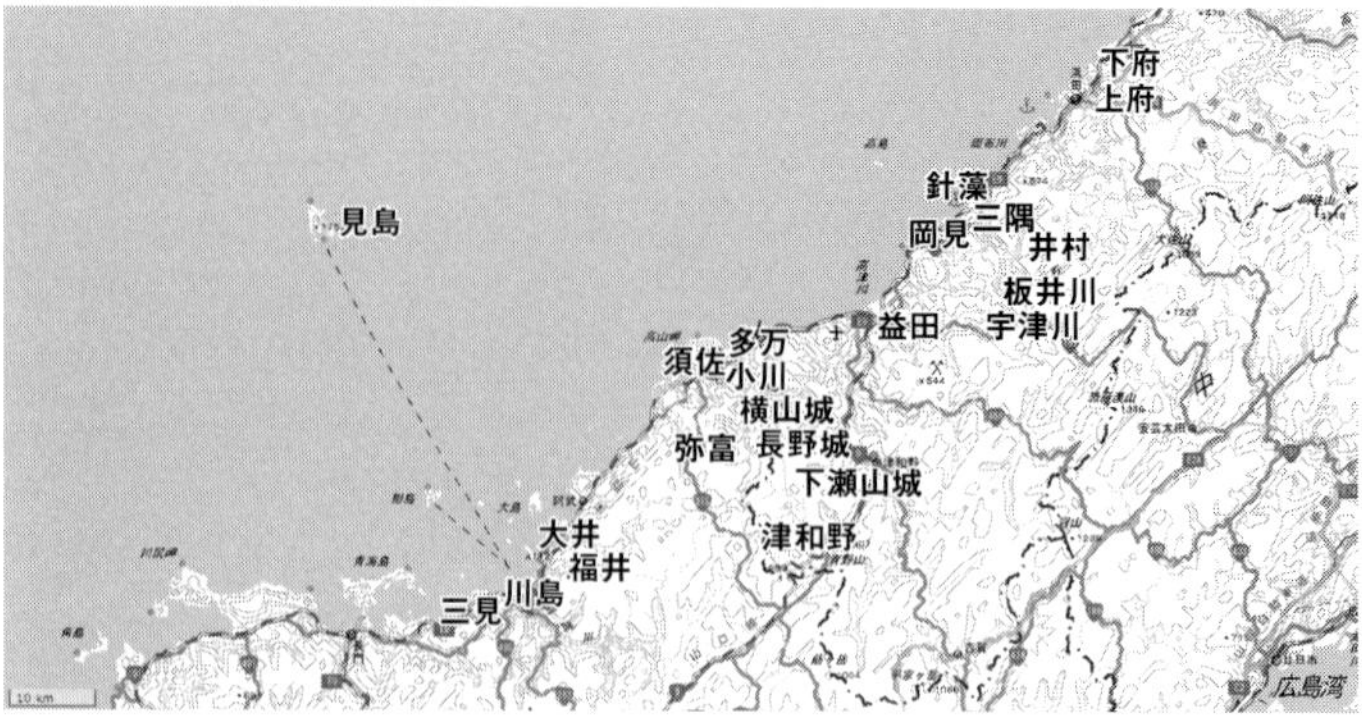

関係地名図　国土地理院地図をもとに作成

いたと言える。
この陶晴賢の下剋上についても、大内氏の家督争いに石見国の領主が関わるという構図は、従来と共通する。大きく異なるのは、この家督争いを発端とする動乱後に、大内氏が滅亡したという結果である。

吉見氏攻め

天文二十年（一五五一）十月、益田藤兼の軍勢が吉見正頼《まさより》領に侵入し、津和野《つわの》下領野戸路山（島根県津和野町）に陣を構えていたところ吉見軍の攻撃を受け撃退された〔平生町立平生図書館所蔵守富家文書など〕。藤兼は吉見氏の反撃に備えてか、吉見氏領との西側の境の要衝横山《よこやま》城（益田市）の防備を固めた〔日本大学所蔵俣賀家文書〕。

そして、天文二十二年末頃から、陶晴賢が率いる大内氏軍と益田氏による吉見氏攻めが始まる。おそらく下剋上の時点で益田氏と陶氏の間で長年の宿敵を挟撃する申し合わせがあったのであろう。

このとき、益田氏と吉見氏の激戦の舞台となったのが下瀬山城《しもせやま》（津和野町）である。下瀬山城が難攻不落であったためか、益田氏は直接的な攻撃に加え、長野《ながの》城（津和野町）が落ちたとか、毛利軍が敗れたといった偽情報を流したり、すぐに降伏すれば稲の作付けができるとか厚遇を約束すると伝えたり、あの手この手で下城を促している〔下瀬文書〕。しかし、下瀬山城は持ちこたえ、毛利氏が反陶氏の立場を明らかにし挙兵したため、大内氏・陶氏が吉見氏と和睦し、益田氏も軍勢を引きあげた。

三隅氏攻め

続いて藤兼が攻撃したのが三隅氏である。三隅氏は南北朝時代以来、吉見氏と並んで益田氏にとって難敵であったが、十五世紀の後半から家中で内紛が続き、弱体化が進んでいたと思われる〔中司二〇二一〕。

陶晴賢の下剋上後の天文二十一年（一五五二）、益田藤兼は大内義長から三隅家跡を安堵された〔益田家文書〕。これは応仁・文明の乱中の文明元年（一四六九）に益田氏が西軍方足利義視《よしみ》、大内政弘、山名政清《まさきよ》から三隅氏跡を与えられた〔益田家文書〕ことを追認したものと思われるが、やはり下剋上への協力の見返りとして約束されていたのであろう。

天文二十四年正月末から二月初めにかけて、益田氏は岡見《おかみ》（島根県浜田市）や向縄（比定地不明）で合戦し、同十日には鐘尾《かねお》城（後掲の針藻《はりも》とする説と三隅氏の本拠高城《たかじょう》の出城とする説がある）を落とし、翌十一日、藤兼は金山氏に針藻（浜田市）の普請が重要であること、高城方面（浜田市）で忠節をしたものに格別の恩賞を与えることなどを伝えた〔閥閲録遺漏〕。こうして益田氏は、高城こそ落とせなかったようだが、浜田市三隅町の中心部から沿岸部にかけての地域を占領下においたと思われる。

このとき注目されることとして、筑前国宗像大社《むなかたたいしゃ》（福岡県宗像市）大宮司家の家臣石松典宗《いしまつのりむね》が益田氏の三隅氏攻めに協力していることである〔石松家文書〕。宗像大社大宮司家は陶氏と婚姻関係もあり親密で、また宗像大社が玄界灘《げんかいなだ》の海上交通の要衝でもあったことから、強力な水軍力を保持していた〔桑田二〇〇三〕。おそらく吉見氏攻めに援軍として動員されていた石松氏を、益田氏が三隅氏攻めにも協力させたのであろう。陶氏を介してか益田氏は宗像大社大宮司家と関係を深めたものと思われ、後には宗像大社の遷宮に際して協力したり〔宗像大社所蔵置札〕、益田氏から大宮司家に養子が入ったりしている〔肥後宗像家文書〕。

さらに同年九月には井村黒見山（浜田市）で合戦が行われ〔渡辺家文書など〕、翌弘治二年（一五五六）六月には三隅氏領と思われる宇津川《うづがわ》要害（益田市）が落城した〔益田高友家文書など〕。

長門国阿武郡への進出

天文二十四年（一五五五）十月の厳島《いつくしま》合戦で陶晴賢が大敗し戦死したことは、益田藤兼にとっても衝撃であったと思われる。さらに毛利氏が周防国に侵攻すると、次第に益田氏は大内氏を見限ったような動きを見せる。

弘治二年（一五五六）、益田氏の一族である益田兼貴《かねたか》は、長門国阿武《あぶ》郡の三見《さんみ》や多万、小川（いずれも山口県萩市）で不穏な動きを見せ、大内氏重臣内藤隆世《ないとうたかよ》から抗議を受けた〔益田高友家文書〕。大内氏は須佐《すさ》（萩市）・多万・小川を益田氏に預け、味方に引き留めようとした〔益田家文書〕。この結果、益田氏は応仁・文明の乱後に川島、大井、弥富（いずれも萩市）などで所領を預けられていたこともあり〔益田家文書〕、大内氏滅亡までに阿武郡の沿岸部に勢力を広げたと推測される。

また、このころ益田氏は古来朝鮮半島との交通上、重要な位置にある長門国大津《おおつ》郡見島《みしま》（萩市）も占領したようだ〔益田家文書〕。

こうして益田藤兼は、東は三隅、西は三見や見島と、日本海沿岸に広く勢力を拡大した。このことは、益田氏について指摘されている「海洋領主的性格」〔岸田一九九三〕を反映していると思われる。日本海沿岸の津や浦は海上交通・交易上重要であったし、これらには船持ち衆がいて、海上交通・交易の担い手であった〔本多二〇一三、二〇一八〕。石見銀山の「発見」に沸く日本海交易をより有利に進めるために、このような勢力拡大を図ったものと思われる。

毛利氏との和睦と吉見氏との角逐

天文二十四年（一五五五）の陶晴賢の戦死、そして弘治三年（一五五七）四月の大内氏の滅亡により、

医光寺山門　益田氏の居城・七尾城の大手門を移築したと伝わる　島根県益田市

益田氏は孤立状態に陥った。もともと仇敵であった吉見氏は、陶晴賢の戦死により窮地を脱し、毛利氏の大内氏攻めに連携して阿武郡内陸部に勢力を拡大した。大内氏の山口没落の直接の原因は、吉見氏が山口に迫ったことが大きいと思われる（「吉見正頼」の項参照）。さらに弘治三年には、吉見氏は川島や福井（萩市）、三見などを益田氏から奪った〔平生町立平生図書館所蔵安富家文書、閥閲録〕。

毛利氏は、益田氏の盟友であった陶氏を滅ぼし、さらに大内氏を滅ぼして周防・長門を支配下におさめた。もともと石見国にも勢力を拡大していたこと、吉見氏と連携して大内氏を滅ぼしたことなどから、次の攻撃目標が益田氏となる可能性は十分にあった。益田氏の本城七尾《ななお》城（益田市）が大きく整備されたのはこの時期だとされる。

益田氏としては毛利氏と決戦する選択肢も十分にありえたと思われるが、藤兼は早い段階から毛利氏との和睦を図った。大内氏がまだ滅亡していない弘治三年三月の時点で、毛利元就の二男吉川元春《きっかわもとはる》やこれと連携していた石見国中央部の有力国人福屋氏が益田氏との和談を進めた。これを知った元就は、共同で大内氏を攻撃している吉見氏に対する配慮を欠いているとして激怒した。しかし、大内氏滅亡後の同年五月にはやや態度を軟化させ、石見東部で軍勢が足りないのであれば、益田氏から動員してもかまわないと元春に伝えている〔閥閲録〕。益田氏は毛利氏の動員に応じて、永禄二年（一五五九）頃まで軍勢を派遣したようだ〔日本大学所蔵俣賀家文書〕。

さらに、石見東部の有力国人小笠原《おがさわら》氏の処遇をめぐって毛利氏から離反した福屋氏を攻撃するため、永禄四年末から毛利氏が石見国に出陣すると、益田氏はこれに連携して三隅氏を攻撃するよう求められた。益田氏は所領の東部に軍勢を集めることで手薄になる西部の所領を吉見氏に奪われることを危惧し、毛利氏に検使の派遣を求めた。毛利氏はこれに応じて検使を派遣した〔益田家文書〕。

藤兼は軍勢を三隅氏領に向け、山間部の板井川《いたいがわ》城（益田市）を落とし〔小原文書〕、三隅氏の本城である高城も攻略したものと思われる〔益田家文書〕。しかし、益田氏が危惧したとおり、永禄五年二月に吉見氏は益田氏領であった須佐を攻撃し、これを落とした〔益田高友家文書〕。毛利氏もこのときは吉見氏を非難した〔益田家文書〕。

しかし、これにより長門国阿武郡をめぐる益田氏と吉見氏の大規模な争いは終息した。吉見氏が阿武郡のほぼ全域を領有し、それは毛利氏の周防・長門支配のもとでも認められた。益田氏は阿武郡の石見国との境である多万・小川をなんとか死守した。毛利氏は、両勢力の境に位置し、大内氏時代にその直轄関であったと思われる須佐を同様に直轄関としており〔竹井文書〕、緩衝地帯にしようとしたのかもしれない。

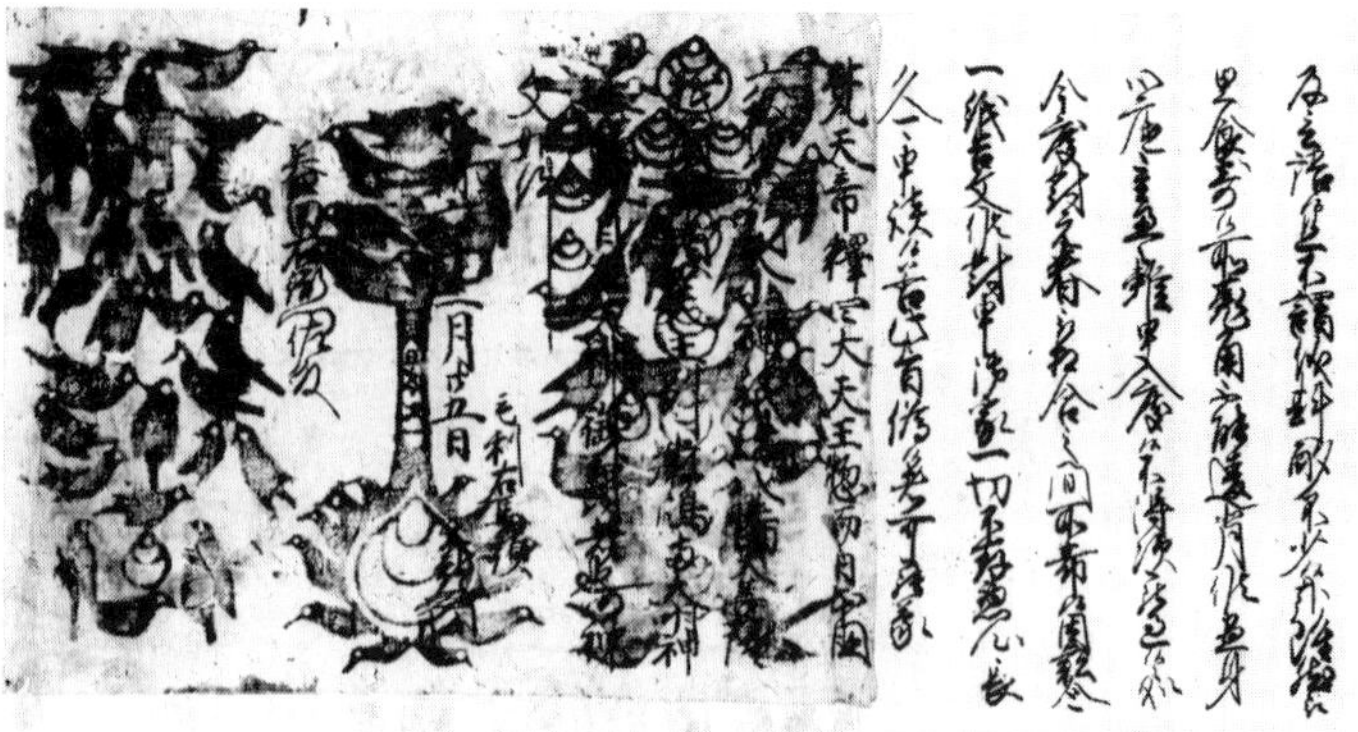

毛利元就起請文（部分）「益田家文書」 東京大学史料編纂所蔵

毛利氏との和睦と吉田郡山城訪問

益田藤兼はこうして毛利氏との関係改善を進め、永禄八年（一五六三）に重代相伝の刀舞草房安《もぐさふさやす》を毛利元就に贈り、起請文を交換して、正式に和睦した〔益田家文書〕。

永禄十一年、益田藤兼は次男（長男は早逝）とともに毛利氏の本城吉田《よしだ》郡山《こおりやま》城（広島県安芸高田市）を訪問した。藤兼の次男は元就から「元」字を与えられ、毛利輝元《てるもと》から加冠され、元祥《もとよし》と名乗り元服した〔益田家文書〕。父尹兼と自身が将軍から偏諱《へんき》を与えられたことを思えば、藤兼はかなり低姿勢であったと言える。一方で、このとき毛利氏の一族や重臣らに莫大な贈り物をし、豪勢な料理を振る舞った。贈り物には朝鮮の虎の皮、料理の材料には昆布や数の子など、日本海交易でしか手に入らない貴重なものが含まれており、その経済力と日本海交易を進めることのできる基盤があることを印象づけてもいる〔岸田二〇〇一〕。

益田氏は毛利氏と関係を深め、信頼を勝ち得て、江戸時代には長州藩の永代家老家となる。その基礎を築いたのは益田藤兼の大きな決断であったと言える。

その後の益田藤兼は毛利氏の動員に従って尼子氏攻めなどに軍勢を派遣するなどし、領内の整備を進め、寺院や神社の再興などを進めた。慶長元年（一五九六）に数え年六十八歳で亡くなったという〔益田家文書〕。

（中司健一）

妙義寺桜谷五輪塔（伝益田藤兼墓）　島根県益田市

【主要参考文献】

岸田裕之『大名領国の構成的展開』（吉川弘文館、一九八三年）

岸田裕之「陶隆房の挙兵と毛利元就」（同『大名領国の政治と意識』吉川弘文館、二〇一一年。初出は一九九一年）

岸田裕之「石見益田氏の海洋領主的性格」（同『大名領国の経済構造』岩波書店、二〇〇一年。初出は一九九三年）

桑田和明「大内氏の滅亡と宗像氏」（同『中世筑前国宗像氏と宗像社』岩田書院、二〇〇三年。初出は「大内義隆の滅亡と筑前宗像氏」として一九九二年）

多良木町教育委員会編『肥後宗像家文書調査報告書』（多良木町教育委員会、二〇二一年）

中司健一「中世後期石見国人の動向と室町幕府・大名」（『石見の中世領主の盛衰と東アジア海域世界』島根県古代文化センター、二〇一八年）

中司健一「国人衆からみた大内氏」（大内氏歴史文化研究会編『室町戦国日本の覇者　大内氏の世界をさぐる』勉誠出版、二〇一九年）

中司健一「浜田市三隅町正法寺の棟札」(『石見銀山研究』創刊号、二〇二一年)
中司健一「室町・戦国期における益田氏・吉見氏の対立とその諸側面」(『中世石見における在地領主の動向』島根県古代文化センター、二〇二二年)
本多博之「十五・十六世紀山陰地域における流通経済と貿易」(『尼子氏の特質と興亡史に関わる比較研究』島根県古代文化センター、二〇一三年)
本多博之「中近世移行期西日本海地域の流通と海辺領主」(『石見の中世領主の盛衰と東アジア海域世界』島根県古代文化センター、二〇一八年)
益田市教育委員会編『中世益田ものがたり』(益田市・益田市教育委員会、二〇一七年)
和田秀作「陶氏のクーデターと石見国人周布氏の動向」(『山口県地方史研究』七〇、一九九三年)
和田秀作「大内氏の惣庶関係をめぐって」(鹿毛敏夫編『大内と大友』勉誠出版、二〇一三年)

吉見正頼——陶氏らの猛攻をしのぎ長門国阿武郡を領有

正頼登場前史

吉見《よしみ》氏は中世の石見国西端の鹿足《かのあし》郡（吉賀《よしか》郡とも。現在の島根県津和野町および吉賀町）に勢力を誇った領主である。源頼朝《みなもとのよりとも》の弟で平氏追討の総大将であった源範頼《のりより》を祖とする。範頼が武蔵国横見《よこみ》郡吉見（埼玉県吉見町）に領地を持ち、その子孫が吉見を称した。吉見氏はその後、能登国や石見国に領地を獲得し、能登国を本拠とした吉見氏一族のさらに一族が石見国にやってきた。つまり、いわゆる西遷《せいせん》御家人《ごけにん》である。おそらく承久の乱後に鹿足郡に所領を獲得したと思われる。

応永三十年（一四二三）頃、能登吉見氏の吉見家貞《いえさだ》が、吉賀の代官職を「木部一類《きべいちるい》」に押領《おうりょう》されていると訴え、幕府を介して益田《ますだ》氏らにその排除を求めた〔益田家文書〕。この事件は、能登吉見氏に対する石見吉見氏（「木部一類」）の自立と評価されている。「木部一類」は石見国守護の山名《やまな》氏に領地の一部を差し出し、周防・長門の大内氏に一族を出仕させ、その後ろ盾を得ようとしていたと考えられる〔益田家文書〕。益田氏はそのような状況を知ってか、能登吉見氏の依頼を断った。

吉見氏は勢力を拡大するに従い、北に勢力を誇る石見国最大の領主益田氏と所領をめぐって争うようになった。応永三十二年に吉見頼弘《よりひろ》が益田氏の勢力圏と思われる「豊田堺并符・仙道等」に今後は手を出さないと誓った〔益田家文書〕。しかし、その後も所領紛争は起こっており、吉見氏領である鹿足郡と益田氏領である美濃《みの》郡を貫流する高津川《たかつがわ》の下流域に展開した荘園長野《ながの》庄をめぐって両氏は争った。

応仁・文明の乱の頃から、両氏の争いはより激しいものとなった。その原因は、一つには将軍権力の分裂やこれにともなう隣国の大内《おおうち》氏と幕府・細川《ほそかわ》氏との争い、そして、もう一つの理由として益田氏が大内氏の重臣である陶《すえ》氏と結んだことによる。

応仁・文明の乱が勃発し、大内政弘《まさひろ》が西軍方の主力として上洛すると、東軍方はその叔父道頓《どうとん》（大内教幸《のりゆき》）と結び、大内氏領国は東軍・道頓方と西軍・政弘方に分裂した。政弘方の陶弘護《ひろもり》が周防国玖珂《くが》（山口県岩国市）で道頓を攻撃すると、道頓方は石見国に落ちのびた。道頓は吉見成頼《なりより》ら東軍方の石見の領主の支援を得て反撃を試みた。弘護は妻の実家である益田氏と結んで道頓方と戦い、道頓を九州に没落させた。陶氏と益田氏は、吉見氏への対抗を強く意識して協力しており、弘護は益田氏に吉見氏が降伏を願い出ても許さないと約束した。ただし、大内政弘は文明九年（一四七七）に帰国した際、その帰順を許した。

翌十年からの大内氏の北部九州出陣に際しては、陶弘護が総大将を務め、益田氏とともに吉見氏もこれに従軍した〔正任記〕。しかし、遺恨は解消しなかったのか、文明十四年に大内氏館での宴席の最中、弘護が吉見信頼に刺殺され、信頼もその場で殺害された〔蔭凉軒日録〕。この報復のためか大内政弘は吉見氏を攻撃したが、幕府の制止があり手を引いた。それでも陶氏と益田氏は吉見氏を攻撃し続けた（益田家文書）。

このような事件があったが、その後、吉見氏と大内氏はむしろ関係を深めたように見える。喜什《きじゅう》氏という吉見氏の庶子が大内氏の奉行人として活躍したり、吉見氏惣領の頼興《よりおき》が大内義興《よしおき》の安芸国遠征に従軍し、厳島《いつくしま》神主家との講和を仲介したりした。頼興は大内氏が日向国油津《あぶらつ》（宮崎県日南市）を領する島津《しまづ》豊州《ほうしゅう》家《け》と関係を深めた際に、同様に関係を深めた。

三本松城の攻防

吉見正頼《まさより》は吉見頼興の子と考えられる。僧籍に入っていたが、兄の死により家を継いだとされる。同時期に、大永七年（一五二七）～天文四年（一五三五）に大内氏の奉行人として「吉見弥七正頼」（寺社証文ほか）、天文八年に遣明船《けんみんせん》の土官《とかん》（交易の責任者）として乗り込んだ「吉見治部丞正頼」（策彦入明記）、一五五三年に大内義長《よしなが》の使者として明に向かおうとして済州島《チェジュ》に漂着した「正頼」（朝鮮王朝実録）などが見える。大内氏の奉行人として、また対外交易での重要な役割を果たしているが、吉見氏当主である正頼が称したのは、大蔵少輔・大蔵大輔、出羽守であり、同一人物とする説も別人とする説もあり、ここでは結論を保留しておきたい。

天文二十年に陶晴賢《はるかた》（当時は隆房《たかふさ》）が大内義隆《よしたか》を廃して、大内義長（当初は晴英《はるふさ》）を擁立して大内氏の

下瀬山城跡　島根県津和野町

実権を握った。このいわゆる陶晴賢の下剋上には、陶氏の盟友である益田氏も協力しており、晴賢と益田藤兼《ふじかね》は下剋上後の戦略について密約を交わしていたと思われる。密約の中には歴史的に両氏ともに遺恨のある吉見氏を共同で攻撃することが含まれていたと思われる。早くは天文二十年に益田氏が吉見氏領に侵攻して撃退された。

そして、天文二十二年末頃から、陶晴賢が率いる大内氏軍と益田氏による吉見氏攻めが始まった。大内氏の軍勢は吉見氏の本城三本松《さんぼんまつ》城を包囲し、益田氏の軍勢が下瀬山《しもせやま》城を攻撃した（それぞれ津和野町。下瀬山城の攻防については、「益田藤兼」の項参照）。大内氏の軍勢は大軍であったと思われ、このときの陣城《じんじろ》と思われる遺構が三本松城を包囲するように残っているという〔宮田二〇二二〕。なお、この攻防の際の吉見正頼の感状に「喜什表」での軍忠を称える文言が見られることから、近世の津和野城と異なり、中世の三本松城は西側の喜時雨《きじゅう》方面が大手であったとする説があるが、正頼の感状には「本郷表」での軍忠を称えるものもあり、この「本郷表」がどこを指すかも含めて検討を要する。

吉見氏は滅亡の危機にあったと思われるが、毛利元就《もとなり》が反陶氏の立場を明らかにし、挙兵したため、大内氏・陶氏と和睦した。天文二十四年十月の厳島合戦で陶晴賢が戦死したことで、危地を脱した。

長門国阿武郡争奪

毛利氏が周防・長門に侵攻すると、吉見氏もこれに呼応した。賀年《かね》城（山口市）は大内氏が吉見氏に備えるうえで重視していた城と考えられる。なお、大内氏・陶氏による三本松城攻撃の際に、吉見氏家臣の波多野滋信《はたのしげのぶ》が賀年城に籠もり、戦死したとされる。しかし、津和野町郷土館が所蔵する「波多野家文書」によれば、波多野滋信は大内氏の家臣であり、これ以前に子に所領を譲っており、子の波多野秀信《ひでのぶ》が大内氏家臣として吉見氏と戦っている。同家が後に吉見氏家臣となり、さらに津和野藩の重臣となったことから、先のような伝承が作られたのであろう。弘治二年（一五五六）初頭、この賀年城を大内氏家臣の町野隆風《まちのたかかぜ》が守っていたが、隆風は吉見氏に人質を出して、賀年城を引き渡した。周防国玖珂郡の領主小方隆忠《おがたたかただ》は毛利元就に、こうした戦況とともに、当時、周防国東部の山代地方や須々万《すすま》城（山口県周南市）で苦戦していた毛利氏軍も急ぐべきとの意見を伝えた〔毛利家旧蔵文書（諸家）〕。

さらに吉見氏は渡川《わたりがわ》城（山口市）に迫った。渡川城は、周防国衙《こくが》領および阿弥陀《あみだ》寺領にも普請役が課されており〔阿弥陀寺文書〕、防長両国防衛上、特に石見方面から山口を守るうえで重視された城であったと思われる。四月二十一日に渡川城で合戦が行われた〔成恒文書〕。このときは大内氏が防衛に成功したようだが、まもなく吉見氏は渡川城の攻略に成功したようだ。これにより大内氏は山口から没落し、吉見氏は毛利氏よりも早く山口に入ったと思われる。

吉見氏が毛利氏より早く山口に入ったことを示すのが、毛利博物館が所蔵する吉見正頼覚書である。これは、吉見正頼の花押が据えられ、「印形　二」「朱布　一」などと列記されており、大内氏が中国や朝鮮との通交に用いた印章等とともに、「大内氏勘合貿易印等関係資料」として重要文化財に指定されている。おそらく正頼は毛利氏に先駆けて山口に入った際、大内氏が対外通交に用いた印章等を押収したものと思われる。しかし、それは毛利氏も見過ごすことができず、引き渡しを要求したのであろう。吉見正頼覚書は引き渡しの際に添えられたものと考えられる。

いずれにせよ、大内氏滅亡時点で吉見氏は阿武《あぶ》郡の内陸部を占領していたと考えられる。そして吉見氏のライバルである益田氏は阿武郡の沿岸部に勢力を拡大していた。

しかし、益田氏は吉見氏とはもともと敵対しており、盟友である陶氏を滅ぼした毛利氏とも緊張関係にあり孤立していた。益田藤兼は大内氏滅亡以前から毛利氏との和睦を急ぎ、元就二男の吉川元春《きっかわもとはる》との間で交渉を進めるが、元就は共同で大内氏を攻める吉見氏への配慮を欠くとしてこれを認めなかった〔閥閲録〕。ただし、大内氏滅亡後には態度を軟化させた。

この間、吉見氏は長門国阿武郡沿岸部の益田氏領を攻略していったようだ。弘治三年に吉見正頼は川島、福井、三見にて家臣らに所領を宛行った〔平生町立平生図書館所蔵安富家文書、閥閲録〕。これらはいずれも、一時的なものも含め、益田氏領であったと考えられる地域である。

永禄五年（一五六二）、毛利氏が尼子氏方の領主を攻撃するために石見に出陣すると、毛利氏は益田氏に援軍を要請した。益田藤兼は所領の東側に軍勢を派遣することで、手薄になった西側の所領を吉見氏に奪われることを危惧し、毛利氏にそのことを伝えた。毛利氏は検使を派遣して見張らせるとし、益田氏は毛利氏への援軍を派遣したが、吉見氏はその隙を突いて阿武郡須佐《すさ》（山口県萩市）を奪った〔益田家文書、益田高友家文書〕。毛利氏もこのときは吉見氏を非難している。

晩年の正頼と孫広長の悲劇

須佐の攻略により、吉見氏と益田氏の大規模な武力衝突は終息した。結果、吉見氏は長門国阿武郡のほぼ全域を領有し、それは毛利氏の防長両国支配のもとでも認められた。一方、益田氏は阿武郡の石見国境である多万・小川などをなんとか死守した。また、両氏の勢力の境界にあたる須佐、特にその関は、大内氏時代以来の直轄関であったと推測されることや、両氏の緩衝地帯とするためか、毛利氏の直轄関となったようである〔竹井文書〕。

その後、吉見正頼は毛利氏と大友氏の戦争に際して赤間関《あかまがせき》（山口県下関市）に在陣するなど、毛利氏との関係を深めた。永禄七年（一五六四）には、毛利氏と大友氏の和睦を斡旋するため、室町幕府から派遣された聖護院門跡《しょうごいんもんぜき》（道増《どうぞう》・道澄《どうちょう》）に源氏物語《げんじものがたり》の桐壺《きりつぼ》と夢浮橋《ゆめのうきはし》の書写を依頼し、両巻が現存している〔大島本源氏物語〕。

吉見正頼銘琵琶　萩博物館蔵

晩年の吉見正頼は、子広頼《ひろより》に家督を譲ったあと、自らが新たに支配下におさめた萩《はぎ》（萩市）に居住していたようだ。天正八年（一五八〇）、吉見正頼は「長門萩之浦」の「指月城下」で作成したと自作の琵琶に記した〔吉見正頼銘琵琶〕。ここから、萩が浦であったこと、指月城（のちの萩城）にすでに城下が形成されていたことがわかる。正頼死後のことになるが、天正二十年に朝鮮侵略にかり出された吉見元頼《もとより》（広頼の子）は津和野を出発し、萩浦にて「御舟」を見てから、指月に到着した〔朝鮮陣留書全〕。この「御舟」は朝鮮渡海のための舟と考えられる。

吉見氏は元来内陸部の領主であったが、それだけに海に面した港を渇望していたと思われる。室町時代に吉見氏が益田氏と争ったのは、両氏の所領を貫流し、日本海に注ぐ高津川下流域に展開した荘園長野庄であったし、大内氏滅亡後は、長門国阿武郡沿岸部をめぐって激しく争った。それだけに、初めて支配下におさめた阿武郡沿岸部の港、特に萩浦を正頼は重視し、その開発を進めたのではないだろうか。

正頼は天正十六年に死去したという。子の広頼は吉見氏の勢力を保ったが、孫の一人元頼は朝鮮侵略に従軍後に病となり死去した。元頼の弟である広長《ひろなが》は毛利氏に対して反抗的な態度を繰り返し、最終的には自害に追い込まれた。吉見氏の家督は吉川広家《ひろいえ》の二男が広頼の娘を娶って相続した（後の大野毛利家）〔大阪青山歴史文学博物館蔵吉見家文書〕。

その背景には、本来は毛利氏と同格で、自ら長門国阿武郡を勢力下におさめ萩を開発したという吉見氏の自負と、萩を城下町とするためにその影響力を排除しなければならなかった毛利氏の思惑があったのではないだろうか。（中司健一）

長八海筆「奔馬図」 吉見正頼が大井八幡宮に寄進した絵馬を、吉見家を継いだかたちになる大野毛利家が、何度も描き継ぎ奉納したもの　山口県萩市・大井八幡宮蔵

【主要参考文献】
秋山伸隆「「大島本源氏物語」と吉見正頼」（『中古文学』九七、二〇一六年）
沖本常吉編『津和野町史』第一巻（津和野町史刊行会、一九七〇年）
沖本常吉編『日原町史』上巻（日原町教育委員会、一九六四年）
河村昭一「大内・尼子両勢力の争覇」（『広島県史』中世、広島県、一九八四年）
岸田裕之『大名領国の構成的展開』（吉川弘文館、一九八三年）
角野広海「描き継がれた絵馬」（『島根県立石見美術館ニューズレター』三〇、二〇一九年）

中司健一「中世後期石見国長野荘をめぐる諸武家領主の動向」（田中大喜編『中世武家領主の世界』勉誠出版、二〇二一年）
中司健一「室町・戦国期における益田氏・吉見氏の対立とその諸側面」（『中世石見における在地領主の動向』島根県古代文化センター、二〇二二年）
長谷川博史『大内氏の興亡と西日本社会』（吉川弘文館、二〇二〇年）
本多博之「十五・十六世紀山陰地域における流通経済と貿易」（『尼子氏の特質と興亡史に関わる比較研究』島根県古代文化センター、二〇一三年）
本多博之「中近世移行期西日本海地域の流通と海辺領主」（『石見の中世領主の盛衰と東アジア海域世界』島根県古代文化センター、二〇一八年）
宮田健一「津和野町の中世遺跡」（『中世石見における在地領主の動向』島根県古代文化センター、二〇二二年）
和田秀作「大内氏の惣庶関係をめぐって」（鹿毛敏夫編『大内と大友』勉誠出版、二〇一三年）

尼子経久――広大な版図を築いた山陰の盟主

経久以前の尼子氏

尼子《あまご》氏は近江国を本拠とする佐々木《ささき》氏の一族である。佐々木定綱《さだつな》は源頼朝《みなもとのよりとも》の挙兵に当初から参加した功績によって、石見国・隠岐国などの守護職に補任されたが、定綱の長男広綱《ひろつな》は承久《じょうきゅう》の乱《らん》において後鳥羽上皇《ごとばじょうこう》方に荷担して没落した。一方、広綱の弟信綱《のぶつな》は幕府方だったため、近江国の所領を安堵され、京極《きょうごく》氏や六角《ろっかく》氏などの祖となった。なお、定綱の弟義清《よしきよ》は頼朝挙兵当初は平家《へいけ》方であったが、承久の乱後、出雲国・隠岐国の守護となり、塩冶《えんや》氏や隠岐《おき》氏の祖となっている。

信綱の子孫佐々木（京極）高氏《たかうじ》（道誉《どうよ》）や義清の子孫塩冶高貞《たかさだ》は鎌倉幕府倒幕に参加し、南北朝内乱の際には、両者ともに北朝（足利尊氏《あしかがたかうじ》方）に荷担したが、出雲国守護だった高貞は暦応四年（一三四一）、謀叛の嫌疑により討たれた。その後、一時期、山名《やまな》氏が出雲国守護となったが、明徳《めいとく》の乱《らん》後、道誉の孫京極高詮《たかのり》が出雲国・隠岐国守護となり、それ以降、出雲国守護職は京極氏が相伝した。

高詮の弟高久《たかひさ》は近江国甲良《こうら》庄尼子郷（滋賀県甲良町）を本拠として尼子を名字とし、高久の長男詮久は近江尼子氏の祖、次男持久《もちひさ》が出雲尼子氏の祖となったとされる。しかし、持久が出雲国守護代を務め

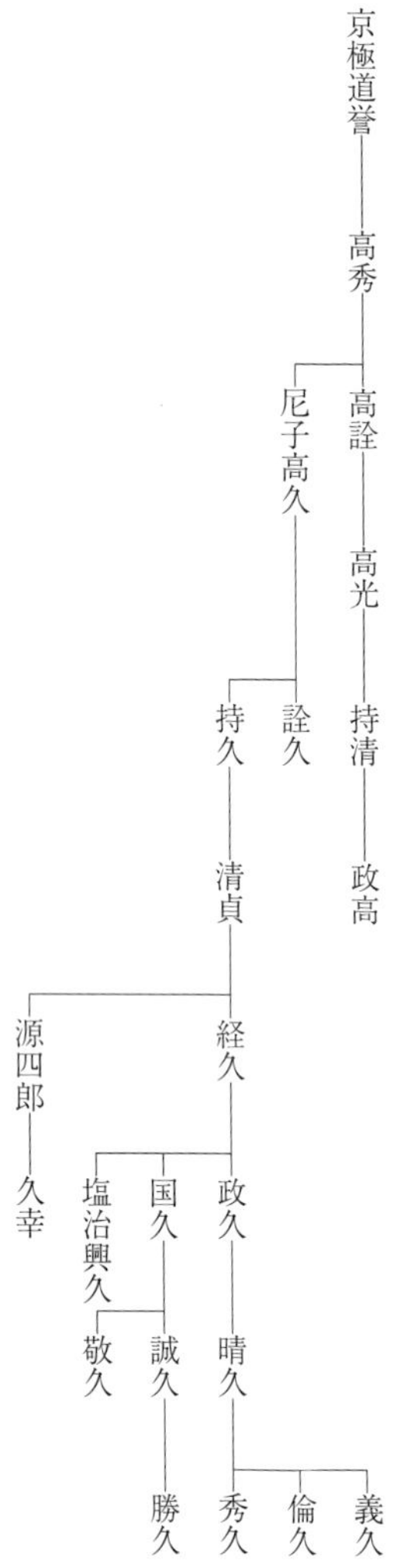

尼子氏略系図

ていたとする伝承に同時代史料上の根拠は希薄であり、出雲国内での活動が活発化するのは持久の子清《きよ》貞《さだ》の代からである〔西島二〇二一〕。

清貞は京極高詮の孫持清《もちきよ》が出雲国守護であった時期から守護代として活動しており、応仁・文明の乱に際して、東軍方として出雲国や伯耆国において西軍方（山名氏）と交戦している。応仁二年（一四六八）には山名氏に呼応したと考えられる十神《とかみ》城（島根県安来市）を本拠とする松田《まつだ》備前守が清貞の居城富田《とだ》城（安来市）に来襲したが、これを撃退して、逆に十神城を攻撃して陥落させている。また、文明二年（一四七〇）の三沢為信《みさわためのぶ》を中心とした国人一揆への対応や、文明三年の伯耆国境松《さかいまつ》（鳥取県境港市）合戦における山名勢の撃破などを通じて、徐々に出雲国内における権益を広げていった。

経久の登場

経久《つねひさ》は清貞の長男として、長禄二年（一四五八）に生まれた。仮名《けみょう》は又四郎《またしろう》。文明六年（一四七四）に上洛した際、持清の子京極政高《まさたか》から島根郡・能義《のぎ》郡・意宇《おう》郡の知行を安堵されている。この上洛は京極家の惣領をめぐって京極高清と対立した政高を支援するためのものと考えられるが、結局、政高は争いに敗れて、文明八年、出雲国へ下向した〔西島二〇一三〕。文明十一年頃から経久は刑部少輔《ぎょうぶのしょう》を称しており、政高が下向して間もない時期に清貞は死没したと考えられる。家督を継承した経久は守護政高（のち、政経《まさつね》に改名）の下で守護代を務めていたが、文明十六年、寺社本所領の押領《おうりょう》、御料所段銭《ごりょうしょたんせん》の不納入などを理由に、幕府から成敗命令を出された。軍記類ではこの折に守護代を解任されたうえ、富田を追われたとするが、同時代史料では確認できない。軍記類で経久に代わって守護代に任じられたとする塩冶掃部助の実在や、文明十八年正月に経久が策略をもって富田城を奪回したとする点についても同時代史料では確認できないが、一方で、政経は文明十八年七月、上洛している。

したがって、経久に対する成敗命令に政経も同意したものの、結局、経久を屈服させることはできぬまま、経久有利な情勢になったため、政経が出雲国を離れたと考えるべきであろう。この間の詳らかな経緯は定かでないが、文明十六年の成敗命令には、佐波《さわ》兵部少輔が経久に合力するために出兵しているとの風聞が記されており、尼子氏以外の多くの国人も政経に従わなかったことが、政経上洛の背景にあったとされる。もっとも、経久と京極氏との関係が完全に断絶したわけではなく、政経が出雲国の統治を

尼子経久画像　山口県立山口博物館蔵

実質的に経久に委任することで、経久と政経との和解が成立したと考えられる〔川岡二〇一四〕。

その後、高清に敗れた政経は明応八年（一四九九）、再び出雲国へ下向したが、将軍職を追われた足利義尹《よしただ》が明応九年に上洛への支援を命じた御内書《ごないしょ》の宛先には、政経とともに経久も含まれている。朝山《あさやま》や多賀《たが》といった国人には大内義興《おおうちよしおき》の書状のみが発せられており、政経と経久は同格として処遇されるようになったことを示しており、それは尼子氏が出雲国において最大の軍事力を保持する存在になったことを反映しているのではなかろうか。

政経は永正五年（一五〇八）、家督を孫の吉童子（政経の子材《き》宗《むね》の子）に譲り、間もなく死没したと推定される。また、吉童子のその後の動向はみられず、夭折した蓋然性が高いが、永正八年には吉童子母が出雲国へ下向しており、この時点における出雲国守護職は引き続き京極氏が掌握していた。その後も、永正十二年に吉童子母が「御屋形《おやかた》」と呼ばれ、経久は守護代であったが、それ以降、京極氏の出雲国守護としての活動はみられなくなり、永正十五年頃までに、経久の立場は守護代から守護へと変化したと推定されている〔西島二〇二一〕。

しかし、出雲国守護職に補任する旨の御判御教書《ごはんのみぎょうしょ》は発給されていない。この背景には、出雲（および隠岐）国守護職の進退権を京極氏が保持していたことがあり、京極氏の庶流家である尼子氏の限界を示すとされる〔西島二〇二一〕。もっとも、京極氏の権威を背景にしたとはいえ、守護職補任によって、国人赤穴《あかな》氏を被官化させることに成功しており、経久の出雲国支配の進展に大きな効果があったことも否定できない。

出雲国統一への道

経久が出雲国制圧に当たって重要視していたのは、従来からの守護職権限を掌握することのみではない。守護職権限に必ずしも縛られない勢力が国内に存在していた。先にみた明応九年（一五〇〇）の義尹御内書を受け取っている宍道《しんじ》氏（宛先は兵部少輔）や、古志《こし》氏や杵築大社《きづきたいしゃ》と結び付いて出雲国西部において独自の勢力圏を築いていた塩冶氏である。そこで経久は軍事力を背景とした婚姻政策によって、これらの勢力を服属させていった。

まず、宍道氏は尼子氏の祖高久の弟秀益《ひでます》を祖とするとされ、宍道郷（松江市）を名字の地としたが、八郎を称して主として京都で活動する惣領家と、九郎を称して主として出雲国で活動する庶家が併存していたようである。明応末～文亀初年（一五〇〇～〇一）頃に経久娘と縁組みしたとされる久慶《ひさよし》（兵部少輔とは別人である蓋然性が高い）は九郎系の可能性があり〔原二〇一一〕、経久は在地に基盤を持つ宍道家の庶家と結び付くことによって、宍道氏の支配地域を実質的な影響下に置こうとしたのではなかろうか。

次に、塩冶氏は南北朝初期まで出雲国守護職を保持していたが（一四五頁参照）、高貞の没落後、時綱《ときつな》（高貞弟）系が幕府奉公衆として存続。戦国期になると、活動拠点を出雲国に移すようになっていた。塩冶氏領への経久の進攻を示す同時代史料は確認できないが、永正二年（一五〇五）、佐波氏や赤穴氏が塩冶へ進攻している。この討伐は守護の名の下に行われたとされるが、この時点における守護政経と経久との関係から推定すると、この討伐に経久が無関係だったとは考えられない。実際に、この討伐から間もない時期に経久娘と杵築大社国造《こくぞう》家との縁組み、経久三男興久《おきひさ》の塩冶氏への入嗣が行われており、出雲国西部は事実上、経久によって制圧された〔原二〇一一〕。

一方、三沢郷（島根県奥出雲町）を本拠とする国人三沢氏の場合、永正十一年の軍事進攻によって服属させている。このようにして、出雲国は経久によってほぼ統一された。もっとも、永正十年、阿用《あよ》城（島根県雲南市）攻撃中に経久の長男政久《まさひさ》が討ち死にするという犠牲も払っていた。

隣国への進出

経久は、東方の伯耆国へ永正七年（一五一〇）頃から進出し始めた（一四二頁参照）ほか、南方の安芸国・備後国・備中国と西方の石見国へも進出を企てた。

備中国について、新見庄《にいみ》（岡山県新見市）を本拠とする新見氏は三村《みむら》氏らの乱入に対抗するため、永正十三年、伯耆・出雲衆との連携を図っている。この時点で備中国と国境を接する伯耆国日野《ひの》郡には尼子氏が進出しており、伯耆・出雲衆とは実質的に尼子氏を指す。翌年、新見氏は伯耆・出雲衆の合力によって乱入してきた敵を撃退する覚悟だとしており、経久は新見氏の支援を足掛かりにして、備中国へ進出しようとしていた。備後国について、塩冶氏へ入嗣した興久は永正年間前半頃に備後北部の有力国人山内《やまのうち》氏から妻を迎えている。安芸国について、永正九年頃、経久妻の実家である吉川《きっかわ》氏から毛利氏との連携を呼びかけられ、遠方なので万一のときに役に立てないとしつつ、国経の意見に従うとしており、出雲国平定以前の段階では安芸国への進出には慎重であった。石見国について、永正十四年、大内義興の守護職補任に抵抗する前任の守護代に対して、尼子氏が合力するという情報が流れている。

このように、永正期における隣国への進出は大規模な直接的武力行使を伴うものではなかったが、大永二～三年（一五二二～二三）、石見国へ進攻して都治氏や福屋《ふくや》氏を破り、江《ごう》の川《かわ》西岸（例えば、波志浦〈島根県江津市〉）まで進出した。とりわけ、大永三年の進攻は非常に大規模なもので、三隅《みすみ》氏領まで攻め込み、救援に駆け付けた大内勢と対峙する状況に至ったが、大内氏は石見国における劣勢を回復できなかった。大永五年までには、河本郷《かわもと》（島根県川本町）を本拠とする国人小笠原《おがさわら》氏も尼子氏に服属しており、経久は石見国西部を制圧したのである。

また、安芸国においても、武田元繁《たけだもとしげ》討ち死に（三一八頁参照）後の大内氏による佐西《さざい》郡直轄化指向に対して厳島神領衆《いつくしましんりょうしゅう》が反発し、大永三年四月に友田興藤《ともだおきふじ》が厳島神社領を掌握した際、経久は武田氏を通じて興藤を支援し、大内氏領国と大内氏の安芸国支配の拠点東西条（広島県東広島市）との分断に成功した。この機をとらえ、尼子勢が安芸国へ進攻すると、毛利氏・平賀《ひらが》氏など大内氏に従属していた安芸国人衆の多くが尼子方へと転じた。同年八月には、尼子氏の命令に従って出兵した毛利勢などによって、東西条の鏡山《かがみやま》城が攻略され、尼子氏は安芸国南部にまで進出した。その頃には、備後国においても、山内・多賀山《たがやま》・和智《わち》・湯浅《ゆあさ》といった北部・中部の国人のみならず、高須《たかす》といった南部の国人まで尼子氏に従属している。

大内氏との攻防

尼子氏の安芸国進出に危機感を抱いた大内氏は、鏡山城陥落後、佐西郡への攻勢を強めたため、大永四年（一五二四）十月、友田興藤は大内氏と講和して、事実上、大内氏に服属した。大永五年になると、三月の毛利氏、六月の天野《あまの》氏（米山《こめやま》城、東広島市）など、安芸国人の尼子氏からの離反が相次ぎ、東西条も大内氏に奪回された。その結果、尼子方の備後国人衆についても、大永六年の山内・多賀山、大永七年の高須など、尼子氏からの離反が相次ぎ、尼子氏の勢力圏は縮小していった。

そこで、劣勢の回復を図るため、経久は大永七年、備後国北部へ進攻。七月十二日、和智（広島県三次市）において尼子勢と大内方毛利勢とが交戦すると、大内義興は陶興房《すえおきふさ》を援軍として派遣。陶勢は江田《えだ》（三次市）に着陣した。八月九日の細沢山における尼子勢と毛利勢・陶勢との戦闘では、大内方が尼子勢の米原山城守・牛尾《うしお》信濃守を討ち取るなどの戦功を強調しており、大内方が勝利したようにみえるが、その後も尼子勢は在陣を続けている。山内氏領との連絡を遮断する陣城網《じんじろ》が構築されており、主たる目的は備後北部最大の国人山内氏を降伏させることによって、備後国人衆を尼子方に引き戻すことにあった〔長谷川二〇〇二〕。十一月二十七日には大内方三吉《みよし》氏の本拠三吉（三次市）でも戦闘が展開されているが、これを最後に戦闘はみられなくなることから、経久は当初の目的を達することなく、撤兵したと考えられる。

享禄二年（一五二九）にも尼子勢は備後国北部へ進攻。武田勢とともに多賀山氏の居城蔀山城《しとみやま》（広島県庄原市）を攻撃したが、山内・和智・高須・上山・田総《たぶさ》など大内方備後国人衆の救援によって攻略はできなかったようである。一方、石見・安芸境目地域の国人高橋《たかはし》氏を大内氏から離反させることには成功していたが、享禄二年五月には毛利氏をはじめとする大内方が高橋弘厚《ひろあつ》の居城松尾《まつお》城（広島県安芸高田市）を攻撃して、高橋氏は滅亡した。このように、経久の領国拡張戦略が停滞する中、さらに経久を危機に追い込む事件が出来した。

塩冶興久の乱

塩冶氏に入嗣していた経久の三男興久《おきひさ》が享禄三年（一五三〇）三月頃、反旗を翻したのである。この反乱の原因については、軍記類によると、経久に対する所領加増の要求を拒否されたためとされるが、その事実を明示した同時代史料は確認できない。この反乱には杵築大社国造家のほか、多賀氏・神西《じんざい》氏・三沢為国《ためくに》（横田《よこた》三沢家）といった出雲国人衆が荷担していること〔長谷川二〇〇〇〕から推定すると、父子対立というよりも、尼子氏による支配に反抗する国人一揆であったと考えられる。経久の領国拡張戦略は軍事動員をはじめとする国人の負担によって可能となっていたが、その戦略の停滞によって、恩賞となる土地の給付が実行されない事態となり、一揆を招いたのではなかろうか。

興久の乱鎮圧に苦慮した経久は、敵対していた大内氏に支援を要請した。一方の興久も大内氏に支援を要請しており、勝敗は大内氏の動向に左右されるといってもよい状況となった。大内氏重臣陶興房は、武略は興久方が優れているのではないかとしたうえで、劣勢のほうを支援して、対立を煽り立てて、最終的に双方を滅亡に追い込むという戦略を示しており、尼子氏領国は崩壊の危機にあった。

このような経久の危機は、意外にも毛利元就によって救われたとされる。大内氏から経久・興久のどちらを支援すべきか相談された元就は、経久への支援を進言した。元就の真意は定かでないが、興久と結び付いていた山内氏に対する警戒（親大内派国人としての主導権争い）などの可能性が考えられる。享禄四年に経久の嫡孫詮久と元就の兄弟契約が結ばれていることから推定すると、経久から元就に対して何らかの働きかけがあり、それが元就の進言に結び付いたのかもしれない。もっとも、大内氏の意思決定が単に元就の進言に従ったものとは考え難い。北部九州をめぐって大友氏・少弐《しょうに》氏と対立していた大内氏にとって、先にみた陶興房の戦略のとおり、尼子氏領国の混乱が続くことが望ましかった。そのために劣勢にあるほうを支援するとしており、劣勢にあると判断した経久を支援したにすぎない。また、石見国への尼子氏の進出を食い止めたい大内氏にとって、出雲国西部を地盤とする興久が尼子氏領国の支配者となるほうが好ましくなかったと考えられる。

いずれにせよ、この大内氏の判断によって経久は危機を脱した。大内氏の目論見とは異なり、興久との内戦は長引くことなく、享禄四年四月頃にほぼ終結し、興久は姻戚関係のある山内氏のもとへ逃走した。興久に荷担した多賀氏も国外へ逃亡。神西氏や横田三沢家も当主を交代させて、経久は尼子氏領国を再統一した。その意味では、内戦が長引くと判断した大内氏の戦略ミスだったともいえるが、巧みな外交交渉によって大内氏と結び、一気に興久方を壊滅させた経久の果断さを称えるべきであろうか。

尼子氏の居城・富田城跡　島根県安来市

経久の東方経略

大内氏と不戦協定を結んだ結果、興久の乱鎮圧後の経久の標的は東方面に絞られることとなった。享禄五年（一五三二）五月、美作国高田《だ》城（岡山県真庭市）を居城とする三浦《みうら》氏を攻撃して屈服させ、備中

尼子経久の墓　左が経久、右は父清貞の墓　島根県安来市・洞光寺

国北部の領主層などに対して高田城在番を命じたが、長期にわたる在番役に対する反発があったのか、伯耆国東部・美作・備中の国人衆が連帯して尼子氏に反抗する動きをみせる状況に陥った。その後、天文二年（一五三三）六月頃には、尼子方有利な状況に転じて、同年十一月、詮久が美作国二宮《にのみや》（同津山市）の社人領を安堵している。このように、天文二年末には反抗の動きを封じ込めつつあった。

また、経久は天文二年十一月頃、興久を庇護していた山内氏攻撃を開始し、天文五年、山内氏を屈服させた。興久は天文四年末頃に自害したという。また、天文五年三月、経久は山内氏について本来断絶のところ、尼子氏への忠節を誓ったので、聟法士（多賀山通続《みちつぐ》と山内直通《なおつね》娘の間の子。のちの隆通《たかみち》）をもって継承を許すとしている。この攻撃には、毛利氏からも援兵を派遣している。経久と大内氏との協定締結によって、興久は共通の敵となっており、興久を庇護する山内氏討伐には大内氏も支援する必要があったうえ、大内氏当主義隆《よしたか》は、この段階では尼子氏との融和関係を保とうとしていたからである。

ところが、経久は山内氏攻撃と併行して、安芸国人衆への調略を行っていた。武田氏はいまだ尼子方であり、吉川氏に対しても尼子氏への荷担をよびかけている。また、山内氏攻撃に参加した毛利氏家臣福原を富田に抑留した事件を契機に、尼子氏と毛利氏との関係は急速に悪化した。この結果、尼子氏と大内氏との融和関係も瓦解へと向かっていったのであるが、経久は天文七年九月以前に家督を詮久へ譲り、隠居している。その後、天文十年十一月十三日に病没。享年は八十四歳であった。

（光成準治）

【主要参考文献】

川岡勉「尼子氏による出雲国成敗権の掌握」（『松江市史研究』七、二〇一四年）
西島太郎「京極氏領国における出雲国と尼子氏」（島根県古代文化センター『尼子氏の特質と興亡史に関わる比較研究』島根県古代文化センター、二〇一三年）
西島太郎「戦国期守護職をめぐる尼子氏と京極氏」（『古文書研究』九二、二〇二一年）
長谷川博史『戦国大名尼子氏の研究』（吉川弘文館、二〇〇〇年）
長谷川博史「大永七年備後国和智郷細沢山合戦と陣城遺構」（『芸備地方史研究』二三〇、二〇〇二年）
長谷川博史「毛利氏の山陰地域支配と因伯の諸階層」（『戦国大名毛利氏の地域支配に関する研究』二〇〇〇～二〇〇二年度科学研究費補助金基盤研究（C）研究成果報告集、二〇〇三年）
原慶三「応仁・文明の乱と尼子氏―文書の声を聴く」（『松江市史研究』四、二〇一一年）

尼子晴久・義久 ——八ヶ国守護職拝任の栄光と没落

詮久の東方経略

晴久《はるひさ》は経久《つねひさ》の長男政久《まさひさ》の子である。永正十二年（一五一五）二月十二日生まれとする系図類もあるが、父政久が永正十年九月に討ち死にしているため、ありえない。永正十一年生まれと考えられ、母の懐妊中に父を失ったことになる。兄がいたとされるが夭折したため、早くから経久の後継者として育てられた。仮名《けみょう》は三郎四郎《さぶろうしろう》。天文二年（一五三三）には実名詮久を称している。これ以降、発給文書がみられるようになり、天文七年九月以前に、経久の隠居にともない、家督を継承した。また、天文五年末頃から民部少輔《みんぶのしょう》を称した。

天文六年十一月頃、自ら兵を率いて備中国・美作国へ進攻し、この年末には両国を制圧している。この折には雪で行軍が困難であるため、いったん帰国したが、翌年春には播磨国へ本格進攻する予定であった。この進攻予定は若干遅れて、天文七年八月頃、再び進攻を開始。赤松《あかまつ》氏の領国美作国・備前国・播磨国に軍勢を展開させた。とりわけ、赤松氏の本拠播磨国においては、多くの国人のみならず、一族赤松村秀《むらひで》も尼子氏に荷担したため、赤松氏当主政村《まさむら》は淡路国へ逃走した。同年十一月、尼子勢は赤松方の別所村治《べっしょむらはる》の居城三木城《みき》（兵庫県三木市）を攻撃したが、攻略には至らなかった。翌天文八年十月には、備中国において阿波細川《ほそかわ》勢と戦っている。一方、赤松政村は阿波細川氏の支援によって播磨国奪回を目指し、いったん播磨国へ上陸したものの、十一月、和泉国堺（大阪府堺市）へ逃れた〔渡邊二〇一二〕。

この折の尼子氏の進攻については、将軍足利義晴《あしかがよしはる》の要請に応じて上洛を目指したものとされてきたが、詮久の真意は定かでない。軍勢の展開をみると、上洛よりも赤松氏領国の制圧を優先しているようにもみえる。また、東方へ軍事進攻するためには、大内《おおうち》氏との関係破綻を避ける必要があった。天文五年に山内《やまのうち》氏を屈服させた前後から尼子氏と親大内派毛利《もうり》氏との関係は悪化していたものの、天文六年五月まで関係の断絶には至っていなかった。

尼子晴久画像　山口県立山口博物館蔵

ところが、六月になると、吉川《きっかわ》氏と毛利氏との紛争が勃発している。天文七年二月頃には、尼子方武田《たけだ》氏が毛利氏領へ攻め込んだほか、天文五年に勃発した安芸国高屋保《たかやのほ》（広島県東広島市）を本拠とする国人平賀《ひらが》氏における、大内氏が支援する弘保《ひろやす》と、尼子氏が支援する興貞《おきさだ》（弘保の子）との対立も続いていた。一方で、天文七年九月には、尼子氏と大内氏との縁組みが成立したという情報が京都に伝わっている。

つまり、尼子氏は大内氏との関係修復を背景に東方への勢力拡大を企図したのであるが（川岡二〇一三）、その一方で、与党国人衆を扇動して、親大内派領土への侵食を図っていたのである。

郡山城攻撃の目的

天文八年（一五三九）になると、多くの軍勢を東方経略にあたらせた一方で、松田経通《まつだつねみち》や赤穴光清《あかなみつきよ》を武田氏のもとへ派遣して、反大内氏勢力のてこ入れを図っている。八月には、武田氏から離反した熊谷《くまがい》氏の居城高松《たかまつ》城（広島市安佐北区）を攻撃、勝利したとしているが、攻略は成功していない。九月には、毛利勢と吉川勢との衝突のほか、十七日には戸坂《へさか》（広島市東区）において毛利勢と武田勢（援軍として松田らも参加）との戦闘が起こっている。前年には、出雲国から毛利氏およびその同盟者である宍戸《しど》氏領、さらには係争中の平賀氏領への入口に位置する備後国志和地《しわち》（広島県三次市）を尼子氏が奪取して、進攻の拠点を確保している。これ以前、志和地城は毛利氏の支配下にあったと考えられ、尼子氏と毛利氏との戦闘は始まっていた。このような情勢にもかかわらず、大内氏は、平賀氏の内紛への介入に積極的であったこととと対照的に、尼子氏と毛利氏との紛争に対して、天文八年以前に積極的な介入を行った形跡はみられない。

その結果、天文九年正月、松田経通が吉川興経《おきつね》に対して「播磨国方面は思い通りの結果となったので、きっとご帰陣されるのではないでしょうか」という書状〔吉川家文書〕を発しているように、東方経略においてある程度の成果をあげた詮久は帰国して、安芸国への本格進攻が可能な状況になっていた。一方、大内氏は、前年十二月に出来した東西条衆財満《ざいま》備前守の離反に危機感を抱いた。大内氏の安芸国支配の拠点東西条（東広島市）に尼子氏が触手を伸ばすことは到底容認できるものではなく、天文九年正月、大内義隆《よしたか》は山口を出立し、防府《ほうふ》（山口県防府市）に着陣した。

義隆自身は当面、防府から動かなかったものの、大内水軍が広島湾頭に攻め込んだほか、平賀興貞《おきさだ》に対する攻勢も強まった。さらに、同年六月の武田光和《たけだみつかず》の死没によって、安芸国内の尼子方は危機に陥った。この危機を打開するため、詮久は安芸国への本格進攻を決断した。その最終目的について、従来の通説では毛利氏の打倒にあったとされてきたが、近年の新説では、①郡山城《こおりやま》（広島県安芸高田市）攻撃によって興貞の籠もる頭崎城《かしらざき》（東広島市）の包囲を解かせて、興貞を救出する、②武田氏家中の安定、③軍事的圧力によって毛利氏を屈服させて、対大内氏の拠点とする、といった目的があったとされる〔吉野二〇〇一〕。山内氏を屈服させた際と類似した戦略であり、決して無謀な作戦ではなかったが、尼子勢は敗れた。郡山合戦の経過については二六六〜二七一頁に詳しいが、詮久は目的を果たすことなく、撤退に追い込まれたのである。

大内勢の出雲来襲

郡山合戦における尼子勢の人的損害について、総数という点では、軍記類で叙述されるような壊滅的なものではなかったと考えられる。主な戦死者として、経久の弟とされる久幸《ひさゆき》や三沢為幸《みさわためゆき》があげられる。しかし、久幸については、経久弟源四郎の子とされるものもあり（東京大学史料編纂所影写本「佐々木文書」所収「佐々木系図」）、尼子氏家中における重鎮という位置づけには疑問が残る。「竹生島《ちくぶしま》奉加帳《ほうがちょう》」における序列も、新宮党《しんぐうとう》の国久《くにひさ》（経久次男）、誠久（国久の長男）に次ぐ三位であるが、軍事力、領国経営のいずれの面でも大きな権限を有していた形跡はなく、久幸を失ったことが詮久に大きな物理的ダメージを与えたとは考え難い。三沢為幸は三沢家の惣領ではなく、横田《よこた》三沢家を継承した庶家にすぎない。

一方で、断続的に長期間続いた遠征（東方経略・安芸国進攻）に対する国人衆などの不満は鬱積しており、安芸国遠征の失敗によって恩賞となる地を分配できなかったことによって、詮久による国人統治は不安定化した。また、尼子勢の進攻を頼みの綱としていた安芸国における反大内勢力にとって、尼子勢の撤退は命取りとなった。天文十年（一五四一）二月、平賀興貞の籠もる頭崎城は陥落。同年四月には、尼子方厳島神主家の桜尾《さくらお》城（広島県廿日市市）が陥落して、友田興藤《ともだおきふじ》は自害。さらに、同年五月、武田氏の居城金山《かなやま》城（広島市安佐南区）も陥落して、安芸武田氏は滅亡した。

また、この年十月、詮久は将軍足利義晴の偏諱《へんき》を賜り晴久《はるひさ》へ改名している。これは、尼子氏と対立する赤松氏や山名惣領家（但馬山名氏）が義晴の権威を利用しようとしていた動きに対抗するためと考えられ、大内氏の来襲を予想して、挟み撃ちにあうことを避けようという戦略であったと推定される。実際に、義隆は天文十年末には出雲国への進攻を計画し、翌天文十一年正月頃には、義隆自身が出陣したとされる。四月頃から備後国北部で戦闘が始まり、六月には義隆自身が着陣して、赤穴光清の居城瀬戸山《せとやま》城（島根県飯南町）を攻撃した。光清は国人でありながら、武田氏のもとへ派遣されていたことが示すように、晴久の信任厚い武将で、大内勢の進攻に対して降伏することなく抵抗したが、七月、瀬戸山城は陥落し、光清は討ち死にした。

富田城合戦

同年九月、大内勢は中海《なかうみ》の大根島《だいこんしま》（島根県松江市）を攻撃し、尼子方から奪取したようである。また、義隆は中海に面した馬潟《まかた》の正久寺《しょうきゅうじ》（松江市）に布陣。毛利元就が宍道湖に面した白潟《しらかた》（松江市）に布陣したほか、大内方は大庭《おおば》・出雲郷・八重垣《やえがき》・八幡《やわた》・平原《ひらはら》（いずれも松江市）などに布陣して、中海と宍道湖を結ぶ地域およびそれらの地域と富田《とだ》城（島根県安来市）との連絡路を押さえた〔長谷川二〇一三a〕。中海から飯梨川《いいなしがわ》を遡る水運による補給、中海・宍道湖から山越えの陸路による補給の両方を遮断しようという戦略だったと考えられる。大内勢の攻勢に対して、晴久は籠城作戦を採ったが、籠城中も尼子氏は日本海の要港宇龍《うりゅう》（島根県出雲市）を掌握していたようであり、日本海の制海権を失っていなかったと考えられる。したがって、富田城を孤立させる大内氏の作戦は成功したとはいえない状況にあった。

一方、大内勢の進攻には毛利元就ら従来からの親大内派の国人に加えて、塩冶興久の乱後に没落していた国人（多賀《たが》、宍道《しんじ》、佐波《さわ》、神西《じんざい》）、郡山合戦以前には尼子方であった国人（吉川、山内、三沢〈惣領家〉、三刀屋《みとや》、本城《ほんじょう》など）も大内方に転じて参加していた。しかし、遠征期間が長期になると、兵粮・物資不足に対する不安などから、国人衆の不満は高まっていった。そこで、決着を急いだ義隆は天文十二年（一五四三）二月に富田城の飯梨川を挟んだ対岸に位置する京羅木山《きょうらぎさん》（安来市）に陣を移して、三月には塩谷口、四月には菅谷口から城への侵入を図ったが、晴久は城を守り抜いた。その結果、それ以前から晴久の調略をうけていたと推定される吉川、山内、三刀屋、本城といった国人が、四月末～五月初頭頃、大内方から離脱して、遠征軍は崩壊状態に陥った。大内勢は五月初頭から撤退を開始し、義隆や元就は無事帰国したものの、撤退途中に義隆の養子晴持《はるもち》が船の転覆によって死没したほか、沼田小早川家《ぬたこばやかわ》の当主正平《まさひら》は討ち死にするなど、大内勢は大きな損害を蒙った。晴久は危機を乗り越えたのである。

尼子方の反攻

大内勢の撤退によって、備後国において再び尼子方の動きが活発化した。天文十二年（一五四三）六月、当主を失った沼田小早川家領椋梨《むくなし》（広島県三原市）に尼子方の山名理興《ただおき》勢が進攻したが、毛利勢などの救援によって、撃退された。翌年三月には、田総《たぶさ》（広島県庄原市）において、毛利勢が尼子方を破っている。さらに、同年七月、大内方の三吉《みよし》氏領へ尼子勢が進攻し、救援に赴いた毛利勢は敗れたが、三吉勢の働きによって尼子勢は撤退したという。この折の布野《ふの》（三次市）における戦闘では大内方の備後国人上山広信《かみやまひろのぶ》が討ち死にしているが、全体的には尼子氏の備後国における反攻は大きな成果をあげることなく、天文十八年九月に山名理興の居城神辺城《かんなべ》（広島県福山市）が陥落した結果、備後国南部における勢力圏を失うこととなった（三四二頁参照）。

その後、陶隆房《すえたかふさ》らのクーデターによって大内義隆が殺害されると、晴久は再度備後国への進出を図ったが、天文二十一年七月、毛利勢が尼子方宮《みや》氏の志川滝山城《しかわたきやま》（福山市）を攻略し、さらに、備後国北部に進攻した尼子勢は、八月、高光《たかみつ》（広島県神石高原町）や伊多岐《いたき》（三次市）において、毛利勢のほか、備後国人馬屋原氏・田総氏、東西条代官を務める大内氏家臣弘中隆兼《ひろなかたかかね》らに撃退された。天文二十二年四月には、旗返城《はたがえし》（三次市）を居城とする備後国人江田《えだ》氏を調略して大内氏から離反させたが、救援に向かった尼子勢は五月、高（庄原市）において毛利勢に敗れたため、孤立した江田氏は、七月に高杉城《たかすぎ》（三次市）、十月に旗返城を落とされ、滅亡した。その結果、山内氏や多賀山《たがやま》氏も尼子氏から離反して、晴久は備後国における勢力圏を失った。

備後国においては勢力圏の回復に失敗した晴久であったが、東方においては一定の成果をあげている。美作国においては、尼子氏に従属していた三浦《みうら》氏が、郡山合戦の頃に離反したものの、天文九年末頃から尼子勢が進攻して、天文二十年頃には再度従属させている。その頃から備前国へも進攻し、多くの国人を従属させた結果、天文二十三年頃には浦上政宗《うらがみまさむね》も事実上尼子氏の麾下に入っている。政宗と同盟関係にある松田氏・伊賀《いが》氏・税所《さいしょ》氏・宇喜多《うきた》大和守らも尼子氏麾下といえるが、政宗の弟宗景《むねかげ》は兄と対立して抗争を繰り広げており、尼子氏が備前国全域を支配下に置いたとはいえない。宗景は備中三村《みむら》氏や毛利氏と連携して、尼子・政宗連合に対抗した。一方、備前国進攻には美作国東部の後藤《ごとう》氏や江見《えみ》氏も動員されており、晴久は美作国をほぼ支配下に置いていた〔岸田・長谷川一九九五、森二〇〇一、畑二〇〇三〕。

備中国においては、天文八年、松山《まつやま》（岡山県高梁市）周辺へ進攻したが、少なくとも天文二十一年頃までは大内氏と同盟関係にある庄氏の支配下にあり、その後、庄氏は圧迫に屈して尼子氏に従属した。さらに、弘治三年（一五五七）に周防・長門を制圧した毛利氏が備中・備前の尼子方領主の調略を企図した際、猿掛《さるかけ》城（岡山県矢掛町）に移っていた庄高資《たかすけ》が応じて毛利勢は松山城を攻撃したが、尼子氏の在番衆は松山城を守り抜いた。もっとも、晴久死没後の永禄四年（一五六一）、松山城は陥落している。

石見国をめぐる毛利氏との攻防

陶晴賢《はるかた》が毛利氏に敗れて討ち死にした天文二十四年（一五五五）の厳島合戦を経て、大内氏が毛利氏に追い込まれていた弘治二年（一五五六）五月時点における石見国中東部の情勢をみると、小笠原《おがさわら》氏や温泉津《ゆのつ》（島根県大田市）を本拠とする温泉氏が尼子方、佐波氏や福屋《ふくや》氏・刺賀《さっか》氏が毛利方となっていた。石見銀山周辺では、尼子方として刺鹿《さすか》城（大田市）に多胡辰敬《たこときたか》、毛利方として山吹《やまぶき》城（大田市）に刺賀長信《ながのぶ》が入って、争っていた。しかし、大内氏領へ進攻中の毛利氏に石見国へ本格的に派兵する余裕はなく、弘治二年七月、忍原《おしはら》（大田市）において毛利方を破った尼子氏は山吹城を攻略し、石見銀山を掌握した〔原二〇〇〇〕。

毛利氏は弘治三年四月に周防・長門両国を制圧すると、本格的な石見国進攻を開始した。永禄二年（一五五九）半ば、毛利勢は小笠原氏を攻撃。尼子勢は救援のため、福屋氏領河登（島根県江津市）まで進攻したが、毛利勢に阻まれて、温泉津へ退却した。この結果、小笠原氏は八月頃、毛利氏に服属。尼子勢が出雲国に撤退したため、温泉氏も石見国から逃走した。しかし、尼子方本城常光《つねみつ》らの守備する山吹城を奪取することはできず、銀山は尼子氏が確保していた〔原二〇〇〇〕。

八ヶ国守護職と新宮党討伐

天文二十一年（一五五二）四月、晴久は将軍義藤《よしふじ》（のちの義輝《よしてる》）から因幡・伯耆・備前・美作・備後・備中国の守護職に任じられ、出雲・隠岐国とあわせて八ヶ国の守護職を兼帯した。その背景には、大内氏と親密な関係にあった細川晴元《はるもと》の主導する政権が名実ともに終わりを告げ、三好長慶《みよしながよし》の擁立した細川氏綱《うじつな》が細川惣領家の家督の地位を公認されたこと、氏綱が晴久と連携を図っていたことがあったと考え

上：伝尼子国久・誠久・敬久等の墓
下：尼子晴久の墓　ともに島根県安来市

られる〔川岡二〇一三、長谷川二〇一三ｂ〕。

八ヶ国守護職の獲得は晴久にどのような効果をもたらしたのか。その時点における尼子氏は、備後国をめぐる大内氏や毛利氏との抗争で劣勢にあったが、翌年、江田氏の調略に成功している。さらに、備前国の浦上政宗、備中国の庄氏も守護職補任以降に麾下におさめていることから推定すると、守護職補任に支配の正統性を付与する効果があったことをうかがわせる。もっとも、因幡国においては、守護職補任によって大きな変化が生じた形跡はなく、守護職のみによって支配が進展するわけではない。軍事力による圧迫や、尼子氏への服属・従属を補完する効果があったといえよう。

国内においては、天文二十三年十一月、叔父国久（経久次男）やその子誠久・敬久《たかひさ》らいわゆる新宮党を討伐した。新宮党は塩冶興久の旧領を継承するなどによって、尼子氏家中において軍事力・経済力の面で大きな比重を占める存在であった。かつ、晴久の妻は国久娘で、その間に生まれた子（義久《よしひさ》）が晴久の後継者となることは明白であったため、次代の外戚としても尼子氏を支える存在であった。この討伐が軍記類で叙述されるような元就の策略に基づくものでないことは明らかであり、晴久の専制的権力確立に寄与したものであったが、晴久にとって誤算だったのは、自らの寿命であった。永禄三年（一五六〇）十二月二十四日、晴久が享年四十七歳で急死したことによって、尼子氏当主による専制支配体制が完全に確立する以前に、義久は二十一歳という若年で家督を継承することとなり、そのことが尼子氏の滅亡につながっていくのである。

義久の家督継承

晴久の死没にともない、嫡子義久が家督を継承した。義久は天文九年（一五四〇）生まれで、二十二歳の若さであった。晴久存命時の永禄二年（一五五九）頃から将軍義輝は将軍権威を復活させることを狙って、尼子氏と毛利氏との講和を斡旋していたが、両氏ともに斡旋を受け入れず、対立を続けていた。ところが、義久が家督を継承してまもない永禄四年閏三月、毛利氏は斡旋を受け入れる姿勢を示した。これと前後して尼子氏も斡旋を受け入れることにしたと推定され、同年十二月には元就が隆元《たかもと》に対して義久との起請文の交換を指示している〔毛利家文書〕。

一方、毛利氏に従っていた石見国人福屋隆兼《たかかね》は、対立関係にあった小笠原氏が毛利氏に降伏した際の処遇に不満を抱き、永禄四年十一月、福光城《ふくみつ》（島根県大田市）を攻撃して毛利氏から離反していた。隆兼は尼子氏による支援を期待していたと考えられるが、毛利氏との講和を進めていた義久は援軍を派遣しなかった。このため、孤立した福屋氏は永禄五年二月頃、毛利氏によって滅ぼされた（当主隆兼は逃走して尼子氏に庇護された）。

このような福屋氏をめぐる尼子氏の対応は尼子方の石見・出雲国人領主層を動揺させた。毛利氏が侵攻してきた際、尼子氏に見捨てられるのではないかという懸念を抱いたからである。そのような動揺につけ込み、毛利氏は尼子方の石見・出雲国人領主層に調略を仕掛けた。水面下で石見の本城常光（高《たか》橋《はし》氏一族）や温泉英永《ひでなが》（温泉津の領主）らに接触していたが、永禄五年六月に本城が毛利氏への従属を申し出ると、毛利氏は尼子氏との講和を破棄した。石見の波根《はね》氏（大田市）や池田《いけだ》藤兵衛尉も毛利氏に従った結果、同月、鰐走城《わにばしり》（大田市）に在番していた尼子氏家臣牛尾《うしお》太郎左衛門尉が退城に追い込まれ、出雲国人赤穴右京亮も泉山城《いずみやま》（島根県美郷町）を開城した。そのほか、温泉要害（大田市）も開城するなど、石見国はほぼ毛利氏によって制圧されてしまった。

伯耆国においても、毛利氏は尼子氏によって追放されていた日野《ひの》山名氏の山名藤幸《ふじゆき》を擁立して、日野本城（鳥取県日南町）を攻撃した〔萩藩閥閲録〕。日野本城に在番していた尼子氏家臣中井久家《なかいひさいえ》・米原綱《よねはらつな》寛《ひろ》は退城に追い込まれ、同城は毛利方に奪われた。美作国の尼子方領主層にも毛利方へ誼を通じようとする者があらわれた。

七月になると、三沢・三刀屋・桜井《さくらい》氏といった出雲国人も毛利氏に従った。元就・隆元勢は阿須那《あすな》（島根県邑南町）から都賀《つが》（美郷町）を経由して赤穴（島根県飯南町）へ進攻した。その結果、赤穴駿河守・善兵衛尉が八月、瀬戸山城から下城して毛利氏に降伏。これ以前に宍道氏も毛利氏に従っており、鳶巣城（島根県出雲市）攻略に参加している。このようにして、義久は家督継承から二年も経たない間に多くの国人に離反され、毛利氏の攻勢にさらされることとなった。

義久の奮闘

永禄五年（一五六二）九月には、毛利方の武田高信《たかのぶ》や三村家親《いえちか》・備後衆が富田城方面へ進撃したほか、出雲国西部では塩冶・原手《はらて》（島根県出雲市）なども制圧したため、元就・隆元は「残るのは富田城のみだ」という認識を示していた〔毛利博物館蔵・諸家文書〕。ところが、毛利氏に降伏していた本城常光が同年十一月、宍道の陣において毛利氏によって殺害されると、出雲国人領主層の離反の動きはとまった。

永禄六年三月、義久は米原右馬允に対して、同族米原綱寛が毛利氏に従ったにもかかわらず尼子方に留まったことを謝し、綱寛領の一部を与える旨の宛行状を発給している〔米原文書〕。また、同月には宍道氏家臣の一部が尼子方に転じて富田城へ入城するという事件が起こるなど、出雲の国中に毛利氏からの離反の噂があるという事態に至った〔萩藩閥閲録〕。

前年末に元就は、洗合《あらわい》（松江市）に布陣して羽倉《わくら》城・白鹿《しらが》城（松江市）を奪取し富田城を孤立させるという戦略をたてていたが、毛利氏からの離反の動きに力を得た義久は逆襲に転じた。五月に大東《だいとう》（島根県雲南町）、中蔵（松江市）、七月に泉《いずみ》・河岡《かわおか》（鳥取県米子市）へ進撃して、毛利氏に占領された地域の奪回を図ったのである。しかし、いずれにおいても大きな成果は得られず、耐え抜いていた白髪城も十月に陥落した。十一月には弓ヶ浜《ゆみがはま》（米子市）の毛利陣へ夜襲を行ったが、失敗に終わっている。

義久は再び劣勢に陥り、永禄七年二月には、富田城から湯原春綱《ゆはらはるつな》らが退去して毛利方に転じた。その頃の富田城内では毛利氏との和平を望む声がでるという状況にあった。これに対して毛利氏は富田城への総攻撃を急がず、周辺地域を制圧して富田城を抵抗困難にするという戦略をとった。四月に天満《てんま》城（米子市）が攻略され、伯耆国はほぼ毛利方によって制圧された。これに対して、義久は日野衆を離反させて反撃を試みた。しかし、この戦略も八月に蜂塚《はちつか》城（鳥取県江府町）が攻略され、失敗に終わった。

富田開城

永禄八年（一五六五）正月には熊野《くまの》氏が毛利方に転じて、同月、福良《ふくら》城（松江市）・十神《とかみ》城（島根県安来市）も陥落。義久は富田城に追い詰めれていった。同年六月、前年十二月に毛利氏への荷担を申し出ていた牛尾宗次郎が富田城から退去した。同年末には宇山《うやま》飛騨守父子も尼子氏からの離反を毛利氏へ申し出ていたが、永禄九年二月、そのことを察知した義久によって誅伐された。もっとも、残された飛騨守一党は富田城から退去し、五月には富田城の七曲口まで毛利勢は侵入してきた。また、毛利方による麦薙戦略などによって、富田城の兵粮は枯渇していった。

ついに十一月、義久は弟秀久《ひでひさ》・倫久《ともひさ》とともに毛利氏に降伏を申し出て、富田城を開城。義久兄弟は安芸国へ赴くこととなった。十一月二十八日に下城した義久らは十二月、安芸国長田《ながた》（広島県安芸高田市）に到着し、この地に幽閉された。幽閉期間は二十三年に及んだが、その後赦免されて安芸国志道根谷（広島市安佐北区）において五七〇石を与えられ、毛利氏家臣となった。義久は剃髪して友林《ゆうりん》を称し、給地を石見国久佐《くざ》（島根県浜田市）に移されて（石高二六七三石）、名字を「久佐」とした。一方、朝鮮侵略や関ヶ原合戦時には弟倫久が従軍した。

義久は毛利氏の防長減封にも従ったが、嗣子がなかったため、倫久の子九一郎（元知《もととも》）を養子として、慶長十五年（一六一〇）に死没した。その後、元知にも嗣子がなかったため、宍道就兼《なりかね》と倫久娘との間の子が養子となり家督を継承した（久佐就易《なりやす》、石高一二九二石）。のちに就易は名字を尼子氏の出自である「佐々木《ささき》」にして、以降、萩藩士佐々木家として存続することとなった。

義久・秀久・倫久兄弟は尼子勝久《かつひさ》や山中幸盛《やまなかゆきもり》らによる尼子氏再興活動にはまったく関与せず、毛利氏のもとでの幽閉に甘んじた。そのような忍従の結果として、大名ではないものの、毛利氏家中において尼子家の再興を成し遂げた人物として、義久に一定の評価を与えることもできるのではなかろうか。

（光成準治）

【主要参考文献】

川岡勉「戦国期の室町幕府と尼子氏」（島根県古代文化センター『尼子氏の特質と興亡史に関わる比較研究』島根県古代文化センター、二〇一三年）
岸田裕之・長谷川博史『岡山県地域の戦国時代史研究』（『広島大学文学部紀要』五五特輯号二、一九九五年）
長谷川博史『中世水運と松江―城下町形成の前史を探る』（松江市教育委員会、二〇一三年a）
長谷川博史「十六世紀の日本列島と出雲尼子氏」（島根県古代文化センター『尼子氏の特質と興亡史に関わる比較研究』島根県古代文化センター、二〇一三年b）
畑和良「浦上宗景権力の形成過程」（『岡山県地方史研究』一〇〇、二〇〇三年）
原慶三「尼子氏の石見国進出をめぐって―石見銀山、吉川・小笠原氏との関係を中心に―」（『山陰史談』二九、二〇〇〇年）
森俊弘「岡山藩士馬場家の宇喜多氏関連伝承について―「備前軍記」出典史料の再検討」（『岡山県地方史研究』九五、二〇〇一年）
渡邊大門『赤松氏五代―弓矢取って無双の勇士あり』（ミネルヴァ書房、二〇一二年）

山中幸盛 ——尼子氏再興に奔走した男の末路

尼子氏再興の企て

幸盛《ゆきもり》は天文九年（一五四〇）あるいは天文十四年、尼子氏家臣山中満幸《やまなかみつゆき》の子として生まれたとされるが、満幸の実在を信憑性の高い史料において確認することはできない。また、天文九年の尼子《あまご》氏による「竹生島奉加帳《ちくぶしまほうがちょう》」において、「富田衆《とだしゅう》」として記されている山中三郎兵衛との関係も不明であるが、幸盛が山中を称していることから推定すると、富田衆とされる当主に直属する家臣層の出自と考えられる。

一方で、元亀二～三年（一五七一～七二）頃には亀井《かめい》を称している。幸盛の妻が尼子氏重臣亀井秀綱《ひでつな》娘とされていることとの関係がうかがえるが、秀綱の活動時期から考えると、妻は亀井氏の出身であるものの、秀綱娘ではないと推定される。仮名《けみょう》は鹿介《しかのすけ》、鹿之介、鹿助と記されている。

永禄九年（一五六六）の富田城（島根県安来市）開城以前の幸盛について、軍記類においてたびたび戦功をたてたとされるが、これまた同時代史料では確認できない。一方、富田城開城時まで城内に留まっていた尼子氏家臣を列記した史料〔佐々木文書〕にみられる山中甚次郎《じんじろう》が幸盛を指すとされる。開城後の尼子氏旧臣の一部は毛利《もうり》氏に服属しているが、山中氏一族が毛利氏に服属した形跡はなく、幸盛も「牢

「太平記英雄伝」に描かれた山中幸盛　東京都立中央図書館蔵

人」になっていたと考えられる。

幸盛ら毛利氏に服属することなく国外へ逃亡した尼子氏旧臣は、尼子氏再興を企図し、その旗頭として尼子勝久《かつひさ》を担いだ。勝久は新宮党尼子誠久の子である。国久《くにひさ》・誠久父子が尼子晴久《はるひさ》によって粛清された際に生き延びており、京都東福寺《とうふくじ》の僧になっていたとされる。永禄十二年（一五六九）六月、但馬国守護山名祐豊《やまなすけとよ》の支援をうけた勝久・幸盛らは蜂起して、出雲国へ乱入した。

山名氏領国の但馬から船で島根半島の忠山《ちゅうやま》（島根県松江市）周辺に上陸した尼子勢は新山城《しんやま》（松江市）を本拠として出雲国を席巻し、七月には富田城（在番は安芸国人天野隆重《あまのたかしげ》など）を包囲した。さらに、伯耆国や美作国においても尼子氏に応じる動きがみられ、北部九州へ主力の軍勢を派遣して大友氏との戦闘に突入していた毛利氏の隙をついて、尼子勢は旧尼子氏領国を奪回していった。

富田城奪回の失敗

毛利氏は北部九州へ向けて出兵していた軍勢のうち、第一陣として尼子氏旧臣野村士悦《のむらしえつ》ら、第二陣として尼子氏旧臣米原綱寛《よねはらつなひろ》のほか坂元貞《さかもとさだ》らを東上させて、富田城を救援しようとしたが、大友宗麟《おおともそうりん》によって調略されていた米原は帰国後、尼子勢に合流してしまった。その結果、出雲国においては、「土豪層のほとんどが尼子勢に同意」〔竹矢家文書〕という状況に陥り、富田城在番衆の中でも馬木《まき》・河本《かわもと》・湯原《ゆはら》らが尼子氏に応じた。一方で、出雲国人のうち、三沢《みさわ》・多賀《たが》・赤穴《あかな》・三刀屋《みとや》・宍道《しんじ》などが毛利方に留まったため、早期に富田城を奪回しようとした幸盛らの戦略には狂いが生じた。

毛利勢が北部九州から撤退して山口への大内輝弘《おおうちてるひろ》の乱入を鎮圧すると、永禄十三年（一五七〇）正月、赤穴氏ら出雲国人のほか、佐波《さわ》・周布《すふ》・益田《ますだ》といった石見国人を動員した毛利勢は富田城救援に向かった。多久和《たくわ》城（島根県雲南市）を奪われた尼子氏は布部《ふべ》（安来市）において毛利勢を迎え撃つべく兵力を集結させたが、二月十四日の布部合戦において敗れ、末次《すえつぐ》（松江市）へ退いた。その後、四月には牛尾要害《うしおようがい》（雲南市）を奪われたうえ、元亀元年（一五七〇、四月に改元）六月には第一次尼子氏再興活動の中心人物の一人で森山《もりやま》城（松江市）を守備していた秋上庵介《あきあげいおりのすけ》が調略されて毛利方に寝返ってしまう事態となった。なお、秋上以外の中心人物として、立原久綱《たちはらひさつな》・河副久盛《かわぞえひさもり》・横道秀綱《よこみちひでつな》・多賀高信・三刀屋家忠《いえただ》・目賀《めか》田幸宣《だゆきのぶ》らがあげられる。

このような毛利氏の攻勢によって、尼子氏が奪取していた出雲国内の諸城は次々と陥落し、出雲国内の尼子方の拠点は米原の居城高瀬《たかせ》城（島根県出雲市）と、勝久が籠もる新山城を残すのみとなっていた。ところが、毛利元就の体調悪化にともない、輝元《てるもと》・隆景《たかかげ》らが一時撤退すると、尼子勢は九月に十神山《とかみやま》城

（安来市）を奪取し、十月には満願寺山《まんがんじやま》（松江市）に築城して、再度攻勢に転じようとした。

しかし、毛利方の水軍によって宇龍《うりゅう》（島根県出雲市）、加賀浦《かかうら》（松江市）といった海上交通の拠点を掌握されると、十月末には十神山城、十二月には満願寺山城が陥落。翌元亀二年三月、米原が毛利氏に降伏して高瀬城を奪われ、四月に勝久が羽倉山城《わくらやま》（松江市）を攻撃して局面打開を図ったものの攻略に失敗。尼子氏を支援していた隠岐《おき》氏が六月に毛利方に転じると、海上交通に窮した勝久は八月、新山城から退去して、出雲国における尼子氏の再興活動は壊滅した。

第一次尼子氏再興活動の終結

幸盛は元亀元年（一五七〇）七月二十日、毛利勢の攻撃をうけていた熊野城《くまの》（松江市）への兵粮補給を試みており（兵粮補給は失敗して、熊野城は七月末頃陥落）、主として出雲戦線で活動していたと考えられるが、その後、伯耆国末吉城《すえよし》（鳥取県大山町）に拠点を移したとされる。伯耆国の多くの諸城は尼子氏によって占拠されていたが、元亀二年になると、二月に末吉城下の国延で毛利方杉原《すぎはら》勢と尼子勢との戦闘が展開されるなど、毛利勢の反撃が強まっていた。四月には岩倉城《いわくら》（鳥取県倉吉市）が奪回され、残る主な拠点は末吉城と八橋城《やばせ》（同琴浦町）となった。

元亀二年四月に毛利氏は淀江浦《よどえうら》（米子市）へ水軍を派遣して末吉城への攻勢を強め、七月末には寺内《てらうち》城（米子市）を攻撃。末吉城も吉川元春《きっかわもとはる》らに攻撃され、八月半ばに陥落。末吉城の陥落によって寺内城も八月十八日に開城した。八橋城も八月二十日に毛利氏に引き渡され、その他伯耆国の尼子方諸城もことごとく毛利氏に奪回された。

記録類によると、幸盛は末吉城陥落時に捕らえられ、尾高《おだか》城（米子市）に幽閉されたが、隙をみて脱出したとされるが信憑性は高くない。元亀三年六月時点には山名祐豊に庇護されて但馬国に居ることが確認される。なお、その時点で勝久は隠岐氏に庇護されて隠岐国に居た。

「太平記英雄伝」に描かれた尼子勝久　東京都立中央図書館蔵

第二次尼子氏再興活動の展開

元亀四年（一五七三）四月頃、因幡国における毛利方の中心人物武田《たけだ》高信《たかのぶ》の「不慮」の死にともなう混乱に乗じて、六月初め頃、幸盛らは立原久綱らとともに但馬から因幡国へ進攻し、小幡・姥城（鳥取県八頭町）などを奪取した。隠岐国に居た勝久も因幡国へ渡海、幸盛らに合流した。また、八月二十二日付け久綱書状（米井家文書）に「日野《ひの》衆《しゅう》や牧尚《まきひさ》春《はる》は変わることなく尼子方として活動しています」とあり、尼子氏には伯耆国日野郡の国人領主層や美作国三浦《みうら》氏重臣牧尚春らが荷担していた。

尼子勢は八月一日、城主高信を失った鳥取城（鳥取市）に攻撃をかけ、この際には攻略できなかったものの、九月初め頃、伊田《いだ》（井田）・用瀬《もちがせ》といった因幡国南部の国人領主層が尼子氏に荷担すると、九月下旬、武田高信の「家中衆」を降伏させて鳥取城を奪取し、祐豊の甥山名豊国《とよくに》が鳥取城に入った。ところが、吉川元春が兵を率いて十一月頃に出陣すると、天正元年（一五七三）末頃、豊国は毛利方に転じ、鳥取城を毛利氏に奪われた。

ちょうどその頃、織田信長と足利義昭《あしかがよしあき》の和解を仲介するため上洛していた安国寺《あんこくじ》恵瓊《えけい》が、その帰途において発した十二月十二日付け書状〔吉川家文書〕に「山中鹿介が柴田勝家《しばたかついえ》を通して、信長へ申し立てているようですが、これも絶対に許容しないとのこと、朱印状に記されています」とあり、幸盛が織田信長への接近を図っていたことがうかがえる。この時点における信長は毛利氏との同盟的関係を保っていたが、浦上宗景《むねかげ》の処遇をめぐってその関係が揺らぎつつあった。幸盛はそのような情勢に乗じて、織田権力との連携によって、尼子氏再興を成功に導くことを企図していた。

第二次尼子氏再興活動の終結

信長は翌年三月十三日付けで隆景に対して「因幡国について、鳥取をはじめとして、国人衆が懇望してきたので、赦免され、平定したとのこと、よかったです。但馬進攻については油断しておりません」

という書状（小早川家文書）を発しているが、実際には、幸盛らが私部《きさいち》城（鳥取県八頭町）を占拠して、しきりに国中への調略を行うとともに、天正二年（一五七四）九月二十一日の鳥取城へ攻撃をかけており、鳥取城を奪回された後も、尼子勢の因幡国における活動は活発だった。

　毛利勢も十月二十八日に私部城へ攻撃をかけており、一進一退が続いていたが、天正三年正月、織田権力に圧迫された但馬の山名惣領家が毛利氏との同盟に踏み切ると、尼子氏は孤立した。一方で、その頃の尼子方の拠点は私部城と桐山《きりやま》城（鳥取県岩美町）であったが、毛利氏は鳥取城の防衛拠点として徳吉《とくよし》城・鵯《ひよどり》尾《お》城（鳥取市）を普請しており、尼子氏がいまだ鳥取城の攻略を狙える程度の軍事力を有していたことをうかがわせる。毛利勢主力が因幡へ進攻していなかったため、因幡国人衆の中には去就不定の存在が多かったと考えられる。

若桜鬼ヶ城跡　鳥取県若桜町

　しかし、毛利勢主力の来襲が迫ってくると、幸盛らは拠点を私部から若桜《わかさ》鬼《おに》ヶ《が》城（鳥取県若桜町）へ移した。若桜は播磨国へ通じる位置にあり、万一の場合、織田権力による救援を期待、あるいは織田氏領国への逃亡を容易にするためと推定される。なお、その後、私部城は亀井茲矩《これのり》が守備したとされる。亀井は出雲国人湯氏の出身で、亀井秀綱の次女（幸盛妻の妹）あるいは幸盛の娘を妻としたため、亀井を称したとされるが、前者は秀綱の活動時期から否定され、後者については断定する史料は確認できない。

吉川元春の率いる毛利勢は天正三年七月、伯耆国尾高に着陣。八月、因幡国へ兵を進めた。そうすると、用瀬氏など因幡国人衆は毛利方に転じて、尼子氏は危機に陥った。八月二十九日の若桜鬼ヶ城下における戦闘では、城への侵入を許さなかったようであるが、九月十四日の私部城の戦闘では二の丸・三の丸まで攻め込まれ、結局、十月十三日頃、私部城は陥落した。若桜鬼ヶ城に籠もった勝久・幸盛・立原らは、但馬国内の親尼子派地域（宵田《よいだ》、城崎《きのさき》、田結庄《たいのしょう》、西下《にしのした》）との連携を企図したが、親毛利派の垣屋豊《かきやとよ》続《つぐ》が氷ノ山通路を押さえて、尼子勢と但馬の親尼子派との連絡を遮断したため、実現は困難であった。

その結果、十一月頃には真意は別として、幸盛が毛利氏に対して服属を申し出るという事態になっていたが、毛利氏は服属を許さず、天正四年五月、勝久・幸盛らが若桜鬼ヶ城から逃走して、第二次尼子氏再興活動も失敗に終わった。

幸盛の死

若桜鬼ヶ城に籠城していた幸盛について、吉川元春は天正四年（一五七六）三月頃、織田権力に対して許容しないと告げており、勝久・幸盛らが織田氏領国へ逃れることを警戒していた可能性を示している。その後、同年十月時点で幸盛は京都に居ることが確認される。この時点では、足利義昭の鞆《とも》（広島県福山市）下向によって織田権力と毛利氏とは対立状況に至っており、反毛利氏という点で利害関係が一致する幸盛や勝久は信長に庇護されたのである。

その頃には、但馬国内の親尼子派国人衆も織田方に転じて、親毛利派国人衆との代理戦争が続いていた〔山本二〇〇七〕。また、信長は秀吉に播磨国制圧を命じ、天正五年十二月三日、秀吉勢は播磨国上月城《こうづき》（兵庫県佐用町）を奪取した。秀吉は十二月五日付けで「（上月城は）備前・美作・播磨の境目において重要な場所なので、このたび召し抱えた山中鹿介を、人質を三木《みき》に置いたうえで、（上月城に）残し置いた」と記している。上月城は但馬・美作など隣接する地域に残存するかつての尼子氏与党と連携して、毛利氏に対抗する絶好の位置にあり、幸盛の能力を評価したともいえるが、人質を徴収されており、尼子氏再興の名の下、毛利・織田戦争の最前線において捨て身の覚悟で臨むことを求められたのである。

また、上月入城後の山中幸盛は美作国のほか、因幡・伯耆・備中国などに残存するかつての親尼子派を調略して、毛利氏領国を混乱させる役割を担っていたと考えられる。実際に、十月二十日付け江見九郎次郎宛信長朱印状写〔美作古簡集註解〕に「三星城《みつぼし》の後藤氏《ごとう》を（織田権力に）服属させるために調略するとのこと、殊勝なことです。もし、合意できれば（後藤氏も織田権力に）忠節を尽くすという山中幸盛からの書状が到来しました。素晴らしいことです」とある。さらに、翌年三月二十二日付け草苅景継《くさかりかげつぐ》宛信長朱印状〔草苅家証文〕には「山中鹿助に対して去年から言上してきた意向は、何よりも殊勝なことです。そこで、羽柴秀吉が在国していますので話し合って、今こそさらなる忠節を尽くすことが第一です」とあり、毛利方として長年活動してきた草苅氏の調略も担っていた。

山中幸盛の墓　岡山県高梁市

しかし、天正六年三月、播磨三木城（兵庫県三木市）の別所長治《べっしょながはる》が織田権力から離反し、多くの播磨国人がそれに同調すると、上月城は孤立した。天正六年四月、毛利勢は上月城への攻撃を開始し、五月末には上月城内には「水・兵粮がまったく無い」〔吉川家文書別集〕という状況に陥っていたが、長治らの離反によって分断された織田勢による上月城救援は不十分なものとなり、六月二十一日の戦闘において織田勢は敗北、二十四日に撤退した。

万策尽きた上月籠城衆は毛利氏の勧告に従い城を明け渡すこととなり、七月五日、吉川元春・小早川隆景らは幸盛・立原久綱・日野五郎に対して、下城する城兵の生命を保証する起請文を認めた〔天野毛利譜録〕。尼子勝久・尼子助四郎（勝久の弟と推定される）は切腹。捕縛された幸盛は備中松山城（岡山県高梁市）の輝元本陣へ護送されることとなったが、護送途中、高梁川《たかはしがわ》の阿井《あい》の渡しにおいて殺害された。

（光成準治）

【主要参考文献】

山本浩樹「戦国期但馬国をめぐる諸勢力の動向」（『戦国期西国における大規模戦争と領国支配』二〇〇四〜二〇〇六年度科学研究費補助金基盤研究（C）研究成果報告書、二〇〇七年）

山名政之・尚之・澄之
——尼子氏の前に没落した伯耆守護家

伯耆国守護職と政之の登場

伯耆国守護職は、山名《やまな》時氏《ときうじ》からその子時義《ときよし》を経て、氏之《うじゆき》（時義の兄師義《もろよし》の子）が継承していたが、将軍足利義満《あしかがよしみつ》の策謀によって、一時期、弟満幸《みつゆき》に守護職を奪われた。しかし、明徳の乱に際して氏之は義満に従ったため、追討された満幸に代わって再び伯耆国守護職に任じられ、以降、教之《のりゆき》（氏之の孫）、豊之《とよゆき》（教之の子）と相伝されたが、文明三年（一四七一）、豊之が伯耆国由良嶋（鳥取県北栄町）において殺害されるという事件が出来した。殺害は「賊臣」によるものと認識されているが、「賊臣」の実態は詳らかでない。

豊之殺害という混乱に対処するため、文明四年六月、教之が伯耆国へ下向したが、翌年二月に病死した。その後、文明五年十一月、豊之の弟之弘《ゆきひろ》が円福寺《えんぷくじ》・瑞仙寺《ずいせんじ》（鳥取県米子市）へ宛てた禁制《きんぜい》を発しており、守護としての役割を担っていたが、文明九年閏正月になると、之弘の弟元之《もとゆき》が円福寺・瑞仙寺へ宛てた禁制を発しており、守護の役割は元之に交代している。

さらに、文明十二年八月には、山名惣領家政豊《まさとよ》（但馬国守護）の支援を受けた政之《まさゆき》（豊之の子）が元

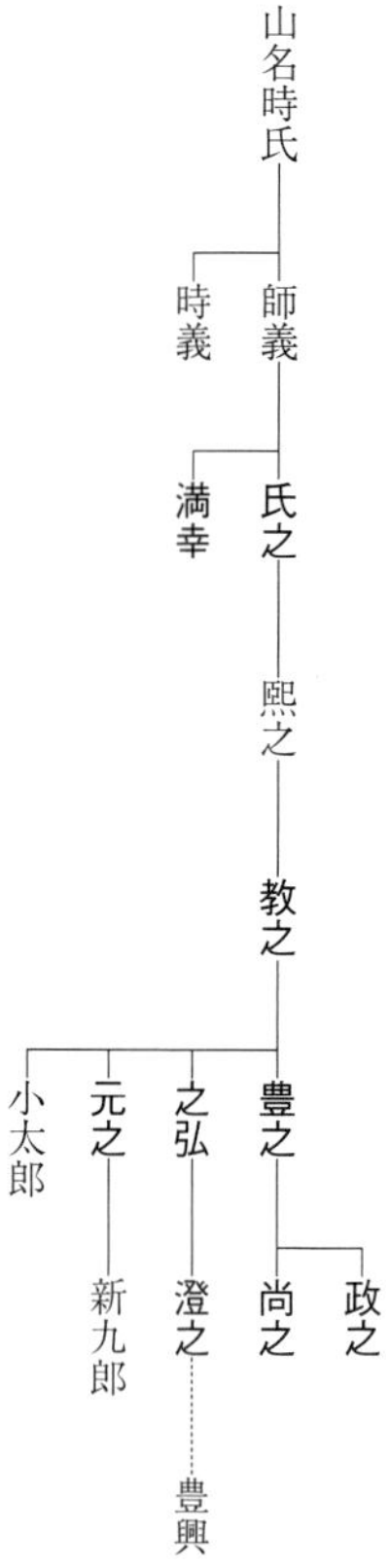

伯耆山名氏略系図

之の籠もる円山《まるやま》城（鳥取県伯耆町）を攻撃している。この攻撃により、元之は十二日、円山城を捨て、美作国境に近い竹田《たけだ》（鳥取県三朝町）へ逃れたが、同月晦日、政之や但馬山名家家臣の垣屋《かきや》らに攻撃され、弟小太郎とともに竹田から美作国へと落ち延びた。その際、赤松《あかまつ》氏被官の大河原が引き取っており、美作国のほか、播磨国・備前国守護であった赤松氏が元之を支援していた。

また、政之勢は八月十四日、和田山《わだやま》（鳥取県倉吉市）で元之勢を破ったほか、元之没落後の九月、和《わ》久嶋河原《くしまがわら》（倉吉市）における合戦や、法勝寺《ほっしょうじ》城（鳥取県南部町）、久坂《くさか》城（米子市）攻めにおいても勝利し、元之方は伯耆国内から一掃された。なお、八月晦日には南条《なんじょう》下総入道が討ち捕られており、南条氏も元之方であったと考えられる。

以上のような経緯から推定すると、豊之殺害への赤松氏の関与が疑われる。赤松氏は嘉吉の乱によっていったん没落したが、細川勝元《ほそかわかつもと》の支援によって、赤松政則《まさのり》が再興を許され、応仁・文明の乱の際、勝元に荷担して、山名氏に奪われていた播磨・備前・美作の守護職を奪回していた。この三ヶ国のうち、備前国守護職については、赤松氏奪回以前は山名教之が兼任していたため、赤松氏は備前国支配の安定化に向け、教之の勢力を削ぐ必要があった。そこで教之の本国である伯耆国を標的にしたのではなかろうか。文明五年の之弘の伯耆下向は将軍義政《よしまさ》の命令によるものであったが、応仁二年（一四六八）に山城国谷の堂（京都市西京区）に東軍（細川勝元方）として布陣した山名右馬助は之弘を指す可能性があり、この推論が正しいとすると、之弘の擁立に勝元や赤松氏が関与していたことになる。之弘擁立への関与については断定できないが、少なくとも元之の擁立には赤松氏の関与があったと考えられる。これに対して、対立関係にあった赤松氏の伯耆国への進出に危機感を抱いた山名惣領家が、政之を擁立して赤松氏の影響力排除に成功したのがこの合戦だったといえよう。

政之から尚之へ

政之の生年は未詳であるが、文明十二年（一四八〇）当時、六郎を称しており、若年だったと推定される。文明十三年七月には、宍甘《しじかい》与三左衛門に対して、「当城堪忍」の恩賞として備前国朝越《あさごえ》（岡山市東区）を給分として宛行う旨の書状を発している。宍甘氏は浅越に近接する備前国宍甘（岡山市東区）を本拠とする在地領主である。「当城」がどこを指すのか確定することは難しいが、元之を赤松氏領国へ放逐した後、政之（および山名惣領家）が赤松氏領国への進攻を図っていたことを示すものである。

応仁・文明の乱は文明九年に一応の終結をみていたが、山名氏と赤松氏との対立は伯耆国などを舞台に続き、伯耆騒乱終結後の山名氏は、応仁・文明の乱勃発時に支配していた播磨・備前・美作国の奪回を企てた。文明十五年、山名惣領家の政豊が但馬から播磨へ進攻、敗れた赤松政則が逃走して、播磨国は事実上山名氏の支配下におかれるという事態に至っている〔渡邊二〇〇九〕。播磨国のみならず、備前国、美作国半分は山名氏が知行していると認識される状態になっており、政之と宍甘氏との関係もこのような山名氏の動きを反映したものと考えられる。

伯耆山名氏の居城・打吹山城跡　鳥取県倉吉市

　結局、長享二年（一四八八）七月に政豊は播磨国から撤退しており、山名氏による三ヶ国の奪回は最終的に失敗に終わったのであるが、ちょうどその頃、政之の動向がみられなくなる（終見は長享元年十一月二日）。代わって、長享元年十一月七日、還俗した政之の弟尚之《ひさゆき》が前将軍義政に拝謁している。系図類では、政之の死因を落馬と記しているが、真相は定かでない。いずれにせよ、想定されていなかった急死のため、急遽尚之が還俗したと推定される。一六〇頁に記したように、因幡国において長享元年七月頃から毛利《もうり》次郎が山名政実《まさざね》を擁立して守護山名豊時《とよとき》に反抗する動きが起こっており、山名氏をめぐる一連の出来事に赤松氏が関与していた可能性を指摘できる。

　また、美作国へ落ち延びた元之は久田庄（岡山県鏡野町）や小吉野庄（同美作市）を拠点化して、再起を期していた。ところが、『蔭凉軒日録《いんりょうけんにちろく》』長享三年正月晦日条には「新九郎殿が伯耆国において自害した。南条など数十人が討ち死にした。小太郎殿は由良庄に居たが、新九郎殿が自害したので、小太郎殿も逃走した。六郎殿が勝利した」とある。元之の弟小太郎と元之の子新九郎が伯耆国へ乱入し、由良庄（鳥取県北栄町）を制圧して尚之勢と戦ったが、敗れて小太郎は討ち死に、新九郎は再び国外へ逃走している。文明十二年の元之没落の際、小太郎は兄とともに美作国へ逃れており、小太郎・新九郎の乱入には、赤松氏の支援があったと考えられる。一方、長享二年の合戦において、元之の動向については記されておらず、これ以前に死没していたと推定される。

また、新九郎・小太郎の乱入と連動して、南条氏など国人衆も蜂起していたことが判明する。伯耆山名家の内紛に乗じて国人衆の自立に向けた動きが強まっていたことを示すものであり、その代表格が南条氏であったが、文明十二年の騒乱時に続き、この折の自立化の企ても失敗した。もっとも、南条氏の謀叛が数度にわたり勃発していることは、伯耆国における守護支配が弛緩していたことを表わしており、在地と結び付いた国人衆を根こそぎ掃討することの困難性をうかがわせる。

尚之と澄之

長享元年（一四八七）十一月の義政拝閲時における尚之は六郎を称していたが、長享三年になっても「六郎殿」と記されている。「長享元年九月十二日常徳院殿様江州御動座当時在陣衆着到」には「相模六郎」

とあり、相模守（教之）の後継者という位置づけで、正式な官途を授与されていなかったことがうかがえ、いまだ若年であったと推定される。一方で、『大乗院寺社雑事記《だいじょういんじしゃぞうじき》』延徳三年（一四九一）七月二十七日条には「山名伯耆守護が騎馬など約七百人を連れて到着した」とある。将軍足利義材《よしき》の命令に従って伯耆国守護である尚之が近江国の六角《ろっかく》氏討伐に従軍したことを示しており、守護としての役割を果たしていた。明応三年（一四九四）には瑞仙寺に宛てた禁制を発しており、伯耆国支配の面においてもある程度の成果をあげていた。さらに、明応二年の明応の政変によって将軍職を追われた義材（義尹《よしただ》）が明応八年末に大内《おおうち》氏を頼って下向した直後、諸大名へ使者として派遣された伊勢直仍が記した歌集「下総集」には「伯耆国にも相模守尚之が在国の頃、使者として赴いた」とあり、少なくともこの頃まで尚之は守護職を保持していた。

ところが、永正三年（一五〇六）になると、因幡国守護山名豊重《とよしげ》が十二月二十二日付けで備後国人田《た》総俊里《ぶさとしさと》へ宛てた書状（田総家文書）に「伯耆国への出兵について、山名致豊《むねとよ》殿（山名惣領家、政豊の子）から重ねて命令がありました。早急に出兵されることが適切であると思います。とりわけ、相模守（尚之）の行いはもってのほかです」とある。伯耆国において騒乱が勃発し、他の山名氏領国から兵を派遣しないと鎮めることができない状況に至っていたことを物語るが、「もってのほか」とされた尚之の行いがどのようなものであったか具体的に示す史料は確認できない。

翌年に義尹や大内義興《よしおき》が上洛への支援を命じた宛先には、致豊や豊重らとともに尚之も列記されており、義尹らは尚之を伯耆国の支配者と認識していたが、同年二月、石清水八幡宮《いわしみずはちまんぐう》領であった伯耆国山田別宮（鳥取県北栄町）が「国中の混乱」によって有名無実化していることについて、幕府奉行衆は山名致豊や豊重に対して、現地に赴いて対処するように命じており、尚之の伯耆国支配体制が崩壊していた状況をうかがわせる。

尚之をそのような窮地に追い込んだのは誰なのか。これ以前に代々の伯耆国守護が禁制を発給してきた瑞仙寺に対して、永正十八年正月に諸役・段銭《たんせん》などを免除している山名澄之《すみゆき》が反尚之陣営の旗頭であったと考えられる。澄之は之弘の子である。生年は未詳。いったん仏門に入っていた（京都相国寺《しょうこくじ》）が、還俗したという。「澄」は明応の政変によって義材に代わって将軍に就任した足利義澄《よしずみ》の偏諱《へんき》であるが、義澄は永正五年に上洛してきた義尹や大内義興に敗れて将軍職を失っており、それ以前に義澄によって守護職に任じられていたと推定される。

永正三年の騒乱と澄之が守護職に任じられた時期の前後関係を断定することは困難であるが、守護という職のみによって澄之の伯耆国支配が可能になったわけではない。大きな要因は隣国出雲の戦国大名尼子経久《あまごつねひさ》の支援であった。

澄之と尼子経久

かつての通説では、『伯耆民談記《ほうきみんだんき》』の叙述から、経久が伯耆国へ進攻したのは大永四年（一五二四）とされてきた。しかし、研究の深化によって、大永四年以前に経久が伯耆進攻を開始していたことが明らかになっている〔高橋一九八六、岡村二〇一〇、日置二〇一三〕。その根拠として、天文二年（一五三三）の経久から日御碕《ひのみさき》神社（島根県出雲市）への寄進状に「伯耆山名両家の内紛に際して、支援のために二十数年間にわたり伯耆国へ進攻して、数度の合戦で被官三百数人が討ち死にして、伯耆国一国を澄之が制圧した」とあること〔日御碕神社文書〕などがあげられる。

系図類によると、守護職から追われた尚之は八幡において殺害されたという。八幡が八幡庄（米子市）を指すとすると、出雲国境に近い地域であり、尼子氏の監視下で幽閉されていた可能性もある。永正七年（一五一〇）頃から、八幡庄と同様に出雲国に近い伯耆国日野郡への尼子氏の進出がみられるようになり、大永元年頃までに日野郡のほか、会見《あいみ》郡（八幡庄を含む）、汗入《あせり》郡がほぼ尼子氏の支配下に置かれていること〔岡村二〇一〇〕から推定すると、尚之殺害の時期もこの頃に比定できるのではなかろうか。

一方、尼子氏の支援によって尚之との争いに勝利した澄之であったが、尼子氏の強い影響下に置かれることとなった。例えば、大永二年七月、澄之は「播磨国へ再び進攻することについて、山名惣領家の宿老層から協力するようにと命じてきたので、すぐに尼子氏へ意向をうかがったところ、同意を得たので、因幡山名家・山名惣領家とともに出兵します」と記している〔高洲家文書〕。澄之が山名氏一族として行動しつつ、事実上、尼子氏に従属していたことをうかがわせる。先に引用したとおり、「澄之が伯耆国全土を制圧した」と経久は記しているが、澄之に伯耆国守護としての実権があったとは考えられない。

山名氏による伯耆国支配の終結

その後、天文二年（一五三三）九月、山名豊興《とよおき》が瑞仙寺に対して「相州瑞孝追善」のため、中間庄（米子市）の「小鴨《おがも》弾正忠跡」を寄進している。澄之の官途名は相模守であり、澄之の死没にともない、豊興が家督を継承したと考えられる。豊興は澄之の子とされるが、伯耆守護家歴代の通字「之」を用いていない。また、澄之が尼子氏の従属下にあったにもかかわらず、その子が尼子経久の偏諱を与えられておらず、「豊」は山名惣領家誠豊《のぶとよ》の偏諱と考えられる。実名から推定すると、豊興は澄之の実子ではなく、山名惣領家あるいは因幡守護家を出自とする可能性が浮上する。

この年六月、尼子方の備中国人新見国経《にいみくにつね》は「伯耆国東半分と美作国一国は申し合わせて、尼子方の敵となりました。備中国においても敵の一味となった者がいます」と記している（東寺百合文書）。尼子氏が進出していた東伯耆・美作・備中の国人衆が連帯して尼子氏に反抗する動きをみせていたのである。そのような時期に尼子氏の傀儡守護澄之が死没し、豊興が家督を継承した点には、平穏な継承ではなかった可能性も感じるが、この前後に伯耆国を舞台に大きな戦闘があった形跡はない。この頃の尼子勢の出兵先は備後国であり、天文五年になると、備中・美作国を制圧し、播磨国を標的に定めている。一方、天文九年の尼子氏による安芸毛利氏攻撃（郡山《こおりやま》合戦）の際には、南条氏や小鴨氏といった伯耆国人衆も動員されており、この時点においては、東伯耆も尼子氏の勢力圏に組み込まれている。

このような経過を明確に説明する史料は確認できないが、東伯耆・美作・備中の国人衆の反旗に危機感を抱いた尼子氏が、山名惣領家あるいは因幡守護家を出自とする豊興を伯耆守護家の家督継承者に迎えることを条件に、山名惣領家と手を結んだ可能性を指摘できる。その上で、備中・美作国制圧によって孤立した東伯耆国人衆を屈服あるいは追放した結果、豊興を擁立しておく必要性も乏しくなったと考えられる。天文十二年になると、尼子晴久《はるひさ》(経久の嫡孫)が瑞仙寺に対して寺領を安堵しており、これ以降、伯耆守護家の活動はみられなくなる。

(光成準治)

【主要参考文献】

岡村吉彦『鳥取県史ブックレット4　尼子氏と戦国時代の鳥取』(鳥取県、二〇一〇年)
高橋正弘『因伯の戦国城郭—通史編』(一九八六年)
日置粂左ヱ門「戦国大名尼子氏と伯耆—天文期の尼子氏奉行人と代官—」(『鳥取地域史研究』一五、二〇一三年)
渡邊大門『中世後期山名氏の研究』(日本史史料研究会、二〇〇九年)

南条宗勝・元続
――尼子・毛利らの間で揺れる境目の領主

宗勝以前の南条氏

「羽衣石《うえし》南条系図《なんじょうけいず》」（東京大学史料編纂所謄写本）によると、南条氏は塩冶《えんや》高貞《たかさだ》の次男貞宗《さだむね》に始まるとされる。塩冶氏は、近江源氏佐々木《ささき》秀義《ひでよし》の五男で出雲・隠岐国守護職に任じられた義清《よしきよ》の孫頼泰《よりやす》が出雲国塩冶郷（島根県出雲市）を本拠として塩冶を称したことに始まる。塩谷氏は鎌倉期から南北朝初期まで出雲国守護職を相伝したが、北朝に属していた塩冶高貞が謀叛の嫌疑によって暦応四年（一三四一）に討伐され、守護職を失った。貞宗は高貞討伐の際に生き延びて越前国南条郡に逃れ、のち、足利義《あしかがよし》詮《あきら》（尊氏《たかうじ》の子）に仕えて戦功をたてたことにより、貞治五年（一三六六）、伯耆国河村《かわむら》郡に所領を与えられ、羽衣石城（鳥取県湯梨浜町）を居城としたとされる〔羽衣石南条記〕。

しかし、このような由緒の信憑性は低い。建武三年（一三三六）、南条又五郎が小早川道円《こばやかわどうえん》に対して伯耆国富田庄内天万郷（鳥取県南部町）一分地頭職を引き渡す役割を命じられている〔小早川家文書〕。文和三年（一三五四）には、討ち死にした佐々木秀綱《ひでつな》（道誉《どうよ》の子）の戦功に対して、伯耆国神田庄（鳥取県米子市）の南条又五郎跡が秀綱の遺族に宛行われている〔佐々木文書〕。これらの史料は、出雲国守

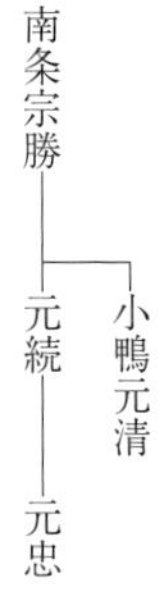

南条氏略系図

護塩冶氏とは別に、伯耆国を地盤とする南条氏が存在したことを示すものである。また、小早川道円への引き渡しを担っていることから、南条氏が伯耆国において卓越した軍事力を有する領主層であったことがうかがえ、鎌倉期における御家人としての活動がみられないことから推定すると、伯耆国の豪族層を出自とする蓋然性が高い。

「羽衣石南条系図」では、貞宗《さだむね》、景宗《かげむね》、宗賢《むねかた》、宗皓、宗元《むねもと》と続く。宗元が宗勝《そうしょう》にあたるが、それ以前の人物の実名については、同時代史料において確認できない。

一方で、文明十二年（一四八〇）、伯耆国守護職をめぐって山名《やまな》政之《まさゆき》と元之《もとゆき》との合戦が勃発した際には、南条下総入道が元之に荷担し討ち死にしたほか、南条氏に加勢した者たちが美作国奥津《おくつ》（岡山県鏡野町）に城を築いたとされており、南条勢の一部は美作国へ逃れたものと推定される。また、元之の子新九郎と元之の弟小太郎が伯耆国へ乱入した際の合戦（長享三年〈一四八九〉）において、南条某が新九郎・小太郎に荷担して討ち死にしており、元之の美作国逃亡後も南条氏が元之系と連携していたことをうかがわせる。

その後、永正三年（一五〇六）頃から、山名澄之《すみゆき》が伯耆国守護として活動している。南条氏が支援していた元之系と対立関係にあった尚之《ひさゆき》に代わって澄之が守護職を獲得したという経緯から推定すると、澄之および澄之を支援する尼子氏と南条氏との関係は良好であったと考えられる。しかし、天文二年

（一四三三）になると、伯耆国東半分が尼子《あまご》方から離反したという情報が美作国に伝わっており（一四三頁参照）、南条氏の尼子方からの離反がうかがえる。

このような南条氏の動向をみると、応仁・文明の乱が勃発して以降、伯耆山名家の内紛に乗じて自立を企てていた南条氏など伯耆国人衆にとって、尼子氏の伯耆国進出は当初、山名氏による国人支配を弱体化させるという意味で好ましかったが、尼子氏による伯耆国支配が強化されていくと、それに抵抗する動きにつながったと推定される。

南条宗勝の登場

従来の通説では宗勝は実名と考えられてきたが、近年の研究によって、宗勝は法名であること、さらに、宗勝とは別人とされてきた勘兵衛尉国清《くにきよ》や、宗勝の子小鴨元清《おがももときよ》に比定されてきた元清（永禄五年〈一五六二〉に松尾《まつお》神社、北条八幡宮《ほうじょうはちまんぐう》に対して社領を寄進）についても宗勝（以下、呼称は「宗勝」に統一）と同一人物であることが明らかになった〔岡村二〇一〇、日置二〇一九〕。官途名は豊後守。文明十二年（一四八〇）に討ち死にした下総入道と宗勝との関係は不明である。

南条氏は天文二年（一五三三）、尼子氏に抵抗する動きをみせていたが、天文九年の尼子氏による毛《も》利元就《りもとなり》の居城郡山城《こおりやま》（広島県安芸高田市）攻撃の際、十二月十一日に郡山城の西方に位置する宮崎長尾《みやざきながお》における戦闘において、南条勢は小鴨氏らとともに尼子方として参戦している。時期は特定できないが、

南条氏の居城・羽衣石城跡　鳥取県湯梨浜町

これ以前に尼子氏への服属を余儀無くされていたのである。この南条勢を率いていたのは誰であろうか。宗勝の生年は定かでないが、天正三年（一五七五）十月頃に死没していること、永禄七年には法名を称していることから、天文九年の時点で宗勝は壮年に達していると推定され、宗勝が郡山城攻撃に参加していた蓋然性は高い。

郡山城攻略を断念した尼子勢が天文十年に撤退すると、大内義隆《おおうちよしたか》は天文十一年、尼子氏領国へと進攻した。その軍勢には「伯耆南条」が含まれており、南条氏は尼子氏から離反して、大内氏に荷担している。ところが、大内勢は尼子氏の居城富田《とだ》城（島根県安来市）の攻略に失敗して、天文十二年五月、撤退に追い込まれ、伯耆国は再び尼子氏支配下に置かれた。

その後の宗勝の動向は、鋳物師《いもじ》を統括する真継《まつぎ》家に宛てた国清書状から判明する〔真継家文書〕。天文十六～十七年頃、宗勝は大内氏と連絡をとりつつ、因幡国に滞在していた。当時の因幡国は尼子氏と対立する山名惣領家の影響下にあった。したがって、宗勝は大内氏の富田城攻撃失敗後も尼子氏に抵抗していたものの、結局、尼子氏の攻勢に抗しきれず、反尼子派の山名惣領家を頼ったと考えられる。その後、どのような事情があったのか定かでないが、親密な関係にあった因幡国人武田《たけだ》山城守の意見に従い、宗勝は因幡国からも退去して、美作国大原《おおはら》（岡山県美作市）に一時逗留した後、播磨国へ向かったようである。この頃、尼子氏は赤松《あかまつ》氏領国である美作国への圧迫を強めていた。宗勝は伯耆国から退去した後も、反尼子の立場を変えていなかったのである。

宗勝と毛利氏

永禄五年（一五六二）になると、宗勝が松尾神社（湯梨浜町）、北条八幡宮（鳥取県北栄町）への寄進を行っており、これ以前に帰国して旧領を奪回したものと考えられる。なお、北条八幡宮については、天文十六年（一五四七）には尼子国久《くにひさ》（経久《つねひさ》の子、新宮党《しんぐうとう》）が寄進を行っており、宗勝帰国以前の南条氏旧領が尼子氏によって占領されていたことをうかがわせる〔日置二〇一三〕。また、宗勝の帰国は永禄三年末に尼子晴久《はるひさ》が急死したことによって可能になったと考えられる。晴久の死没後、毛利元就はまず尼子氏の支配する石見国へ進出。さらに、出雲国や伯耆国の国人領主層を味方に引き込み、攻勢を強めた。永禄五年六月の元就・隆元《たかもと》連署状〔斎藤家文書〕には「石見国については、すべて毛利氏が制圧しました。出雲国・伯耆国においても尼子方の城を毛利氏に荷担した者が奪取しています」とある。北条八幡宮への寄進が永禄五年七月であり、宗勝の帰国は毛利氏の伯耆国進出と連動したものだった。

帰国後の宗勝は毛利方として活動していく。永禄六年に尼子勢が河岡城《かわおか》（米子市）を攻撃した際には、

八橋城跡　鳥取県琴浦町

援軍として赴いた小寺元武《こでらもとたけ》（毛利氏家臣）に対して、宗勝との連携が指示されている。また、永禄七年七月には、毛利氏に通じた武田高信《たかのぶ》と対立した山名豊数《とよかず》が逃れていた因幡国鹿野《しかの》城（鳥取市）の攻略において戦功をたてている。このような働きに対して、元就は同年九月、「宗勝をはじめとした伯耆衆が並ぶ者もないほどの覚悟でいる」と評している。さらに、時期は特定できないが、尼子氏の本拠出雲国進攻にも参加している。

　尼子義久《よしひさ》を富田開城に追い込んだ後、毛利勢が九州へ出兵して、大《おお》友《とも》勢と戦った際にも、宗勝は動員されていたが、その隙に永禄十二年六月、山中幸盛《やまなかゆきもり》らが尼子勝久《かつひさ》を擁立して挙兵した。尼子氏は伯耆国においても占領地を広げていき、帰国した宗勝は永禄十三年二月以降、尼子氏との激戦を展開している。永禄十三年半ばには、末吉《すえよし》（鳥取県大山町）・岩倉《いわくら》（同倉吉市）・八橋《やばせ》（同琴浦町）といった拠点を占領した尼子氏が優勢で、伯耆日野衆も毛利氏から離反するなど、伯耆国は危機的状況に陥ったが、宗勝らの働きによって徐々に奪取された諸城を奪回していった。元亀二年（一五七一）七月頃には、伯耆国においては八橋城が尼子方唯一の拠点となっていたが、八月には八橋城も陥落して、伯耆国は再び毛利氏によって制圧された。前月に宗勝に対して八橋への転戦が依頼されており、八橋奪回においても南条勢の働きがあったと考えられる。

このような宗勝の毛利方としての働きは、元就に対する忠誠心のみによって行われたものではない。押領していた保国寺《ほうこくじ》領（倉吉市）の還付を求められた際、出雲国遠征中の宗勝は吉川元春《きっかわもとはる》に対して強く配慮を求めている。結局、この所領は将軍足利義昭《よしあき》の介入もあって、還付することになったが、その際、吉川元春は宗勝に対して、「格別な支援をするので、推し量っていただき、ご還付いただきますと、本望です」という書状〔光源院文書〕を発している。宗勝が毛利氏に荷担したのは、南条氏の権益確保・拡大に資するからであり、それが実現できなければ、南条氏にとって毛利氏からの離反も視野に入る。ゆえに、保国寺領の還付に当たって、元春は「格別な支援」を約束することで、南条氏を毛利方に引き留めようとしたのである。

元続の家督継承と毛利氏からの離反

元亀四年（一五七三）春に武田高信が急死すると、尼子氏再興活動が再開され、鳥取城の山名豊国《とよくに》も尼子・毛利間で荷担先を二転三転させるなど、因幡国が混乱状態に陥ったため、宗勝は鹿野城の普請や在番を要請されている。伯耆国のみならず因幡国における毛利方の中心人物としてその重みが増していた宗勝であったが、天正三年（一五七五）、死没した。

同年十月、宗勝の子元続《もとつぐ》は「宗勝は毛利氏のご威光によって伯耆国へ入国でき、三郡（河村・久米《くめ》・八橋）

を安堵されました」「毛利氏に対して、今後、まったく裏切る心を持つことはありません」といった起請文〔吉川家文書〕を提出した。また、伯耆国岩倉城（倉吉市）を本拠としていた小鴨氏を継承した元続の兄弟元清も同時に毛利氏への忠誠とともに元続を裏切らないという起請文、南条信正《のぶまさ》といった南条氏重臣層のほか、南条氏家中に入った山田重直《やまだしげなお》も同様の起請文を提出した。

ところが、天正四年（一五七六）七月、尼子氏旧臣で南条氏の家臣となっていた福山《ふくやま》次郎左衛門尉が「敵方に内通」して、討伐されるという事件が発生した。この時点ではすでに毛利氏と織田権力とは決別しており、「敵方」とは織田権力を指すと推定される〔岡村二〇一四、日置二〇一八〕。福山討伐の経緯をみると、元続自身の動向にも疑わしいものがあった。福山謀反の風聞を耳にした毛利氏は、南条氏重臣山田重直らを呼び寄せて対応を協議し、山田の屋敷において福山を討伐することとしたが、討伐に当たって「元続やその他の家中衆に（討伐を）届けていないことはわかっていたが、諸方面に相談すると、計画が漏れて討伐に失敗するとよくないので、（毛利氏のところから）帰着した翌日すぐに（福山を）討ち果たした」〔藩中諸家古文書纂〕とされており、福山の謀反に荷担する勢力が家中にあったこと、元続も信頼できない状況にあったことをうかがわせる。

福山討伐後、南条氏の混乱はみられなくなったが、天正七年九月になると、毛利氏からの信頼の厚かった山田重直を元続が殺害しようとする事件が出来した。その経緯は、宇喜多《うきた》氏の離反をうけて、南条氏の動向を疑った毛利氏が、重直を通じて元続に対して、重ねて人質を提出するように命じたところ、承諾することなく、元続自身が山田の屋敷を襲撃して、切腹を迫ったが、山田重直・信直《のぶなお》父子は脱出して、鹿野城へ逃げ込んだとされる。元続は毛利氏からの離反を企てたものではないという弁明の使者を送り、血判起請文を提出したが、起請文を受け取った吉川元春は「元続の弁明は納得できません。心の中では（毛利氏からの離反を）決めていて、結託した勢力の用意が整うのを待っているのではないでしょうか。あるいは、こちらの覚悟を試しているのでしょうか。こちらを翻弄するつもりのようです」と認識している〔小早川家文書〕。すでに織田権力の調略に応じているのではないかと疑ったのである。

十一月になると、「羽衣石（南条氏）については、毛利方に留まるようにいろいろな方策を講じてきたが、あれこれとはっきりしない態度をとって時間稼ぎをした挙句、結局、宇喜多と話し合って（毛利氏に）敵対する覚悟が明白になった」〔吉川家文書〕という状況となっており、元続は小鴨元清らとともに毛利氏からの離反を決意していた。

なぜ、元続は毛利氏から離反したのであろうか。この年六月頃、備前宇喜多氏が毛利氏から離反した。その結果、南条氏が対織田戦争の最前線となるおそれが生じていたが、足利義昭の強い要求に応じて正月に予定されていた毛利輝元《てるもと》の上洛中止が示すように、毛利氏は戦線拡大に消極的になっており、織田勢が伯耆方面へ進攻した際の毛利氏による救援に元続は不安を覚えたのではなかろうか。かつて宗勝に対して約束した「特別な支援」を得ることができないのであれば、南条氏の毛利氏からの離反は必然だったといえよう。

元続と毛利氏との戦い

元続離反直後（十一月三日付け）、吉川元春は「私の考えは、北方面の備えに杉原盛重《すぎはらもりしげ》一人を残して、残る全軍が四畝《よつうね》（岡山県真庭市）方面へ進攻すれば、四畝城の攻略は容易だと思います。その勢いで、宮山《みややま》・寺畑《てらはた》・湯山《ゆやま》城（真庭市）も落城するでしょう。そして、美作国葛下《くずか》城（岡山県鏡野町）を味方につけると、祝山城（同津山市）と一体となって、美作国を平定することができるでしょう。そうすると、羽衣石の南条氏についてはこちらの思い通りになるでしょう」と具申した〔譜録〕。

毛利氏の戦略はこの意見に沿って進められ、毛利勢は主として備中・美作方面に展開し、宇喜多勢と激戦を繰り広げた。一方、織田氏家臣羽柴秀吉の軍勢は天正八年（一五八〇）四月に出陣して、播磨国北部・但馬国を制圧、因幡国へも進攻した。南条勢も秀吉の進攻に呼応して四月二十四日には八橋城を攻撃したが、城を守る吉川勢や杉原盛重勢らの抵抗によって攻略は成功しなかった。

六月に山名豊国を降伏させて鳥取城を掌握した秀吉が姫路に引き揚げると、毛利勢はようやく伯耆国へ進軍し、七月二十一日には吉川元春が末吉に着陣。八月十三日には羽衣石山麓で戦闘が展開された。同じ頃、小鴨元清の居城岩倉城も攻撃をうけたが、羽衣石・岩倉両城ともに多くの損害を出しながらも攻略を許さなかった。九月には豊国家臣の離反によって鳥取城は毛利方へ転じ、毛利氏は南条氏への攻撃をさらに強めていく。由良要害《ゆらようがい》（北栄町）を攻略したほか、羽衣石城周辺に付城《つけじろ》を構築して包囲網を強化したが、元続・元清は抵抗を続けた。なぜ、元続らはこのような頑強な抵抗を続けることができたのか。十二月八日付け秀吉書状〔牧文書〕に「来年は西国方面への（信長様の）ご出陣がしっかりと決定しました」「来春は（信長様の）ご出陣より前に、まず私が進攻します。そのことを南条元続にも誓紙をもって伝えました」とあり、秀吉のみならず信長自身の救援が到来することに期待していた面もあるが、毛利輝元や小早川隆景《たかかげ》らは備中北部・美作方面に出陣しており、また、鳥取城を奪回したことによって因幡方面へ兵力を割く必要が生じた結果、毛利氏が対南条氏に総力を結集しなかったことも一因と考えられる。

天正九年になると、毛利氏は鳥取城に吉川経家《つねいえ》を派遣するとともに、二月には岩倉城を攻撃したが、小鴨勢は吉川氏家臣を討ち捕るなどの戦功をたて、城を守り抜いた。六月、秀吉が鳥取城攻略に向けて因幡国へ進攻すると、毛利氏は鳥取城救援のためにも羽衣石・岩倉両城の攻略を急ぎ、景宗寺、長和田《なごうた》、水越《みずこし》、橋津《はしづ》、長瀬《ながせ》（湯梨浜町）、栗尾《くりお》（倉吉市）、三徳《みとく》（鳥取県三朝町）で戦闘が展開された。吉川元春も茶臼山《ちゃうすやま》（北栄町）に布陣して、九月二十九日には羽衣石城下まで吉川勢が迫ったが、元続は撃退に成功した。

その後、十月二十五日に経家を切腹させて鳥取城を占領した秀吉勢は、羽衣石城救援のため二十七日に伯耆国へ進攻して馬野山《うまのやま》（湯梨浜町）に布陣した元春らと対峙したが、大規模な戦闘に突入することなく、十一月上旬に姫路へ引き揚げた。再び孤立した南条氏に対して毛利氏は攻撃をかけ、十万寺《じゅうまんじ》（湯梨浜町）などで戦闘が行われた。苦戦する南条氏から脱走する兵が増えていき、元続は危機に陥ったが、天正十年になると、秀吉勢が備中国南部方面への進攻を企図したことに対応するため、毛利元秋《もとあき》（元就五男、出雲富田城主）や杉原氏を伯耆方面の押さえに残して、毛利勢が山陽方面へ転戦した結果、元続は一時的に危機から脱した。

本能寺の変後の元続

天正十年（一五八二）六月の本能寺の変により織田信長が横死したため、備中高松《たかまつ》城（岡山市北区）を包囲していた秀吉は毛利氏と停戦して上方へ向かった。備中高松城救援のため、備中国に在陣していた吉川元春は六月十一日、山田重直に対して羽衣石城攻撃のため転戦するつもりであることを告げているが〔藩中諸家古文書纂〕、信長の死、秀吉勢の撤退は南条氏家中に混乱をもたらした。その機をとらえた山田重直は羽衣石城に攻撃をかけ、杉原勢も羽衣石へ進攻していった。秀吉による救援が期待できない状況下で、重直らが攻撃をかけると、羽衣石城から内通者があり、九月、ついに羽衣石城は陥落。元続は国外へ逃亡した。同じ頃、岩倉城も陥落したと考えられ、元清も国外へ逃亡した。

このようにして、南条氏旧領は毛利氏によって占領されたが、毛利氏と秀吉との国境画定交渉の結果、天正十二年初頭、伯耆国東部は秀吉領とされ、この年末までに帰国した元続に対して、久米・河村・八橋郡において四万石が与えられた。元続は天正十九年頃に死没。子の元忠《もとただ》が家督を継承したが、若年であったため、叔父小鴨元清が後見となって、領国経営を統括。ところが、元忠が成長すると元清との間に対立が生じ、元清は家中から追放されて小西行長《こにしゆきなが》に庇護された。その後、元忠は関ヶ原合戦において西軍に荷担したため、改易。大名としての南条氏は断絶した。

（光成準治）

【主要参考文献】

岡村吉彦「戦国期戦争下における伯耆国人の動向―天文期の南条国清の活動を中心に―」（『鳥取地域史研究』一二、二〇一〇年）

岡村吉彦「戦国末期伯耆国「境目」地域の動向と諸勢力―山田重直の活動を中心として―」（『鳥取地域史研究』一六、二〇一四年）

日置粂左ヱ門「戦国大名尼子氏と伯耆―天文期の尼子氏奉行人と代官―」（『鳥取地域史研究』一五、二〇一三年）

日置粂左ヱ門「信長の外交と戦国大名―伯耆南条・小鴨氏の家中―」（『鳥取地域史研究』二〇、二〇一八年）

日置粂左ヱ門「戦国大名毛利氏と羽衣石南条氏―永禄末～天正初年の東伯耆―」（『伯耆文化研究』二〇、二〇一九年）

山名久通・豊数・豊国
——惣領家の支配下に置かれた因幡守護家

因幡山名家

因幡国守護職は、南北朝期の貞治二年（一三六三）に北朝へ帰参した山名時氏《やまなときうじ》が任じられて以降、山名氏一族に相伝されてきた。

山名氏は源《みなもとの》義家《よしいえ》の子義国《よしくに》の長男義重《よししげ》の子義範《よしのり》を祖とする。上野国山名郷（群馬県高崎市）を本拠として、山名を称した。源頼朝《よりとも》の挙兵時、父新田《にった》義重は遅れて頼朝へ荷担したため、鎌倉期の新田氏は冷遇された一方、義範は早くから頼朝に荷担したため、門葉《もんよう》として処遇された。また、鎌倉末期の当主山名政氏《まさうじ》の妻は上杉重房《うえすぎしげふさ》娘で、重房孫娘が足利尊氏《あしかがたかうじ》母であったため、政氏の子時氏は新田一族の惣領新田義貞《よしさだ》ではなく、尊氏に従って倒幕に参加した。

その後、観応《かんのう》の擾乱《じょうらん》によって足利氏が分裂状態に陥ると、時氏は直義《ただよし》派（直冬《ただふゆ》派）・南朝に荷担して、足利将軍家と対立した。この背景には、出雲国などをめぐる佐々木高氏《ささきたかうじ》（道誉《どうよ》）、美作国などをめぐる赤松《あかまつ》氏との対立があったと考えられる。ところが、その後、北朝に帰参すると、その帰参が北朝優位を決定づけた一要因となったことから、室町政権内において他の大名を上回る厚遇を受け、最盛期には、十一ヶ国（但馬・丹後・丹波・因幡・伯耆・播磨・美作・備後・山城・和泉・紀伊）の守護職を獲得した。

　これらの守護職のうち、因幡国守護職を継承したのは、時氏の三男氏冬《うじふゆ》である。その後、明徳二年（一三九一）には、将軍足利義満《よしみつ》の策謀や山名氏一族の内紛によって氏清《うじきよ》（時氏四男）や満幸《みつゆき》（時氏長男師義《もろよし》の子）が挙兵したが討伐されるという事件（明徳の乱）が起こったが、氏冬の子氏家《うじいえ》は最終的に義満に従い、因幡国守護職を確保することに成功した。一方、山名家の惣領は時氏五男時義《ときよし》の子時熙《ときひろ》系によって継承されていき、因幡守護家は但馬国守護職を継承した惣領家の従属下にあった。また、隣接する伯耆守護家（師義の子氏之《うじゆき》〈満幸兄〉を祖とする）とも密接な関係にあった。

　氏家の子熙貴《ひろたか》に次いで守護職に任じられたと考えられる熙高《ひろたか》は、時氏九男高義《たかよし》の子であるが、惣領家の猶子《ゆうし》だったとされる。また、熙高、熙幸《ひろゆき》（熙高の子）に次いで守護職に任じられたと考えられる豊氏《とようじ》は伯耆国守護山名教之《のりゆき》（氏之の孫）の子（豊之《とよゆき》弟）とされ、応仁・文明の乱において、豊氏は教之らと

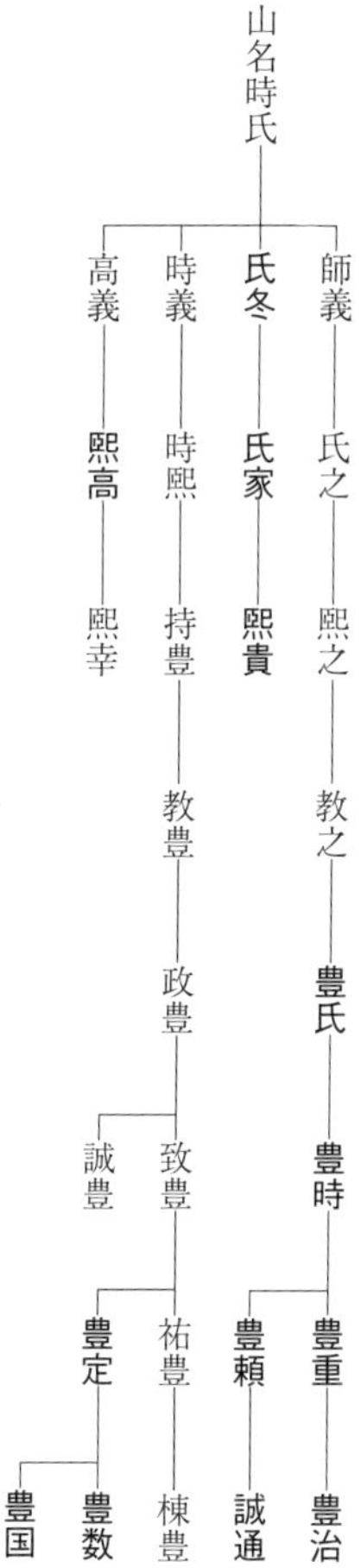

因幡山名氏略系図

ともに惣領家持豊《もちとよ》（宗全《そうぜん》）と行動をともにした。豊氏《とようじ》に次いで守護職に任じられた豊時《とよとき》の出自については諸見解があるが、豊氏の子である蓋然性が高い。いずれにせよ、文明十五〜六年（一四八三〜八四）頃、持豊の後継者政豊《まさとよ》（山名家惣領）から播磨進攻を命じられており、惣領家に従っていた。

因幡山名家の内紛

長享元年（一四八七）になると、山名氏と対立する赤松氏（重臣浦上則宗《うらがみのりむね》）に擁立された熙幸《ひろゆき》の甥政実《まさざね》が、因幡国内において自立を図っていた国人毛利《もうり》次郎（本拠は私部《きさいち》〈鳥取県八頭町〉）と連携して豊時と争う合戦が勃発している。政実は一時期、因幡国守護としての実権を掌握したが、延徳元年（一四八九）、豊時勢に敗れて、毛利次郎や矢部《やべ》山城守（本拠は若桜《わかさ》）とともに敗死した〔小坂一九七七〕。

その後、豊時から子の豊重《とよしげ》に守護職は継承されたが、永正十年（一五一三）になると、豊重の弟豊頼《とよより》の守護としての活動がみられるようになる一方、同年三〜四月、守護居館のあった布勢天神山《ふせてんじんやま》城（鳥取市）への入口にあたる天馬《てんま》（天満）口《ぐち》や正木口《まさきぐち》に敵兵が襲来している。襲来したのは豊重の子豊治《とよはる》勢と考えられ、豊重から豊頼への守護職交替について、平穏なものでなかった可能性が指摘されている〔高橋一九八六〕。

永正十年の戦闘においては布勢天神山城を守り抜いたものの、最終的に豊頼は敗北し、豊治が守護職を獲得した。豊治は将軍義稙《よしたね》と親密な関係にあったが、大永二年（一五二二）二月に布勢天神山城近郊の仙林寺《せんりんじ》における戦闘がみられるなど、国内の混乱は続いている。

大永七年になると、五月六日付けで将軍足利義晴《よしはる》が山名惣領家の誠豊《のぶとよ》（政豊《まさとよ》の子、致豊《むねとよ》の弟）と山名治部少輔（豊治）に対して和睦を勧告しており、この時点において誠豊が因幡国を掌握しようとしていたこと、豊治が山名惣領家と対立していたことが判明する。したがって、大永二年に布勢天神山城を攻撃したのは誠豊（あるいは豊頼またはその子誠通）方であったと考えられる〔浜崎一九七八〕。このように、因幡山名家は山名惣領家と対立し、かつ、将軍家では義稙派の豊重―豊治という系統と、山名惣領家が支援し、かつ、将軍家では義澄《よしずみ》・義晴派の豊頼―誠通という系統に分裂していた。

もっとも、誠通は天文十二年（一五四三）頃から尼子晴久《あまごはるひさ》の偏諱《へんき》を授って久通《ひさみち》に改名しており、尼子氏の強い影響下にあったことをうかがわせる。その結果、山名惣領家との関係は疎遠になっていった。天文十年七月、岩井《いわい》（鳥取県岩美町）において誠通方が勝利をおさめた戦闘についても敵方は明記されていないが、岩井が但馬国から布勢方面へ向かう途中にあることから推定すると、山名惣領家方であった蓋然性が高い。天文十二年になると、惣領家の山名祐豊《すけとよ》（致豊の子）が自ら因幡国へ進攻しており、八月には布勢天神山城に迫る勢いであった。このような山名惣領家の攻勢は、大内義隆《おおうちよしたか》の尼子氏領国への進攻と連携したものであったと考えられる。尼子勢が天文十年一月に郡山《こおりやま》城（毛利元就《もとなり》）攻略を断念して撤退した後、天文十一年正月に大内勢が出雲国へ進攻しており、尼子氏による誠通への支援が困難な状況を見越して、祐豊は因幡へ進攻したと推定される。

結局、大内勢が天文十二年五月に尼子氏の居城富田城《とだ》（島根県安来市）攻略に失敗して撤退したことにより、祐豊による布勢天神山城攻略も容易に進まなかった。

山名惣領家の因幡支配

天文十四年（一五四五）四月、山名久通は中村《なかむら》伊豆守に対して「新山城の在番について、鳥取が決着したので、兵二十人で在城するとのことで、喜ばしいことです」という書状（中村文書）を発している。中村氏は気多《けた》郡・高草《たかくさ》郡などに所領を有する因幡国人である。鳥取の決着とは、布勢天神山城攻撃のために鳥取に構築していた付城《つけじろ》から祐豊勢が撤退したことを指すと考えられる。このような情勢を踏まえ、尼子氏家臣河副久盛《かわぞえひさもり》は同年六月、因幡国全土は平定され、山名惣領家は和睦を願っているとの認識を示した。

ところが、同年十二月、祐豊は但馬国人田公《たぎみ》土佐守に対して「このたび因幡国について、中村伊豆守が服属したことは喜ばしいことです。近日、豊定《とよさだ》を下向させますので、（あなた様は）豊定に仕えて、忠節を尽くすことが最も重要です」という書状〔中村文書〕を発している。中村伊豆守が久通方から離反して山名惣領家に服属したことによって、久通は没落。祐豊は久通に代わる因幡国主として弟豊定を送り込むとともに、豊定を補佐して政務を担うために、田公土佐守に対して因幡国への下向を命じたものである。田公氏は但馬国田公郷を本貫地とし山名惣領家による但馬国（西部）支配に関わっていたため、隣接する因幡国支配を重要な立場で支えていた〔岡村二〇二二〕。

豊定は永正九年（一五一二）生まれとされ、官途名は中務少輔。天文十六年になると、因幡国気多郡・法美《ほうみ》郡の所領を長田（山田《やまだ》）重直《しげなお》に宛行っており、豊定による因幡国支配が順調に推移していたことをうかがわせる。一方、尼子晴久は天文二十一年、因幡国守護職に任じられたが、守護としての実態はなく、守護職は保持しないものの、豊定が事実上の因幡国主であった。

豊定の死没年は定かでないが、天文二十年六月吉日付けの長谷寺《ちょうこくじ》（鳥取市）旧蔵十一面観音像首部墨書に「当国守護殿山名見明丸、御歳十一歳」とあり、これ以前に死没していたと考えられる。見明丸は豊定の子豊数《とよかず》に比定されているが〔倉垣二〇一一〕、豊数が現実に守護として政務を統括する以前に、祐豊の子棟豊《むねとよ》が因幡国へ下向して政務を執った時期があったと考えられる。

棟豊の生年は未詳。祐豊の長男とされるため、因幡守護家を継承したわけではなく、山名惣領家が直接的に因幡国を支配し、棟豊が政務を執ったと評価すべきであろう。棟豊の死没年は永禄四年（一五六一）五月。棟豊発給文書に年次を明記したものは確認できないが、八月二十二日付けで中村伊豆守へ発した書状（A）では、佐治《さじ》（鳥取市）方面への出兵を命じている〔中村文書〕。また、棟豊の父祐豊も三月三日付けで中村伊豆守や長田重直に対して私部における戦功を賞する書状（B）を発している〔中村文書、山田家古文書〕が、伊豆守は永禄四年七月二十五日の若桜（鳥取県若桜町）における戦闘で討ち死にしており、棟豊の死没年を考慮すると、Aは永禄三年以前。Bは永禄四年以前に比定される。

佐治は美作国との国境に位置する一方、私部は佐治より布勢に近い。また、若桜は因幡国から但馬国への入口に位置する。したがって、美作国から進入した敵方が佐治周辺を制圧し、布勢や但馬国方面への進攻を図っていたと考えられる。この敵方とは誰なのか。棟豊は六月二十七日付けで村上《むらかみ》新次郎〈伯耆国淀江《よどえ》〈鳥取県米子市〉周辺を基盤とする国人〉に発した書状〔宮本家文書〕において伯耆方面への出兵を告げており、伯耆国への進出を強めていた尼子氏と対立していた。つまり、A・Bの戦闘の敵方も尼子氏であったと考えられる。

豊数の興亡

永禄五年（一五六二）七月、豊定の子豊数が中村伊豆守〈永禄四年に討ち死にした伊豆守の子〉に対して、家之山における戦功を賞する感状〔中村文書〕を発給しており、棟豊死没後、豊数が因幡国主になったことが判明する。豊数の生年は不詳。

豊数も棟豊と同様に、山名物領家による直接的な支配下において政務を執るという位置づけだったと考えられるが、永禄六年に比定される閏十二月二十四日付け小早川隆景《こばやかわたかかげ》書状〔長府毛利家文書〕に「但馬山名家においては家臣の争いがある」とあり、家中の内紛によって山名物領家の全面的支援が困難な状況にあった。そのような情勢下で永禄六年三月、武田高信《たけだたかのぶ》が豊数から離反して、高信と豊数との合戦が勃発した。高信の動向については一七二頁以降において詳しくみていくが、毛利氏と親密な関係にあった。同じ頃に、田公氏も毛利氏と手を結んだと考えられる〔岡村二〇二二〕。

豊数勢は高信を討伐するため、高信の本拠鳥取へ進攻したが、四月三日、重臣中村伊豆守が湯所《ゆところ》（鳥取市）において討ち死にするという敗戦を喫した。豊数はすぐに伊豆守の子鍋法師丸《なべほうしまる》に対して感状を発するとともに、宛行状も発給したが、鍋法師丸宛て四月十六日付け豊数書状〔中村文書〕には「名代職のことについて、家中の者の中に不心得な動きがあると聞きました」とあり、重臣中村家家中も混乱状況に陥ったことが判明する。そのような混乱の結果、豊数は永禄六年末、布勢天神山城からの退去に追い込まれ、鹿野《しかの》（鳥取市）へ移った。

永禄七年半ば以降になると、高信によって擁立されたと推定される山名豊弘《とよひろ》・豊儀の存在が確認されるが、豊数の姿は確認できなくなる。これ以前に死没したか、実権を失って没落したのであろう。その頃には、山名惣領家と毛利氏との和睦が成立しており、山名惣領家も豊弘・豊儀を因幡国主とすることに同意したと考えられる。豊弘・豊儀の出自は定かでないが、彼らは高信や毛利氏の傀儡にすぎず、もはや国主としての実権はなかった。また、永禄十二年に湯原元綱《ゆはらもとつな》が鹿野に在番するなど、毛利氏の因幡国への影響力も増していった。

豊国の登場

一方、元亀元年（一五七〇）五月晦日付けで岩井における戦闘の感状を発給している豊国《とよくに》は豊数の弟

山名豊国画像　山名史料館「山名蔵」蔵

（豊定の子）で、天文十七年（一五四八）生まれとされる。この時点では山名惣領家方として岩井城にあったと推定される。山名惣領家は尼子氏再興活動を支援しており、再び毛利氏と対立していた。なお、元亀三年閏正月に小早川隆景は「守護殿」へ年頭の進物を贈っている。書状の宛先である久芳《くば》賢直《かたなお》はこの当時、因幡国へ下向しており、因幡国守護と認識されていた人物がこの時点でも存在していたことをうかがわせるが、特定は難しい。

元亀四年春、因幡国における毛利方の中心人物武田高信の急死によって、因幡国は混乱状況に陥った。元亀二年に尼子氏再興活動はいったん鎮圧され、尼子勝久《かつひさ》は隠岐へ、山中幸盛《やまなかゆきもり》は美作から但馬へ逃れて潜伏していたが、高信急死直後の元亀四年六月初め頃、山中幸盛らが但馬から因幡国へ進攻した結果、九月には鳥取城も高信旧臣の内通により、反毛利（尼子方）となり、鳥取城には山名豊国が入城した。

その後、天正二年（一五七四）になると、二月二十六日付けで吉川元春《きっかわもとはる》が田公次郎左衛門に対して「去年因幡国へ出兵したところ、あなたが元就以来の格別に親密な関係によって、豊国の毛利氏への従属を実現され、（私は）世間への聞こえもよく、帰陣しました」「豊国は並ぶもののないほど（毛利氏に対して）

懇意にするとのことですので、どのようにでもそちらの城をしっかりと守備することが第一です」という書状〔吉川家中并寺社文書〕を発している。吉川元春ら毛利勢の因幡国への進攻や田公氏の働きによって、天正元年末～天正二年初頭に豊国は毛利氏に従属し、鳥取城は毛利方によって奪回されたのである〔岡村二〇二二〕。また、毛利氏は豊国の離反を警戒して人質を徴収し、鹿野城に置いた。

一方、山中幸盛らが私部城を占拠して伯耆領主層への調略を行っていたため、その後も尼子勢と毛利勢との戦闘は続いた。そこで、豊国は山名惣領家と毛利氏との同盟を強力に仲介し、天正三年正月、芸但同盟（毛利氏と山名惣領家との同盟）が成立した。その結果、同年十月に吉川元春の率いる軍勢によって私部城は攻略され、さらに、天正四年五月、若桜鬼ヶ城（鳥取県若桜町）に籠もって抵抗を続けていた尼子勝久・山中幸盛らが退去して、第二次尼子氏再興活動は終結した。

これ以降、表面的には因幡国における反毛利氏の動きはみられなくなり、豊国による因幡国支配も安定化したかにみえた。

豊国の織田権力への服属

ところが、織田信長によって京都を追われていた足利義昭《よしあき》を毛利氏が受け入れた結果、天正四年（一五七六）四月、毛利氏と信長とは対立関係に至った。天正七年になると、七月二十七日付け吉川元春ほか書状〔吉川家文書〕に「因幡国においては、以前にはいろいろな風聞が入り乱れましたが、今日

鹿野城跡　鳥取市

になっても何も起こっていません。毛利氏に従うということですので、そうであれば、山名豊国に対して重ねて人質を提出するように命じました」「鳥取（豊国）が人質をあれこれ言って提出しない場合、豊国が離反することも覚悟しなければなりません」とある。ちょうどその頃、備前宇喜多《うきた》氏の毛利氏からの離反の動きがみられるようになっており、豊国の毛利氏からの離反、織田権力への服属が懸念される状況にあった。

さらに、同年十一月頃、伯耆南条《なんじょう》氏が毛利氏から離反すると、十二月、元春は「因幡国の諸城にさらなる在番衆を派遣します。気を付けているので、離反の動きはないかと思いますが、弱々しいことが因幡国の伝統ですので、頼りなく不安なことです」という認識を示して（吉川家中幷寺社文書」）、警戒を強めた。実際に、豊国は織田権力への服属を視野に入れており、天正八年に比定される正月二十日付け宇喜多直家《なおいえ》書状（沼元家文書）に「因幡国鳥取からも使者を派遣して、熱心に（織田権力への服属を）願っています」とある。

このような状況下で、同年五月、羽柴秀吉が因幡国へ進攻した。鬼ヶ城を攻略すると、私部、生《しょう》山《ざん》・用瀬《もちがせ》・鹿野・吉岡《よしおか》（いずれも鳥取市）、岩常（鳥取県岩美町）も陥落、あるいは開城し、諸城から撤退した因幡衆とともに豊国は鳥取城に籠もった。一方、秀吉の弟小一郎（のちの秀長《ひでなが》）らは別働隊を率いて但馬国へ進攻し、山名惣領家のほか、親毛利派国人垣屋豊続《かきやとよつぐ》・八木豊信《やぎとよのぶ》らを降して、但馬国は織田権力によって制圧された。秀吉勢に加え、但馬衆を率いた小一郎勢もそのまま鳥取城へ進攻したため、吉川元春は五月二十三日、山田重直に対して「鳥取については、山名豊国が並ぶもののないほどの覚悟で毛利氏に荷担しています。これは非常に重要なことです。私はこちらの手が空きましたので、明後日にはそちら（山陰方面）に陣替えします。そこで、まず海上から鳥取・鹿野へ救援を送ることを決定しました」という書状〔山田家古文書〕を発したが、元春ら主力勢の救援は遅延した。

一方、信長は六月一日、秀吉に対して「鳥取については、因幡国における（毛利方の）唯一の城となったので、すぐに攻略できるとのこと、当然である」としたうえで、拙速な攻撃は避けるように指示した〔細川家文書〕。鹿野城陥落の際、城番進藤《しんどう》豊後守が同城に置かれていた豊国や因幡衆の人質と交換に自らの助命を嘆願して開城したため、これらの人質は秀吉に渡っており、豊国らの降伏を見越した指示であったと考えられる。信長の指示に従った秀吉によって厳重に包囲された鳥取城は、まもなく降伏して、因幡国は織田権力によってほぼ制圧された。豊国ら因幡衆は鹿野城に置かれていた人質に加えてさらなる人質を提出して、織田権力に服属し、豊国は鳥取城を安堵された。

その後の豊国

秀吉が姫路へ帰城した後、吉川元春は七月、伯耆国へ進攻。南条氏の居城羽衣石城《うえしじょう》（鳥取県湯梨浜町）に迫るとともに、因幡国境へも兵力を展開した。秀吉は当面、一万の援軍を派遣して、それでも敵が撤退しなければ、自らが出兵するとしたが、実際には、伯耆国境に近い鹿野城に尼子氏旧臣で秀吉家臣となっていた亀井《かめい》新十郎を配置して防備を固めるといった程度の対応で、秀吉自身の出兵は実現しなかった。このため、中村春続《はるつぐ》、森下道誉《もりしたどうよ》ら豊国家臣の一部は田公高次《たかつぐ》の働きかけなどによって、天正八年（一五八〇）九月二十一日、豊国を鳥取城から追放し、毛利氏に服属した〔岡村二〇二二〕。そこで、毛利氏は鳥取城番として、石見吉川家の吉川経家《つねいえ》を派遣することとし、経家は天正九年三月、入城した（経家の動向については一八四頁以降を参照）。

その後、天正九年十月、秀吉の攻撃によって鳥取城は開城に追い込まれたが、豊国が鳥取城主として復帰することはなく、鳥取城には秀吉家臣宮部《みやべ》善祥坊《ぜんしょうぼう》が入った。このようにして、山名氏による因幡国支配は終結したが、豊国は禅高《ぜんこう》を称して、関ヶ原合戦後には但馬国七美《しつみ》郡において六千七百石を与えられた。豊国は寛永三年（一六二六）に死没したが、七美領は幕末まで安堵され、豊国系は山名氏嫡流として処遇された。

（光成準治）

【主要参考文献】

岡村吉彦「中世西因幡海岸平野の景観復原と地域領主」（『鳥取地域史研究』二四、二〇二二年）
倉垣康一「戦国期因幡武田氏の権力形成過程と家臣団構造」（『鳥取地域史研究』一三、二〇一一年）
小坂博之「一四八〇年代における因幡の乱」（『歴史手帖』五―九、一九七七年）
高橋正弘『因伯の戦国城郭―通史編』（一九八六年）
浜崎洋三「鳥取城の成立について」（『鳥取市史研究』三、一九七八年）

武田高信

――一代で因幡の最有力者にのし上がった戦国領主

高信の自立

因幡武田《たけだ》氏の初見は、延徳三年（一四九一）、因幡国守護山名豊時《やまなとよとき》が京都相国寺大智院《しょうこくじだいちいん》へ仏事銭を寄進した際に使者となった武田左衛門大夫である〔『蔭凉軒日録』十一月六日条〕。続いて、天文十六～十七年（一五四七～四八）頃、尼子《あまご》氏と対立して伯耆国から退去して因幡国へ逃れていた国人南条国清《なんじょうくにきよ》（のちの宗勝《そうしょう》）に対して、美作国への退去を勧めた「武山」（武田山城守）が確認される。その頃の因幡国主は尼子氏と対立する山名惣領家（但馬山名家）から送り込まれた山名豊定《とよさだ》であり、武田山城守も豊定に従い、反尼子派として活動していたと考えられる〔倉垣二〇一一〕。一方、因幡武田氏の出自は定かでない。また、左衛門大夫・山城守と高信との関係も不明である。

高信の生年は未詳。少なくとも永禄八年（一五六四）初頭まで又五郎を称しているため、山城守と同一人物ではなく、その後継者である蓋然性が高い。永禄五年に毛利《もうり》氏が出雲国へ進攻した際、毛利氏に荷担した「因州武田」は高信を指すと考えられる。この時点においては、毛利氏の軍事行動に参加する一方で、因幡国主山名豊数《とよかず》（豊定の子）にも従う一国人であったが、永禄六年になると「因州の屋形

（豊数）と武田が争っている」〔横山家文書〕という事態に至った。豊数は離反した高信を討伐するため、高信の居城鳥取に向けて軍勢を派遣したが、永禄六年四月三日の湯所《ゆところ》（鳥取市）における合戦において、武田勢は豊数の重臣中村《なかむら》伊豆守を討ち捕り、勝利をおさめた。その後、閏十二月、豊数は守護所布勢天《ふせてん》神山《じんやま》城（鳥取市）を捨て、鹿野《しかの》城（鳥取市）へ移っており、高信は自立に成功したうえ、因幡国における最有力者へのし上がったのである。

高信はなぜ山名氏から離反したのか。永禄六年年末頃に毛利氏からの検使として因幡国へ赴き鳥取にも数日間逗留した久芳《くば》賢直《かたなお》に対して、高信は永禄七年正月、「因幡国の状況についてご覧になった様子を（元就《もとなり》へ）詳細にご披露いただき、援軍をご派遣いただければ、思い通りになったとき、鹿野城下の所領を進呈いたします」という書状〔久芳家文書〕を発している。一方、永禄六年閏十二月、小早川《こばやかわ》隆《たか》景《かげ》は「和解するように仲裁しているところです」としている〔長府毛利家文書〕。

これらの史料から推定すると、高信が毛利氏の調略によって離反したとは考え難い。この時点における山名惣領家と毛利氏との関係は比較的良好であり、尼子氏攻めに注力したい毛利氏がこの時点で山名惣領家と対立するメリットもない。ちょうどその頃、山名惣領家家中においては重臣層の対立が激化しており、豊数を後見する山名惣領家の混乱に乗じて、高信は豊数および山名惣領家からの自立を図ったのではなかろうか。高信には自らが毛利氏から高く評価されているとの自負があり、豊数からの自立を図っても毛利氏

武田高信――又五郎

因幡武田氏略系図

から攻撃されることはないと確信していたことも、その背景にあったと推定される。

因幡随一の領主へ

永禄七年(一五六三)七月二十二日、高信は豊数の籠もる鹿野城に攻撃をかけ、勝利をおさめた。この合戦には、毛利氏に従う伯耆国人南条宗勝のほか、山田重直《やまだしげなお》、さらに毛利氏からの援軍小寺元武《こでらもとたけ》らが参加しており、この時点における毛利氏は明確に高信を支援している。一方、山名惣領家の祐豊《すけとよ》(宗詮《そうせん》)は私部《きさいち》(鳥取県八頭町)へ入城して、豊数を救援しようとしており、毛利氏と山名惣領家は対立状況に至っている。毛利氏は懸案の対尼子氏戦において、尼子氏の居城富田城《とだ》(島根県安来町)を孤立させることにほぼ成功しており、山名惣領家との関係に配慮する必要性が乏しくなっていた。

八月に入ると、但馬山名勢が徳吉《とくよし》(鳥取市)に布陣して、大坂や宮吉《みやよし》(いずれも鳥取市)へ進攻する動きをみせた。この動きは毛利勢による鳥取救援を阻止しようとしたものと考えられる。そこで、元就は毛利方の田公《たぎみ》氏を救援するため、山田・小森久綱《こもりひさつな》といった伯耆衆や小寺らを宮吉城などへ入城させて、但馬山名勢に備えた〔岡村二〇二二〕。九月一日には但馬山名勢が鳥取城に迫ったが、武田勢は敵数十人を討ち捕り、撃退に成功した。また、鹿野合戦における山田重直の戦功を賞する八月三日付け豊弘書状写〔山田家古文書〕には「詳しくは武田が申します」とあり、これ以前に高信が豊数の後継の因幡国主として、山名豊弘を擁立していたことが判明する。豊弘の出自は定かでないが、高信の傀儡にすぎなかったと推定される。

その後、九月二十二日、元就は「鳥取〔高信〕が同意しなくても、言い放つわけにはいかないので、もう少し時間をかけようと思います」と記している〔久芳家文書〕。高信へ同意を求めた内容は明記されていないが、同月二十八日、元就は小寺・久芳に対して「但馬〔山名惣領家〕と鳥取〔高信〕との和睦について申し聞かせた内容をよく申し開きするように」と命じており〔久芳家文書〕、山名惣領家との和睦を指すと考えられる。また、元就の仲裁に高信が難色を示したこともうかがえる。同日付けの元就書状写〔譜録〕によると、「武田がこちらの意見に従って下城すること」が和睦の条件の一つとなっており、和睦交渉が進む中でも高信は戦闘態勢をとり続けていた。

このような状況をみると、高信は狭義の毛利氏家中には包摂されていなかったといえよう。また、永禄八年正月付けで高信は山田重直に対して「伯耆国が私の思い通りになりましたら、日置郷〔鳥取市〕五百石を進呈します」と約束していることも、高信の自律性を示すものである。一方で、十月以降、戦闘はみられなくなる。永禄八年初頭になっても山田重直が高信の合力として相屋城〔鳥取市〕に在番するなど、高信と山名惣領家との対立が完全に解消されたわけではなかったが、毛利氏が山名惣領家との融和方針を採った以上、高信がそれに反する行動をとることは難しかった。高信と毛利氏との関係は、毛利氏を上位者とする同盟的関係だったと評価できる。

尼子氏再興活動との戦い

永禄十二年（一五六九）六月、山中幸盛《やまなかゆきもり》らが尼子勝久《かつひさ》を擁立して挙兵し、出雲国へ乱入した。高信はこの挙兵への対応として、まず、尼子氏再興活動を支援する山名祐豊による補給を断つため、諸寄《もろよせ》（兵庫県新温泉町）における敵船の遮断を行った。一方、毛利勢の北部九州への進攻に南条氏らが従軍している隙に、尼子勢が伯耆国へも乱入して伯耆国諸城を占領したが、同じ頃、因幡国においても私部の毛利信濃守・矢部《やべ》・丹比《たじひ》・井田《いだ》・用瀬《もちがせ》といった内陸部の国人領主層が尼子氏やそれを支援する山名祐豊に荷担して、毛利方の因幡国人はほぼ高信のみという状況に陥っていた。

永禄十三年二月七日付けで小早川隆景が湯原元綱《ゆはらもとつな》（その当時、鹿野城在番と考えられる）に発した書状〔萩藩閥閲録〕には「今は、伯耆国境への高信の進軍が最も重要です」とあるように、伯耆国における劣勢回復には、高信による伯耆国への救援が不可欠であったが、因幡国における反毛利派の鎮圧に精一杯で、すぐに救援に向かえる状況にはなかった。三月には、吉川元春《きっかわもとはる》が鹿野城に籠城していたと考えられる湯原元綱に対して「岩倉城《いわくら》（鳥取県倉吉市）・八橋城《やばせ》（同琴浦町）についてはまだ持ち堪えているとのことです。そこで、武田勢の救援について引き続き要請しています。あなた様も高信に同道されるとのことで、適切です」という書状〔萩藩閥閲録〕を発しているが、結局、この年に高信が伯耆国へ出兵することはなかった。元亀二年（一五七一）には、岩倉城・八橋城はいずれも尼子方となっており、高信の救援がなかったことも影響して、両城は前年三月以降に陥落した。

しかし、元亀二年になると、南条氏のほか、出雲国内で戦っていた杉原盛重《すぎばらもりしげ》が出雲戦線の好転にともない伯耆国内の尼子勢の放逐に注力した結果、毛利方が優勢になっていった。因幡国においても尼子方の荒神山城《こうじんやま》（鳥取市）を山田重直らが五月に攻略しているが、高信は荒神山に在城していた矢田を討ち漏らしたことについて情けないと元春へ報告しており、武田氏による因幡国内の尼子方掃討は進展していたことをうかがわせる。そこで、元春は七月十日付けで山田重直に対して「寺内城《てらうち》（米子市）の攻撃に関連して、南条宗勝と話し合って高信の八橋方面への進攻をお頼みしたいと、吉田から輝元の直書で依頼されました」「宗勝と話し合って、高信が出兵するように取り仕切ることが最も重要です」と指示して、八橋城奪回に向けての武田勢の出兵を要請した。吉川勢による寺内城攻撃と同時に、高信と宗勝・重直らが八橋城を攻撃して、尼子方の拠点を一気に殲滅しようという作戦である。

結局、八月には毛利勢が八橋城の奪回に成功し、尼子氏再興活動はいったん終結した。八橋城奪回における武田勢の働きは定かでないが、因幡・伯耆国における尼子氏再興活動の鎮圧において高信の果たした役割は大きく、高信の威勢は高まった。

高信の死

再興活動に失敗した尼子勝久や山中幸盛は但馬国へ逃れ、山名惣領家に庇護されたが、毛利氏と対立関係にあった大友宗麟《おおともそうりん》の策動によって、尼子氏残党やそれを庇護する山名惣領家に加えて、美作国の三《み》浦《うら》氏、備前国の浦上《うらがみ》氏らによる毛利氏包囲網が形成されたため、元亀三年（一五七二）八月、毛利氏は高信に対して美作国への出兵を要請した。ところが、高信の美作国出兵には解決しなければならない問題が横たわっていた。第一に、因幡・美作境目地域の国人草苅景継《くさかりかげつぐ》と高信の不仲を解消する必要があった。草苅氏も毛利方の国人であったが、高信が美作国へ向かうルートの一つに草苅氏領があり、このルートを通らないとしても、不仲を解消しない限り、留守中の不慮の事態を警戒する高信が出兵に応じない蓋然性が高かったからである。さらに、元亀三年に比定される三月十三日付け吉川元春書状写〔藩中諸家古文書纂〕に「（南条）宗勝と（武田）高信の和解について、少しでも意趣が残ると、美作方面への出兵が遅れます」とあり、高信は南条宗勝とも不仲になっていた。この不仲も高信が出兵に応じない要因になっており、毛利氏に荷担しているとはいえ、高信や南条氏、草苅氏といった有力国人は自律性を保っていたため、毛利方同士であっても信用できる状況にはなかったのである〔日置二〇一九〕。

このような不仲の要因は明示されていないが、所領争いではないかと推定される。尼子氏再興活動の鎮圧に功績のあった高信らは、自力で占領した地はたとえ以前の領有権が他家にあったとしても自領に組み込もうとし、それを強制的に配分する権限は毛利氏になかったと考えられる。つまり、高信は単なる毛利氏家臣ではなく、ある程度広域的な地域を支配する戦国領主に成長していたが、元亀四年以降、その動向が不明確になる。高信の死については、『因幡民談記《いなばみんだんき》』の叙述が通説とされてきた。それによると、天正元年（一五七三、元亀四年）の甑山城《こしきやま》（鳥取市）の戦いにおいて尼子勢に敗北して、鳥取城を山名豊国《とよくに》に奪われ、天正六年八月、大義寺《だいぎじ》（鳥取市）において豊国に謀殺されたという。一方で、元亀四年に比定される五月四日付け隆景書状（萩藩閥閲録）に「因幡の武田が思いがけないことに死んだとのことですので、因幡国は混乱しているので、伯耆国へも波及すると思われます。そうすると、「雲伯諸牢人（尼子勢）」が集結して、出雲国においても合戦になるでしょう」（萩藩閥閲録）とある。伝聞情報であるため、誤報であった可能性も皆無ではなく、これ以降の次のような史料を根拠に、高信が生存していたとする説もある〔小坂一九七三、高橋一九九三〕。

①天正三年に比定される三月七日付け塩冶高清《えんやたかきよ》（但馬国人）書状（吉川家文書）および八月二十八日付け・九月二十五日付け隆景書状（山田家文書）にみられる武田又五郎は高信を指す。

②天正四年五月十八日付け元春書状写（萩藩閥閲録）に「武田右衛門が織田信長と内通したとのことで、山名豊国が切腹を申し付けた」とあり、武田右衛門は高信を指す。

しかし、近年、次のような見解が示された〔長谷川二〇〇三〕。①の塩冶書状には「高信が格別に（毛利氏のために）活動してきたという由緒ですので、又五郎に跡目を安堵していただけると本望です」とある。したがって、すでに高信は死没しており、塩冶に庇護されてい

武田高信の墓　鳥取市・大義寺

た又五郎を高信の後継者として承認してもらえるように要望したものである。②の右衛門の実名は武田豊信《とよのぶ》で、この書状は天正五〜七年に比定される。

したがって、高信の死は元亀四年四月頃と推定される。高信の死因は不明であるが、少なくとも隆景は、尼子氏再興活動との関連を疑い、鳥取城は久芳賢直が在番することとなり、五月初旬には、尼子勢の進攻に備えるために賢直の子元和《もとかず》も派遣された。また、杉原盛重や南条氏にも加勢が要請されている。

高信死後の因幡武田氏

予想どおり、六月初め頃、山中幸盛らが但馬国から因幡国へ進攻し、各地の城を占領した。高信「老中」は尼子氏の占領した小幡・姥城（鳥取県八頭町）を攻撃するなどの反撃を試みたが、尼子氏は伯耆の日野《ひの》衆や美作の牧尚春（三浦氏重臣）らと連携し、また、隠岐から尼子勝久が渡海するなど、勢いを増していった。八月頃には、鳥取城に尼子勢が迫る状況に陥り、九月初めには、伊田（井田）・用瀬といった国人領主層が尼子氏に荷担している。伊田・用瀬は第一次尼子氏再興活動においても尼子方に荷担し、その後、毛利方に転じていたのであるが、再び離反した。毛利氏による因幡国支配は、高信らを通した間接的支配にすぎず、毛利氏権力が在地にまで浸透していなかったため、高信を失うと、毛利氏から離反する動きを留めることは難しかった。九月半ばまで尼子勢の進攻に耐え、毛利勢の救援を待っていた鳥取城であったが、毛利勢の救援は到来しなかった。その結果、九月下旬、高信「家中衆」は尼子氏へ降伏して、鳥取城は尼子方へと転じ、山名豊国が入城した。

一方、天正三年（一五七五）頃のものと推定される七月三日付け山田重直宛て元春書状〔山田家文書〕に「そちらへ武田又五郎殿が下向されたことについて、皆様方が格別に心配りされたと、こちらへやって来た武田丹後守から聞きました」とある。また、二月二十四日付け垣屋豊続《かきやとよつぐ》（但馬国人）書状〔吉川家文書〕には「武田徳充丸の処遇について、以前から何度か申し入れましたが、徳充丸の父高信の毛利氏に対する忠義は明白なので、ぜひとも（徳充丸を）武田家の家督に据えて親しくしていただきますと、私にとってもありがたい心遣いとなります」とある。前掲①もあわせて推定すると、豊国の鳥取入城後、高信の子徳充丸（のち、又五郎に改名）は山名氏に預けられ、塩冶高清に庇護されていたが〔岡村二〇二二〕、天正三年の山名惣領家と毛利氏との同盟成立にともない、毛利氏によって高信の後継者と認められて、毛利氏領国へ下向したと考えられる。

なお、垣屋書状には「武田助五郎は思いがけない事態となりましたので、今、武田家の家督を継承する候補者は徳充丸のほかにいません」とあることから、徳充丸と又五郎は同一人物であると推定される。また、天正四年に切腹に追い込まれた武田右衛門豊信については又五郎と同一人物とは考え難い。さらに、豊国が関ヶ原合戦後に領主となった七美《しつみ》山名家の家中に武田太郎右衛門助信《すけのぶ》がみられる。徳充丸・又五郎と同一人物の可能性もあるが、天正八年の羽柴秀吉による鳥取攻略後に織田方に荷担して因幡国に留まっていた武田家の人物として、秀吉から「その地に残して在城させていた武田源三郎の家中に離反の噂がありますので、誠実ではありませんが、その身のためですので、出陣するときには少しの間、確実な人質を徴収して、若桜城にでも置きなさい」とされている武田源三郎がみられる〔亀井家文書〕。この人物が助信という可能性もあり、確定できない。

いずれにせよ、毛利氏に荷担することによってある程度広域的な地域を支配する戦国領主にまでのしあがった因幡武田氏は、高信一代限りで戦国領主の座を失ったのである。

（光成準治）

【主要参考文献】

岡村吉彦「因幡国の戦国争乱と鳥取城」（中井均編『鳥取城』ハーベスト出版、二〇二一年）

倉垣康一「戦国期因幡武田氏の権力形成過程と家臣団構造」（『鳥取地域史研究』一三、二〇一一年）

小坂博之『山名豊国』（一九七三年）

高橋正弘『山陰戦国史の諸問題』（一九九三年）

吉川経家——名誉の切腹を遂げた悲劇の名将

石見吉川家と鳥取入城前の経家

石見吉川《きっかわ》家は、安芸国大朝《おおあさ》庄（広島県北広島町）の地頭職を相伝した吉川家の庶家である。吉川経高《つねたか》の子経茂《つねしげ》のときに惣領家から分出した。経茂の妻良海《りょうかい》が石見国人永安《ながやす》氏の娘であったことから、良海の所領石見国津淵《つぶち》村（島根県大田市）は、良海娘を経て、経茂の子経兼《つねかね》に相続されていた。その後、経兼の子経見《つねみ》が吉川惣領家を継承すると、津淵村は良海娘とその夫吉川経任《つねとう》との間の子孫に継承され、この系統は石見国を地盤とする惣領家から自立した家として活動していった〔原二〇一三〕。つまり、石見吉川家は安芸吉川氏の家臣ではなく、独立した石見国人だったのである。例えば、天文二十三年（一五五四）の毛利《もうり》氏と大内《おおうち》氏との断交にともない、毛利元就《もとなり》の次男元春《もとはる》が家督継承していた吉川惣領家も大内氏から離反したが、経家《つねいえ》の父経安《つねやす》は引き続き大内義長《よしなが》に従っている。その後、毛利氏に従ったものの、元春の家臣になったわけではない。

経家は天文十六年生まれ。幼名は鶴寿。永禄三年（一五六〇）に元春の嫡子元資《もとすけ》（のちの元長《もとなが》）の加冠《かかん》によって元服して、小太郎経家を称した。また、永禄十一年には、元資から官途名式部少輔を与えられており、石見吉川家は毛利氏に従属する国人であったが、経家個人は元資と強い絆で結ばれていた。天正二年（一五七四）に父経安から所領を譲与されており、家督を継承したと考えられる。しかし、天正四・五・八年の元春・元長による所領宛行の宛先はすべて経安であり、経家の家督継承によって経安が完全に隠居したとはいえない。

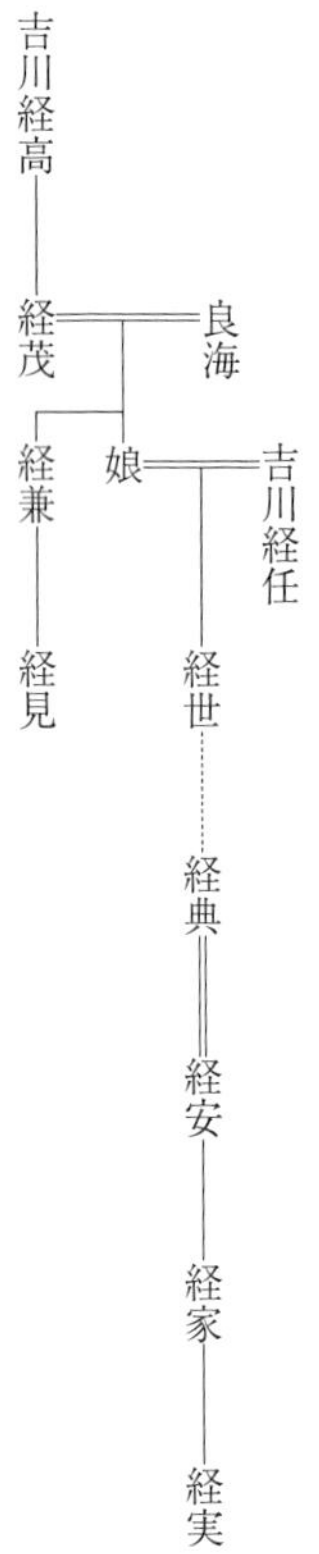

石見吉川家略系図

経家鳥取入城の経緯

羽柴秀吉による第一次因幡進攻によって、天正八年（一五八〇）六月、毛利方であった鳥取城の山名《やまな》豊国《とよくに》は織田権力に服属した。しかし、因幡・但馬国仕置を終えて秀吉が姫路へ引き揚げると、吉川元春は益田《ますだ》・小笠原《おがさわら》・佐波《さわ》といった石見衆を動員して、伯耆国へ進攻して南条《なんじょう》氏の羽衣石《うえし》城（鳥取県湯梨浜町）を包囲した。九月一日には秀吉家臣亀井《かめい》茲矩《これのり》が守備する鹿野《しかの》城（鳥取市）近郊の加知弥《かちみ》神社に元春が社領を寄進しており、因幡国へ進攻する姿勢もみせていた。その結果、織田権力にほぼ掌握されていた因幡国において大きな動きが起こった。

九月二十六日付け元春書状写〔藩中諸家古文書纂〕に「因幡国について、先ごろから事情を言ってきました。内通のはかりごとをしたところ、豊国家中の中村春続《なかむらはるつぐ》、森下道誉《もりしたどうよ》をはじめとして主だった者がこちらの一味となって、九月二十一日に豊国を城から追い出して、鳥取城を無条件でこちらへ引き渡すと言ってきましたので、市川春俊《いちかわはるとし》・朝枝春元《あさえだはるもと》のほか兵五・六百を送り、鳥取城を請け取りました。鹿野城について昨日二十五日に到来した様子は、城内の鹿野という武将のほか数勢がこちらの一味になって退城し、羽衣石城と鹿野城の間の荒神山《こうじんやま》という格別に要害となる山を占拠して在城しています」とある。中村・森下をはじめとする豊国家臣の毛利氏への内通によって、鳥取城は再び毛利方へと転じ、鹿野城においても在地領主層が毛利氏に通じて、亀井を孤立状態に追い込んだ。もっとも、「(鹿野も)一両日のうちに決着するでしょう」〔藩中諸家古文書纂〕という元春の見込みは外れ、亀井も持ち堪えた。

秀吉は亀井を救援するために、十月初頭には宇喜多《うきた》勢を美作口から進攻させることを企図するとともに、おそらく但馬口からも兵を送り込んだと考えられるが、秀吉の出馬はなく、寡兵であったため、織田権力による鳥取城の奪回は進まなかった。そこで、秀吉は十二月、亀井に対して、来春には信長自身が西国へ出馬すること、その先陣として秀吉が出陣することを告げた。また、その書状〔牧文書〕には「武田家中の者四人の考えについては聞き届けました。疎かにする気持ちはありません。来春の進攻の際に、知行などを与えます」とある。武田高信《たけだたかのぶ》の死後、豊国によって切腹に追い込まれた武田右衛門の旧臣を秀吉は味方につけた。加えて、天正九年正月には宮吉《みやよし》城(鳥取市)の田公《たぎみ》新介も毛利氏から離反して、西因幡と鳥取を結ぶ内陸部の交通路が遮断された〔岡村二〇二二〕。このようにして、秀吉は鳥取城攻めの準備を進めていた。

経家の鳥取入城

一方、毛利氏にとって天正八年（一五八〇）末時点における主戦場は、美作国祝山城（岡山県津山市）をめぐる宇喜多勢との攻防、および羽衣石城の攻略であり、因幡国への大規模な派兵は、祝山城を守り抜き、羽衣石城を陥落させない限り、困難であった。そこで、鳥取城番として派遣されることになったのが経家である。天正九年に比定される正月六日付け元春書状（吉川家文書）に「経家が恩賞のことについて難しいことを言っているのですか」とあり、経家が鳥取城番を受諾するに当たり、過大な恩賞を要求したことがうかがえる。危険な任務であることを認識していたためと考えられる。

鳥取城跡　鳥取市

同書状には「元康《もとやす》を派遣することは、別便で言ったように、輝元《てるもと》の了解がないと、実現できないことです」「安芸国から鳥取在番になることは、相当に遠隔の地だと思われているとのことです」とあり、出雲国真山《しんやま》城（あるいは末次《すえつぐ》城、いずれも松江市）を居城とする毛利元康（元就八男）の派遣に輝元は消極的で、安芸国からの出陣も忌避されていた。同書状に「鳥取への玉薬・兵粮について、精一杯努力して申し付けるようにと私は言っているのですが、因幡国には兵粮が予想外に無く、思うようになりません」とあるように、鳥取城守備における困難性は明白であり、引き受ける人物は容易に見つからなかったと推定される。そこで、伯耆・因幡戦線を統括する吉川氏の同族で、吉川元長と特別な絆で結ばれた経家に要請することとなったのではなかろうか。

あわせて、経家個人はともかく、経家とともに赴く石見吉川家家臣団の納得を得るための恩賞が必要とされ、結局、正月十四日付けで元春・元長は六百石の恩賞を約束した。しかし、その恩賞は因幡国における給付であり、秀吉勢に勝利しない限り獲得できないという厳しいものであった。ゆえに、経家は二月二十六日、出立に当たって「討ち死にする覚悟である」として、嫡子亀寿丸への所領譲状を作成したのである。

経家は船で因幡国へ向かい、三月十八日、鳥取へ入城した。鳥取城に在番していた毛利勢はことごとく千代川《せんだいがわ》の河口賀露《かろ》（鳥取市）まで迎えに赴き、因幡衆については、各家からの迎えの家臣が城の麓で出迎え、登城すると、それぞれの使者が訪れ、当主とは翌日に対面するという歓待ぶりであった。このような歓待に感激したのか、経家は入城の翌々日、「因幡国へ赴いたことは、世間への聞こえ、場所、城の立派さ、歴々の中から選ばれたこと、すべてこれ以上は望むこともないほどのことです」「日本でも有名な名城鳥取に籠もって、毛利家の役に立ち、名誉を後世まで残すことは、昔から未来に至るまで、これ以上の大きな望みはありません」と記している〔吉川家文書〕。

経家の認識

五月十六日・十九日付け経家書状〔吉川家文書〕における経家の認識をみてみよう。

一、羽衣石から逃亡してきた落人の情報によると、（羽衣石には）兵粮がないとのことです。南からの兵粮搬入を計画しているとの噂です。どうするのでしょうか。

一、鹿野城にもまったく兵粮がないとのことです。こちらは船で兵粮を搬入するとのことです。但馬国の港まで船が下向してきたとのことで、それが兵粮船ではないかとのことです。

一、伯耆国における合戦が夏の間に決着して、勝利を収めれば、秋に織田勢が下向することはないでしょう。お味方の数ヶ所の要害への通路を開いて、軍勢や兵粮を搬入することが最優先です。羽衣石・鹿野への軍勢の入城や、兵粮の搬入についてはどこからも可能な状況にはありません。今こそ、こちらがどちらにでも攻めかかれば、ご勝利は目前であるのに、毛利氏にはやることが多く、進攻が遅延しています。

一、私部《きさいち》へ先ごろ但馬国から兵粮を三十程度搬入しました。この結果、逆に弱体化したとのことです。今年の春以来の疲弊に対して（搬入された兵粮は）わずかに過ぎません。

一、鬼ケ城《おにがじょう》（鳥取県若桜町）・雨瀧《あめだき》（鳥取市）・岩井《いわい》（鳥取県岩美町）のいずれも兵が少ないとのことです。これらの城にも兵粮がないとのことです。境目からしきりに情報が入りました。敵方の状況は詳しく聞いています。

一、鳥取については、加勢に来た衆、因幡国人衆をあわせると、千程度おります。このうち、八百程度はしっかりと武装した兵です。時期がくれば兵を増強することは容易でしょう。今のままでも十分に持ち堪えることはできます。鉄砲・弾薬についても通常程度に補給されています。このような状況ですので、問題は兵粮のみです。このことのみをご本陣へお願いしています。たとえ織田勢が七月に進攻してきても、十月まで食い止めておけば、十一月からは大雪になるので、織田勢が活動できるのは三〜四ヶ月です。三〜四ヶ月程度であれば、兵粮を調達するのは簡単なことですから、きっとご油断されていないと思います。私の身については、来年の二・三月までは（鳥取に居る）覚悟です。来年の夏まで在番させられるのであれば、今年の冬からその覚悟をしますので、そちらにおける配慮をお頼みします。因幡国においては戦乱によって耕作がかなりできていないように見えます。しかし、米作りの盛んな国ですので、兵粮の調達は他国よりは容易だと思います。

相次ぐ戦乱に加えて、天正八年に因幡国へ進攻した秀吉勢が因幡・伯耆国において兵粮四千俵程度を徴発し、そのほか苅田も行ったために、毛利方の兵粮は五月・六月分も不足するという状況にあったが、兵粮不足は毛利方のみならず、織田方でも同様の状況であり、経家は雪が降るまで持ち堪えれば、勝利できると考えていた。

経家の情報収集能力

五月十六日・十九日付け経家書状には、織田方の動静も記されている。

一、宮部《みやべ》善乗坊《ぜんじょうぼう》や小一郎が近日中に但馬国へ下向してくるとのことです。

一、善乗坊や小一郎が但馬国へ来たと、先日からの噂です。先ごろの因幡・但馬境目からもたらされた情報では、但馬国七味《しつみ》（七美）郡へ、軍事行動を開始するので、十五～二十日分の用意をするように命じたようですが、何を思ったのか、延期になったとのことです。

一、山名禅高《ぜんこう》（豊国）から信長への報告の内容は次のとおりです。「鳥取の軍勢は現在少ないので、今、進攻を命じられますと、大勝するでしょう」と（禅高が）言上したところ、信長は「梅雨の間は（進攻を）延期する」と言ったと、京都方面からこちらへ情報が入りました。同様の情報が多く入っています。

一、少し前に、安土において不慮の事態が出来して、信長が取り乱しているとの噂があります。きっとそちらにも情報が入っているでしょう。

一、羽柴秀吉は堺に居るようです。今は近江国（長浜）に逗留しているとの情報もあります。いまだ、播磨国姫路方面へは下向していないと聞きました。

一、いろいろな噂がありますが、夏の間に織田勢が下向することはないのでしょうか。（私は）七月には下向してくると思います。たとえ、噂がないとしても、秋には合戦になるとご覚悟ください。

一、但馬国の港へ船が下向してきました。水軍の船でしょうか。そうでなければ、鹿野への兵粮船ではないかと噂しています。但馬国の港で塩を調達して、徐々に送るとのことです。

このように、経家は味方・国内の状況だけでなく、敵方の情報も詳細に入手している。なぜ、経家はこのように詳細な情報を知りえたのか。この書状の続きには「今月初めに伊勢神宮へ山伏を派遣しました。上方の情報を詳しく収集して下向するように申し付けました」とある。山伏は忍びの役割も担っていた。経家は彼らを使って情報を収集し、的確な分析を行ったうえで、勝利の可能性を感じていた。単なる決死の覚悟のみではなく、合理的な作戦によって勝利を導こうとしていたのである。

飢餓状態に陥った鳥取城

天正九年（一五八一）五月末、秀吉は六月二十五日に軍事行動を開始すると亀井に告げ、実際に、六月二十七日、但馬国七味郡の一揆を鎮圧するために出兵した。但馬七味一揆を鎮圧した秀吉勢はそのまま因幡国へ進攻し、七月十二日には鳥取城北東のいわゆる太閤ヶ平《たいこうがなる》へ布陣した。秀吉勢は鳥取城の周囲に砦を十四〜五つも構築して、鳥取城を包囲した。

鳥取城以外に毛利方が押さえていた拠点は、鳥取と賀露の中間に位置する丸山城《まるやま》（鳥取市）と、因幡国吉岡庄《よしおか》（鳥取市）を本拠とする国人吉岡安芸守の居城亀山城《かめやま》（鳥取市）。丸山城には吉川氏家臣山県春《やまがたはる》佳《よし》や、但馬国人塩冶高清《えんやたかきよ》、奈佐《なさ》日本助らが入城していたが、兵力に勝る秀吉勢との正面衝突は不利であり、また、十一月まで持ち堪えれば、兵粮不足や雪の影響で秀吉勢は退却を余儀なくされ、勝利できるという経家の戦略に則り、いずれの城も籠城を選んだ。しかし、経家の戦略が成功するためには、味方からの兵粮補給が絶対条件であった。経家とともに籠城した因幡国人衆も、兵粮は毛利氏から支給されるものと認識していた。

織田方も兵粮が勝敗を決すると認識しており、羽衣石城の抵抗によって、陸路からの補給の制限に成功している現状において、海上からの補給遮断に狙いを絞ったのである。丹後国を領有する長岡藤孝《ながおかふじたか》の配下松井康之《まついやすゆき》が丹後水軍を率いて来襲し、七月半ば、賀露へと到達、その後、賀露港を占拠した。この結果、七月二十二日に丸山城への兵・兵粮の搬入に成功して以降、毛利方による兵粮搬入の事例はみられなくなる。丹後水軍は九月半ばには毛利方の船六十五艘の停泊していた泊《とまり》城（鳥取県湯梨浜町）を攻撃して、船を焼き払い、同月下旬には因幡・伯耆境目の沿岸部へ進んで、毛利方の船を潰滅させている。一方、毛利方は石見国において船を調達しようとしたが、思うように船を入手することができず、因幡方面へ送った船はわずかであり、その船も丹後水軍によって撃破されたと考えられる〔岡村二〇〇七〕。

このような織田方の交通・輸送路遮断によって、毛利氏からの兵粮の補給や援軍は困難となり、毛利氏からの在番衆四百のほか数千の籠城兵は八月半ばには「日々餓死している」という状態に陥った〔沢田義厚氏所蔵文書〕。なお、亀山城に籠もった吉岡氏は七月十九日、九月七日の戦闘のいずれにおいても秀吉勢を撃退していたが、局地戦にすぎず、包囲を厳重にして飢餓に追い込む秀吉の戦略に大きな影響を与える勝利ではなかった。

経家切腹

九月末には経家が自らの切腹と将兵の命乞いを秀吉に申し出るほど〔古案〕、飢餓状態は切迫していたが、秀吉は経家の申し出を拒絶した。織田権力を裏切った中村・森下ら豊国旧臣を処罰することによって、今後、織田権力から離反する者が出ないようにする必要があったからである。その結果、籠城兵はさらなる飢餓に陥り、降雪の時期まで間もないにもかかわらず、十月下旬、経家のほか中村・森下・塩冶・奈佐らの切腹を受け入れ、開城することとなった。

吉川経家銅像　鳥取市

二十四日付けで経家が元長の弟経言《つねのぶ》（のちの広家《ひろいえ》）に宛てた書状〔吉川家文書〕に「切腹することは末代までの名誉だと思います」、二十五日付けの父経安に対する書状〔吉川家文書〕には「今や兵粮が無くなったので、私一人が切腹して、他の将兵の命を救います。このような巡り合わせで、石見吉川家にとっても名誉なことです」とある。このようにして、十月二十五日、経家は「名誉」の切腹を遂げた。享年三十五歳。

元春や元長も経家の忠心を称賛し、その死は名誉なものとして毛利氏において後世まで伝えられたが、実際には、経家は捨て石にされたのである。毛利氏中枢（とくに輝元）にとって、因幡国を織田権力に奪われることは許容範囲内であったと推定される。天正九年の毛利氏は、岩屋城など美作国西部の宇喜多方諸城の攻略、宇喜多氏に従属していた伊賀《いが》氏の調略、備前・備中境目地域における宇喜多氏の拠点忍山《しのぶやま》城（岡山市北区）の攻略など、「南表」戦線を優先しており、鳥取城救援の優先度は低かった。しかし、毛利氏に荷担する領主層を見捨てないという姿勢も示す必要があった。さしたる対策をとらずに見捨てた場合、その後、毛利氏に荷担しようとする者がなくなるのみならず、領国内の領主層のさらなる離反を招くことは明白であった。吉川元春と同族の経家は、毛利氏中枢の近親者に犠牲を出すことなく、かつ、荷担した領主層を救うために犠牲となる人物として最適だったのである。

（光成準治）

【主要参考文献】
岡村吉彦『鳥取県史ブックレット1　織田vs毛利―鳥取をめぐる攻防―』（鳥取県、二〇〇七年）
岡村吉彦「中世西因幡海岸平野の景観復原と地域領主」（『鳥取地域史研究』二四、二〇二二年）
原慶三「益田氏系図の研究―中世前期益田氏の実像を求めて―」（『東京大学史料編纂所研究紀要』二三、二〇一三年）

浦上宗景――中国東部に覇を唱えた国衆

忠臣浦上氏

浦上宗景《うらがみむねかげ》は備前国を拠点とした国衆の一人である。浦上氏が備前国で大きな勢力を得た背景には先祖が守護代として現地支配に大きく関与したことがあげられよう。さらに、宗景の父である村宗《むらむね》は主君である赤松《あかまつ》氏を討ち破る、いわゆる下剋上を果たして台頭する。そこでまずは、村宗に至るまでの浦上氏の履歴を紹介したい。

浦上氏は、播磨国浦上庄《うらかみのしょう》（兵庫県たつの市）に出自を持つという。そのため、名字の読みに関しては、「ウラカミ」や「ウラガミ」とも言われている。一方で、同時代の人は「浦上」を「ウラカベ」と発音したようである。室町末期に興福寺《こうふくじ》の僧侶が著した『習見聴諺集《しゅうけんちょうげんしゅう》』に記載される武家の名字の一覧には「浦上」に「ウラカヘ」というフリガナが付されている。また、「裏壁」＝「浦上」を指すとみなせる史料もいくつか確認されているため、当時は「ウラカベ」と発音していたのであろう〔清水二〇二二〕。

さて、同時代史料による浦上の初見は、正和五年（一三一六）に推定される「摂津多田院塔婆供養《せっつただいんとうばくよう》注記《ちゅうき》」に新田政所として記される「浦上孫左衛（門脱カ）入道覚恵」である。さらに、暦応二年（一三三九）には、広峰《ひろみね》神社別当《べっとう》の所領である土山庄萩原村（兵庫県加古川市）の地頭職を「浦上孫三郎」が押妨《おうぼう》したため、播磨国守護の赤松則村《のりむら》（円心《えんしん》）を介して止めさせるように命令が出ている。このように、浦上氏は十四世紀初頭に登場し、播磨国守護である赤松氏の影響下において播磨国周辺地域で勢力を伸ばしていったようだ。

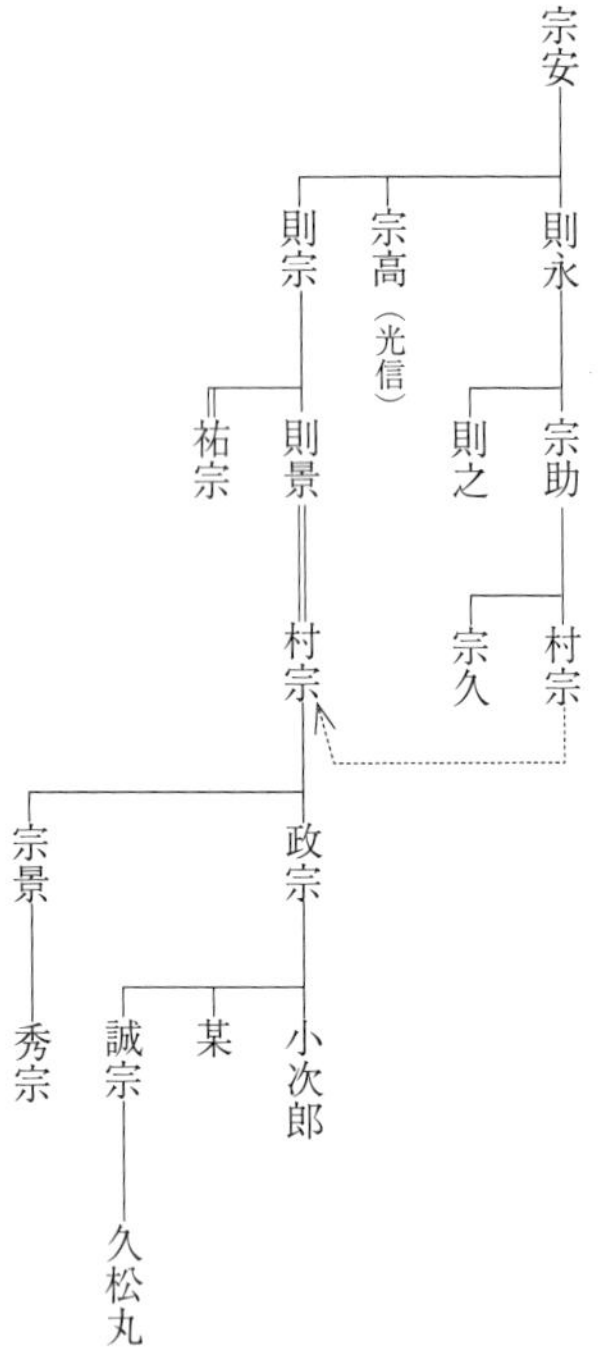

浦上氏略系図

貞治四年（一三六五）二月に、赤松則村の後継者である則祐《そくゆう》が備前国守護となると、浦上氏は備前国守護代となって現地支配を担当した。その初見は貞治六年十一月に確認される浦上行景《ゆきかげ》である。その後は、宗隆《むねたか》や助景《すけかげ》が後を継いだとされる。また、明徳三年（一三九二）に赤松氏が美作国守護職を付与されると、応永七年（一四〇〇）・同二十一年に守護代としての浦上氏の活動が看取される。したがって、浦上氏は守護代としての活動を梃子として、赤松氏領である備前・美作地域に影響力を及ぼしたといえよう。

この時期の浦上氏は、赤松氏に尽くす忠臣としてのエピソードが確認できる〔清水二〇二一〕。応永三十一年三月に開催された酒宴の場で、赤松氏一族の赤松義雅《よしまさ》が室町幕府近習の安藤《あんどう》某を刺殺する事件が発生した。安藤の同輩たちは、加害者である義雅に対して集団報復を起こそうとした。これに対して、「室町殿《むろまちどの》」足利義持《あしかがよしもち》は集団報復を抑止する一方で、加害者である赤松義雅に「切腹」を命じた。ところが、義雅は事件の直後に失踪したため、代官として赤松氏被官の「裏壁」なる人物が切腹することに決まった。「裏壁」の家では出家している父親が切腹するか、いまだ十代の子息が切腹するか揉めた挙げ句、子息が切腹して果てたという。浦上氏が「ウラカベ」と呼称されたことは前述したが、この「裏壁」こそが浦上氏に比定されており、主家のために切腹して果てた凄まじい忠誠心を持つ忠臣としての姿が看取できよう。

嘉吉元年(一四四一)六月には、赤松満祐《みつすけ》が室町幕府将軍足利義教《よしのり》を討ち取る嘉吉の乱が勃発する。義教を殺害した満祐は自邸を焼き払うと一門を引き連れて播磨国へ帰国した。しかし、山名《やまな》氏と細川《ほそかわ》氏を中心とする幕府軍の侵攻を受けて自刃し、赤松氏の家名は一時途絶えた。ところが、嘉吉三年九月に、奥吉野《おくよしの》(奈良県)に潜んでいた後南朝《ごなんちょう》の源尊秀《みなもとのたかひで》らが後花園天皇《ごはなぞのてんのう》の内裏を襲撃し、三種の神器のうち神璽《しんじ》を強奪する「禁闕の変《きんけつのへん》」が起きる。この事件に苦慮した前内大臣三条実量《さんじょうさねかず》は①奥吉野の後南朝の末裔である一の宮・二の宮の討伐、②奪われた神璽の奪還を条件に赤松物領家の再興を赤松氏旧臣に約束した。

長禄元年(一四五七)に旧臣たちは、一の宮・二の宮の殺害と神璽の奪還に成功し、翌年八月に神璽を持って入京を果たした。この功績によって、同年十一月に赤松道祖松丸《さえまつまる》（のちの政則《まさのり》）が赤松家再興を許可され幕府に出仕した。そして、加賀半国の守護職に加え備前国新田庄・出雲国宇賀庄などを与えられると、政則の養育に貢献した浦上則宗《のりむね》が筆頭奉行人に任命されたという。寛正六年（一四六五）に政則は元服するが、その前後は実質的に則宗が執行していた可能性が指摘されている〔渡邊二〇一二〕。

応仁元年（一四六七）に応仁の乱が勃発すると、政則・則宗は東軍に属した。そして、西軍として敵対する山名宗全《そうぜん》に与えられていた播磨国・備前国などの赤松氏旧領を回復するために軍事侵攻を進めた。翌年には、幕府から侍所《さむらいどころ》の長官に当たる所司《しょし》に任命された。すると、則宗は、侍所所司代に任命されたといい、この時期に浦上氏台頭の基礎固めがなされたといえよう。なお、これ以降も赤松氏と山名氏両者の交戦は継続された。

明応五年（一四九六）四月に政則が死去すると、政則の娘と婚姻した義村《よしむら》が家督を継承した。それと同時に、義村への権限集中を則宗が企図した。これが他の家臣の反発を招き、同七年八月には播磨国内において「東西取合」と呼ばれる合戦に発展した。さらに、同年十一月には則宗と赤松氏有力家臣である小寺《こでら》氏・小倉氏などの確執を原因とする合戦が勃発した。この合戦は則宗劣勢のまま進み、翌年三月には数百人の戦死者を出したという。そのうえ、赤松氏内部では、当主義村を推戴する浦上則宗、播磨国北部に基盤を持つ赤松大河内《おおこうち》家、播磨国東部に基盤を持つ別所則治《べっしょのりはる》の三つに分裂した。この状況下で、則宗は義村とともに、置塩《おしお》城（兵庫県たつの市）に居を移すことになる。

村宗の下剋上

文亀二年（一五〇二）六月十一日に、則宗は七十四歳という天寿を全うした。則宗の長男則景《のりかげ》は早世しており、細川氏家臣である安富《やすとみ》氏から祐宗《すけむね》を養子に迎えて跡を継がせたが、文亀三年（一五〇三）には史料上の記録は絶えており、早世した可能性が指摘されている。さらに、その跡を継いだのが備前国守護代を務めた浦上宗助《むねすけ》の子息とされる村宗《むらむね》である。村宗は、浦上氏の家督でありながら、嘉吉の乱の際に出奔した浦上則永《のりなが》の孫に当たり、父である宗助は備前国守護代職を得て、備前国衆に強い影響力を有した。

浦上氏の家督を村宗が継承した確かな年代は不詳であるが、祐宗の活動が史料上消失する文亀三年以降であることは確かであろう。時期を同じくして室町幕府は大転換を迎える。永正四年（一五〇七）、室町幕府管領として十一代将軍足利義澄《よしずみ》を支えた細川政元《まさもと》が暗殺された。これにともない、義澄に将軍の地位を追われ、周防国大内氏のもとに身を寄せていた前将軍足利義尹《よしただ》（義材《よしき》から改名）が上洛する。翌年正月に義尹は赤松氏に対して御内書《ごないしょ》を発給して味方となるように命じている。一方で、同年二月に足利義澄は義尹の軍勢を追い払うように義村に命じるとともに、浦上幸松・別所・小寺などの赤松家臣へも協力を求めている。この幸松が浦上村宗に比定されている。義尹と義澄の両陣営から誘いを受けた義村は、最終的には義澄に与することを決した。

三石城跡　岡山県備前市

ところが、義澄は近江六角《ろっかく》氏に身を寄せることになり、義尹が将軍に返り咲いた。義澄は、将軍復帰を企図するがなかなか叶わず、永正八年八月十四日に病死した。その死の数ヶ月前に当たる三月に義澄の子息義晴《よしはる》が誕生する。義澄を応援する赤松義村は義晴を播磨国に迎えて養育した。同年八月には、義澄方の細川澄元《すみもと》に従い、摂津国へ攻め込み、義尹や彼に与した細川高国《たかくに》・大内義興《よしおき》らは丹波国へと落ち延びた。しかし義尹らは、丹波国で態勢を整え、京への入り口に当たる船《ふな》岡山《おかやま》（京都市北区）で細川澄元の軍勢を討ち破り再度入京を果たした。同九年閏四月に義尹は敵対していた義村を赦免し、同年八月にはその御礼に浦上村宗が使者として上洛している。

播磨国支配を助けた村宗は徐々に義村から排除されたため、弟の宗《むね》久《ひさ》が守護代を務めた備前国に基盤を求めた。永正十六年に義村は村宗に謀反の嫌疑をかけて、村宗が拠る三石《みついし》城（岡山県備前市）を攻囲したが、翌年正月には兵を退いた。京都の公家三条西実隆《さんじょうにしさねたか》の日記には「浦上勝利」とあるため、単なる撤兵ではなく義村の敗北として広く知れ渡ったとみられる〔実隆公記〕。同年四月に再度義村は浦上氏配下の中村《なかむら》氏が籠城する美作国岩屋《いわや》城（同津山市）に攻撃を仕掛けるが、またもや惨敗した。すると、村宗は反撃に転じ、ここでも義村は敗北した。

浦上村宗の墓　岡山県備前市

村宗に何度も敗北を喫した義村は他の家臣たちからも見放されて隠居に追い込まれ、新たな当主として子息の晴政《はるまさ》が擁立されるに至った。村宗は、新当主を推戴するというかたちで下剋上を成し遂げたといえる。なお、義村は諦めることなく、同十八年初頭には再度村宗を攻撃するが遁走。播磨国内に潜伏したが、大永元年（一五二一）九月に死去したという。

さて、少し時を遡り、永正十八年七月には播磨国で養育していた足利義晴を連れて村宗が上洛した。京都では細川高国と対立した足利義稙《よしたね》（義尹から改名）が出奔したため、義晴を擁立させる意図があったという。大永二年正月に義晴は征夷大将軍に補任され、第十二代将軍に就任した。すると、翌三年六月に村宗は自ら申請して幕府から白傘袋《しろかさぶくろ》・毛氈鞍覆《もうせんくらおおい》を許可される。これは、主家である赤松氏と同格の待遇を企図したことを指すと指摘されている〔渡邊二〇一二〕。そして、十二月には赤松晴政の名代として浦上村宗が義晴に礼を述べるために上洛した。この上洛で村宗は義晴や細川高国と交流を持つなど、中央の権力とのつながりを有することになった。

晴政を推戴するかたちで村宗は播磨国支配を進めたが、義村の強い影響下にあった小寺村職《むらもと》が蜂起し、別所村治《むらはる》も小寺氏に合流し大規模な合戦へと発展した。ところが、大永二年に但馬国守護山名誠豊《のぶとよ》が播磨国に進軍してきたため、村宗と小寺氏・別所氏らは和睦を結び共闘した。翌年十月には山名氏を退けることに成功して、一応は播磨国に平和が訪れた。しかし享禄二年（一五二九）以降再び、別所氏・小寺氏らと村宗は対立し、播磨国内ではたびたび合戦が続いた。その後、細川高国の要請を受けた村宗は軍勢を率いて東上し摂津方面に進軍するとともに、小寺氏の居城を攻撃し落城させている。村宗を中心とした細川高国の軍勢は摂津国内を転戦し、対立する細川晴元《はるもと》の勢力と戦った。

翌年には、晴元から赤松晴政に対して村宗を裏切るように打診があったとされる。晴政は、六月四日に摂津国天王寺《てんのうじ》（大阪市天王寺区）に着陣していた高国と村宗を強襲。大敗北した村宗は敗走中に溺死し高国も自害した。晴政は英賀《あが》（兵庫県姫路市）を本拠にして執政を開始した。ところが、浦上氏残党との合戦はこののちも続くことになる。この村宗の次男に当たるのが宗景《むねかげ》である。

宗景と兄政宗との相克

村宗の死後に浦上氏の家督を継承したのは、次男である宗景ではなく、長男の政宗《まさむね》であった。政宗の生年は不詳だが、天文五年（一五三六）には「虎満丸」の幼名を称していたことが判明している。そして、天文九年ごろに元服して、政宗の実名を名乗ったとされる。

政宗は、幼少のうちに父村宗の跡を継ぎ、一族である浦上国秀《くにひで》の後見のもとで浦上家の立て直しを図った。例えば、享禄四年（一五三一）に、浦上家臣である中村助三郎に対して「兵粮料所《ひょうろうりょうしょ》」を国秀の名で預けている。ここから、国秀が幼少の政宗を支え、家臣を統制する体制であったことがうかがえる。天文五年ごろに、浦上氏は父の仇ともいえる赤松晴政との間で和睦を結んだ。その背景には、赤松氏の領国である美作国・備前国・播磨国に侵攻をもくろむ出雲富田《とだ》城（島根県安来市）主尼子詮久《あまごあきひさ》に対する共闘があったようだ。

実際に詮久は、天文七年に本格的に播磨国へ侵攻してきた。小寺氏・明石《あかし》氏など赤松氏傘下の諸氏の裏切りもあって赤松晴政は居城としていた置塩城を脱出し、流転の末に淡路国へと逃れた。天文八年八月に、阿波国の細川氏と三好《みよし》氏の援助を受けた晴政は明石（兵庫県明石市）に上陸し、明石氏の居城である明石城を攻撃したが、振るわず堺（大阪府堺市）へと落ち延びた。同年十一月に、晴政は「左京大夫」という官職を与えられ、将軍足利義晴の偏諱《へんき》を得た。右の官途は、これ以前から称していたが、幕府から正式に補任されることで、自らの権威を高めようと企図したのであろう。

天文九年段階でいまだ堺に滞在した晴政に代わり、政宗は播磨国内における合戦に対応し、現地の指揮官的な役割を果たした。なお、政宗は晴政から偏諱を与えられたといわれており、その時期は天文八年十一月から翌年にかけてではないかと推定されている〔渡邊二〇一二〕。これにより、政宗は父の仇である晴政の配下に入り、たびたび播磨国を不在にした晴政の支配を補完した。そのうえ、赤松氏の配下という位置を脱して、同盟者の位置に上昇したとも考えられている。ちなみに、備前国に関しては、守護職を有した晴政のもと、実質的な支配権は政宗が掌握していた。これは、父である村宗が有した備

天神山城跡　岡山県和気町

前地域への影響力を継承したものと評価されている。政宗は、播磨国西方の室津城《むろつ》（兵庫県たつの市）を拠点として播磨国西部から備前国にかけて勢力基盤を構築した。弟である宗景も、当初は政宗と共に室津城に身を置いたとされる。永禄年間初頭には、備前国内の交通の要衝である鳥取庄（岡山県赤磐市）を押さえると、龍ノ口城《たつのくち》（岡山市中区）の税所《さいしょ》氏や金川《かながわ》城（岡山市北区）の松田《まつだ》氏と婚姻や同盟を結んで指揮下に入れるなど、備前国南部から西部を掌握していた。

一方、弟の宗景に関しては、こちらもやはり生年不詳とされる。一時は、兄政宗と室津城に暮らした宗景は備前国天神山《てんじんやま》城（岡山県和気町）に拠点を移し、兄政宗と袂を分かつことになる。後世に編纂された「天神山記」によると、兄弟不和のために天文二年（一五三三）四月に室津城を出て、普請中であった天神山城へと移ったとされる。ところが、宗景の発給文書が確認でき、政宗から独立した領主権を確立したとみられるのは天文二十一年以降であるため、政宗と宗景とが対立するのは、天文年間後半のことと推定されている〔渡邊二〇一二〕。宗景が政宗と対立するころには、備前国東部を制圧するに留まる勢力だと考えられている。

宗景の居城となる天神山城は播磨国や山陽道、そして宗景の同盟者の居城を意識して新たに築城された。天神山城は、吉井川《よしいがわ》中流東岸の標高四〇九・二メートルの天神山にある。天文二十三年に推定される正月九日付で宗景が家臣牧《まき》八郎次郎に与えた感状には、「天神山取手普請」が完成する前に尼子氏の軍勢が攻撃を加えてきた際に籠城したとあるため〔東作誌〕、天文二十二年末から翌年にかけて完成した城とみられる。現在の遺構には、石垣や礎石が確認されており、堅固な城であった。

宗景と政宗とが対立した背景には、天文二十年以降に尼子氏の勢力が美作国・備前国方面に侵攻したことが関係していると考えられている。天文二十年に尼子氏と対立した周防大内氏の当主義隆《よしたか》が家臣である陶晴賢《すえはるかた》に討滅されると、出雲富田城主尼子晴久《はるひさ》は勢いを増した。さらに、将軍足利義輝《よしてる》から美作国など八ヶ国の守護職を得た晴久は各地に侵攻した。このとき政宗は、尼子氏と同盟を結ぶことで、備前国・美作国内に影響力を確保しようと企図した。一方で宗景は、尼子氏の侵攻に脅かされている美作国衆を指揮下に置いて政宗に対抗した。そして、尼子氏と対立する安芸郡山城《こおりやま》（広島県安芸高田市）主毛利《もうり》氏や、備中国衆である三村家親《みむらいえちか》と結びつくことで活路を見いだそうとした。こういった経緯を経て、同二十三年ごろには政宗・宗景の両者は決定的に決裂した。

同年八月には毛利氏が政宗と婚姻関係を結ぶ備前松田氏を攻撃した。さらに、毛利氏と結ぶ備中国衆三村家親の助力も得た宗景は政宗との戦いを有利に進めた。一方の政宗は、頼みの綱である尼子氏が毛利氏に対して劣勢が続いたため、なかなか援軍を得ることができなかった。そのうえ、永禄三年（一五六〇）十二月に晴久が富田城において死去したことを境に、尼子氏は徐々に衰退し始めた。これにあわせて、宗景が政宗の勢力を圧倒し、永禄六年には両者が和議を結んだという情報も出ている。ところが、翌年には龍野城主である赤松政秀によって、政宗は子息である小次郎と共に謀殺されたと伝わる。

兄政宗を圧倒した宗景は、播磨国内への侵攻を繰り返した。永禄十一年九月に宗景は備前国・美作国の軍勢を率いて龍野城主である赤松政秀を攻撃した。これに対して、政秀の娘を侍女に迎えようとした室町幕府将軍足利義昭《よしあき》は御着《ごちゃく》城（兵庫県姫路市）主小寺政職《まさもと》に対して、宗景の攻撃を止めるように命している。このような事態を受けて、義昭に協力する織田信長も干渉してきた。永禄十二年八月に、信長は宗景への攻撃を企図した。この攻撃には、宗景に付き従っていた宇喜多直家《うきたなおいえ》や三村元親《もとちか》（家親子息）も信長方として参加を予定していた。

宇喜多直家との対立と天神山城の落城

敵対関係にあった宇喜多直家と宗景とは、九州豊後の大名である大友宗麟《おおともそうりん》を介して和睦した。当時大友氏は、九州北部における主導権をめぐって毛利氏と対立関係にあった。そのため、宗景と結ぶことによって、毛利氏を挟撃しようと目論んだ。さらに、永禄十二年（一五六九）十月にはかつて敵対していた尼子氏の協力を得た宗景は毛利氏への攻勢に取りかかった。

他方、毛利氏と同盟関係にあった織田信長は宗景攻撃のために播磨国へ派兵を企図したが、進攻を中断して撤退した。そのうえ信長は、堺町人である今井宗久《いまいそうきゅう》を介して宗景を取り込もうと動いた。ところが結局、宗景は信長と対立する三好氏と協力する道を選択した。元亀二年（一五七一）五月には、三好氏が拠点を持つ阿波・讃岐の軍勢の協力を得て宗景は毛利氏の拠点がある備前国児島《こじま》（岡山県倉敷市）を攻撃している。その後、宗景は備前国・備中国を主戦場として毛利氏の軍勢と一進一退の攻防を繰り広げた。このとき、毛利氏は領国の西部において豊前大友氏とも戦っていたので、領国の東部での宗景らとの戦闘が重い負担となってのしかかっていた。それにより元亀三年十二月頃に和睦に至った。

天正元年（一五七三）十二月には、宇喜多氏が再び毛利氏に接近していった。この背景には、織田信長から宗景に「播備作之朱印」が与えられたことが大きく関係している〔吉川家文書〕。ここでいう「播備作之朱印」とは、播磨国・備前国・美作国を宗景が領有することを許可する織田信長の朱印状を指す。このことに大きな不安を抱いた宇喜多氏は、天正二年三月には宗景との訣別を標榜した〔原田家文書〕。

宗景は、毛利氏に対抗する備中三村氏や美作三浦《みうら》氏を自身の陣営に組み込みながら、毛利氏と結ぶ宇喜多氏との戦闘を繰り広げていた。ところが、天正三年五月に三村氏は毛利氏の前に敗北し、宗景は劣勢に立たされた。そのうえ、直家は宗景の兄政宗の孫である久松丸を新たな浦上家当主として推戴した。宗景との戦闘は、宇喜多氏有利に推移し、宗景の居城である天神山城は落城に至る。

天神山城が落城した年月には諸説ある。かつて有力視されていたのは、編纂史料である「備前軍記」に記載された天正五年二月や、同じく編纂史料である「天神山記」に記載された天正五年八月という説である。しかしながら、同時代史料に依拠した寺尾克成氏などの研究によって、現在では天正三年九月のことであったと考えられている〔寺尾一九九一〕。

天神山城から落ち延びた宗景は、織田信長と手を結ぶ小寺政職の御着城に身を寄せた〔花房家文書〕。天正四年十一月には、赤松氏・別所氏らとともに宗景は上洛して信長に礼を述べており、翌年の正月にも信長に対して年頭の挨拶を行うため上洛しているが、これ以降は信長との関係は見出せないという〔信長公記〕。

信長からの支援が途絶えたなかでも、宗景は独力での再起を企図していた。天正七年段階では、宗景とその後継者とみられる秀宗の発給文書が確認できる〔坪井文書〕。しかしながら、翌年までに両者の発給文書も消失するとされる。

その後の宗景の動向は不明な点が多い。「備前軍記」では天神山落城後に播磨国を経由して塩飽島《しわく》(香川県丸亀市)に渡り、備前国児島に城を築いたが、のちに宇喜多氏の攻撃を受けて死亡したと伝えられる。また、「天神山記」では、娘婿である黒田孝高《くろだよしたか》に迎えられて、その後継者である長政《ながまさ》の庇護を受け、慶長年中に没したと伝えられる。

(石畑匡基)

【主要参考文献】
岸田裕之「浦上政宗支配下の備前国衆と鳥取荘の遠藤氏」(同『大名領国の政治と意識』吉川弘文館、二〇一一年、初出

一九九五年）
清水克行『室町社会の騒擾と秩序』［増補版］（講談社学術文庫、二〇二二年）
寺尾克成「浦上宗景考―宇喜多氏研究の前提―」（『国学院雑誌』九二―三、一九九一年）
畑和良「浦上宗景権力の形成過程」（『岡山地方史研究』一〇〇、二〇〇三年）
渡邊大門『備前浦上氏』（戎光祥出版、二〇一二年）

宇喜多直家——毛利氏と織田氏の間で躍動する境目領主

祖父能家の台頭

宇喜多《うきた》氏は備前国東南部を根拠にした国衆に出自を持つ。宇喜多直家《なおいえ》は、毛利《もうり》氏と織田《おだ》氏との領国の境目で存した境目の領主として離反や迎合を繰り返し、戦いに明け暮れた。

そもそも宇喜多氏は、備前砥石《といし》城（岡山県瀬戸内市）を居城とし能家《よしいえ》の代に台頭する。能家の事蹟に関しては、その生前である大永四年（一五二四）に作成された「宇喜多能家画像」（岡山県立博物館所蔵）の賛《さん》に詳しい。この画像賛を分析した斎藤夏来氏の研究によると、賛の著者である九峰宗成は備前国守護であった赤松《あかまつ》氏被官に出自を持つ五山僧《ござんそう》と推測されている〔斎藤二〇一九〕。その縁から、赤松氏被官として備前国守護代を務めた浦上《うらがみ》氏の勢力下にあった宇喜多能家の画像賛を手がけたとされる。なお、画像賛には九峰が京都五山最高位である南禅寺《なんぜんじ》（京都市左京区）の住持に補任されたとあるが、語録を残すような代表的な高僧ではなかったと評価されている。

それでは、画像賛の内容について斎藤氏の研究に導かれながら確認していこう。まず、宇喜多氏のルーツは「百済王《くだらおう》」にあると記す。これは、能家本人が提供した「家牒《かちょう》」に基づく記載だという。この記述の信憑性は不明だが、宇喜多氏の先祖は海外交易に関与する商人的存在であった可能性が高い。能家の先祖である宇喜多五郎右衛門入道沙弥宝昌《しゃみほうしょう》が文明元年（一四六九）五月十六日付で西大寺《さいだいじ》（岡山市東区）に与えた寄進状から、宇喜多氏が「公方《くぼう》」の支配に属し、名主職を保持していたと判明する。さらに、翌年五月二十二日付で発給された宇喜多修理進宗家《むねいえ》渡状からは西大寺領に関して浦上氏らの指令を執行したことがわかる。ちなみに、「宗家」の実名は、浦上則宗《のりむね》など、浦上氏の通字である「宗」を偏《へん》諱《き》として付与されたと考えられている。

さらに、能家の本姓を「三宅《みやけ》」とし、「和泉守《いずみのかみ》」を称したとする画像賛の記述から、「三宅和泉守国《くに》秀《ひで》」との関連が想起されている。国秀は、備中国連島《つらじま》（岡山県倉敷市）の人物である。天文五年（一五三六、正しくは天文二年のことか）に「将軍家之御下知」を帯びて琉球国（沖縄県）に向かう途中で薩摩国（鹿児島県）島津《しまづ》氏に殺害されたという。この事件の背景には、永正十八年（一五二一）三月の足利義稙《あしかがよしたね》政権崩壊にともなう大内《おおうち》・細川《ほそかわ》連合政権の解体と、細川高国《たかくに》に擁立された足利義晴《よしはる》政権の登場が作用していると指摘される〔斎藤二〇一九〕。

能家――興家┬直家――秀家
　　　　　　└忠家――基家（元家）

宇喜多氏略系図

この対立において島津氏は当初、中立を示した。そのうえ、義稙自身は大永三年（一五二三）には死去する。ところが、薩摩国内には依然として義稙や大内氏に呼応しようとする勢力がいたと推定される。三宅国秀は、京都の義晴・高国政権の後ろ盾を得て、薩摩国から琉球国を目指したものの、義稙・大内氏側に与する勢力によって殺害された。能家は、浦上氏を介して細川高国につながろうと企図するが、この背景には広域にわたる交易事情が絡んでいたと評価されている。

また、画像賛には戦に関する描写もみられる。特に、明応六年（一四九七）の備前国伊福郷《いふく》（岡山市北区）をめぐる戦い、文亀二年（一五〇二）の備前国矢津《やづ》（岡山市東区）をめぐる戦い、同三年備前国牧石原（岡山市か）をめぐる戦いの記述は同時代史料での記述が確認できない合戦とされる。これらの戦場は、山陽道沿いの要所に位置している。備前国東方を流れる吉井川《よしいがわ》の河口部を拠点とする宇喜多氏は、浦上氏が掌握を進めていた山陽道と瀬戸内海の海運とを結びつける役割を期待されたために、右の要所を奪取しようとする勢力と、たびたび戦闘に及んだ可能性が指摘されている〔斎藤二〇一九〕。

画像賛からは、能家の交流関係もみてとれる。能家は、守護代である浦上氏に従っており、当初は則《のり》宗《むね》、その死後は村宗《むらむね》についた。村宗が、主家である赤松義村《よしむら》へ反逆すると、能家は村宗に付き従った。赤松義村と対立する足利義晴を推戴する細川高国は能家が村宗に従属したことを褒称している。永正十八年に義村が死去すると、村宗が細川高国に仕えている事実が重視され始める。大永三年に村宗が上洛し高国および将軍義晴に拝謁する際には、能家も随行して上洛して、高国から馬を与えられたという。同時期に能家は、通称を「平左衛門尉」から「和泉守」へと改称している。以上が画像賛から判明する内容である。

能家の死去に関しては、編纂史料によると、村宗が擁立した赤松晴政の勢力によって、天文三年六月に砥石城で殺害されたと伝えられる。一方で、大西泰正氏によって天文九〜十六年の間に比定できる宇喜多和泉守宛赤松晴政《はるまさ》書状が見出され、天文三年以降も生存していた可能性が指摘されている〔大西二〇一六〕。

宇喜多直家の登場

宇喜多能家の後継者は宇喜多興家《おきいえ》とされるが、その実在を確証する史料は残っていないとされる〔大西二〇一二〕。編纂史料では、能家が砥石城で自害すると逃亡したという。その没年は、天文五年（一五三六）と天文九年の説がある。

興家の子息とされる直家の誕生は、享禄二年（一五二九）と考えられている。編纂史料によると、能家の死去にともない、直家は乳母に連れられて、備前国福岡《ふくおか》（瀬戸内市）に落ち延びたという。その後、天文十二年八月に浦上宗景《むねかげ》の侍女であった母のおかげで、浦上氏に仕えることになったとされる。翌年には元服して、乙子《おとご》城（岡山市東区）を与えられたという。同二十年には、宗景の命令によって沼《ぬま》城（岡山市東区）主の中山《なかやま》氏の娘と婚姻した。ところが、宗景は中山氏の追討を直家に命じた。直家は、中山氏とそれに与同する嶋村《しまむら》氏を討ち果たし、両者の所領の過半を宗景から宛て行われた。直家は中山氏の居城である沼城へ移り、乙子城は家臣に守備させたとする。

右に示した直家の動向は編纂史料に依拠したものであるが、同時代史料が確認できない現状ではこれ

沼城跡　岡山市東区

以上は明らかにし難い。直家の発給文書が確認できるのは弘治年間に入ってからで、弘治二年（一五五六）に比定される十二月十三日書状が初見とされる〔黄薇古簡集〕。本書状で直家は馬場《ばば》次郎四郎に対して、豊原《とよはら》庄（瀬戸内市）内で自身が「収領」した「三郷分」を付与している。右の書状を分析した森俊弘氏は、直家が豊原庄で知行を「収領」した背景には豊原庄と深い関係を有した宇喜多大和守との抗争があったと言及する〔森二〇〇一〕。

宇喜多大和守は、直家の同族であるが直家とは別家だという。出雲国富田《とだ》城（島根県安来市）主尼子《あまご》氏が備前国に侵入したことを契機にして、天文二十三年に浦上政宗《まさむね》と宗景の兄弟が訣別した際に、大和守は政宗に、直家は宗景に同心し、弘治二年までに直家は大和守を砥石城で破り、その所領を「収領」したとされる。

右の文書には干支が記されているが年号は付されていない。年号が付された発給文書の初見は、弘治三年二月四日付で清平寺《せいへいじ》に宛てられた書状で、直家は「三郎右衛門」の通称を用いている〔西大寺文書〕。本書状によると、場所は判然としないが「当城」の普請を百姓に命じていたところ、百姓たちが清平寺の家来に普請を行うように申し懸けたので、この点を「曲事《くせごと》」と非難し、清平寺が保有する免税の権限

（「高除」）を保障する旨を改めて伝えている。なお、この書状中で直家は清平寺に免税を命じた主体に敬語を用いている。清平寺は備前国守護でもある赤松氏の祈祷寺であるため、命令の主体は宗景もしくは彼が推戴する赤松氏など、直家より高位の者が想定される。しかしながら、現地担当者として、寺社勢力を保護しようとする直家の姿が看取できよう。

永禄十一年（一五六八）に織田信長が足利義昭《よしあき》に供奉して入京した。すると、宗景は足利義昭や信長とは敵対する道を選択した。そのため、翌十二年に信長は宗景の影響下にある播磨国への出兵を決意する。これまで宗景に付き従っていた直家は、備中松山城《まつやま》（岡山県高梁市）主である三村《みむら》氏と連携して宗景に対抗する道を選んだようである。

永禄十二年七月には、備前国内において宗景の軍勢と直家の軍勢との間で戦闘が行われている。この直前に当たる五月までに直家は祖父能家への崇敬の念から、能家も用いた「和泉守」に通称を改めている。森俊弘氏によると、宇喜多家中における直家の惣領化を背景にして、金川城《かながわ》（岡山市北区）主松田《まつだ》氏を退けて宗景の領地を備前国西部へと拡大させ、宗景の父村宗への忠勤に励んだ祖父能家に自身を準《なぞら》え、宗景の了承を得たうえで行われたと指摘されている〔森二〇〇六〕。一方で、直家は宗景権力からの独立を志向しており、中央に樹立されたばかりの足利・織田政権に背いて制裁を受ける宗景からの離反を企図したとされる。

直家と宗景との交戦は程なく終了したようで、同年十月には直家が宗景へ「赦免」を申し出た。ただし、宗景が織田信長と和睦を進められない中で、直家は翌元亀元年三月に上京した織田信長のもとに御礼に参上している〔信長公記〕。こののち、直家は宗景に与同して毛利氏への軍事行動を展開する。さらに、居城を岡山城（岡山市北区）に移したという。

元亀二年に比定される十一月二十八日付で宗景が備前国宍甘村《しじかい》（岡山市東区）の小領主である宍甘氏に与えた感状の末尾に、「なお直家申すべく候なり」と記されている〔備前塚本家文書〕。この点に関して森俊弘氏は、直家が宍甘氏を含めた備前衆の盟主となっていたために、宗景は直家を経る必要があったと推定している〔森二〇〇六〕。元亀三年には足利義昭が宇喜多・浦上・毛利三氏の和平調停に乗り出した〔毛利家文書〕。この和平調停には直家の強い要請があったものと考えられている。同年十二月に至って浦上・宇喜多氏と毛利氏とは和睦し、つかの間の平穏が訪れる。

宗景との死闘

ところが、天正二年（一五七四）三月ごろに直家は宗景と離別することを決意する〔肥後原田文書〕。この背景には、前年十二月に織田信長が宗景に対して、備前国・播磨国・美作国の三国の支配を認める朱印状を発給したことがあった〔吉川家文書〕。直家は自身の拠点がある備前国・美作国に加えて、播磨国への領地拡大を企図していたとされる〔光成二〇一〇〕。信長が宗景に対し三国支配の根拠を付与した事実は、直家にとって我慢のならない事態であったといえよう。

直家は宗景との離別を表明してすぐに軍事行動を展開しており、四月十八日には宗景の軍勢である「天神山衆《てんじんやましゅう》」と「鯛山」において合戦に及んでいる〔黄薇古簡集〕。これ以降、直家は備前国・美作国周辺で宗景との戦闘を繰り返している。

宗景から離反した直家は毛利氏に接近し、遅くとも五月までに毛利氏も直家の支援を決意する〔内藤家文書〕。他方で、毛利氏に属した備中国衆である三村元親《もとちか》は父家親《いえちか》や兄庄元資《しょうもとすけ》を殺害された遺恨により、毛利氏から離反し宗景とともに共闘する道を模索する。さらに、美作国高田《たかだ》城〔岡山県真庭市〕に拠る三浦《みうら》氏も宗景に与同して美作国における直家の拠点に攻撃を加えている〔下河内牧家文書〕。さらに、宗景は三浦氏に対して備前国への加勢を命じている〔下河内牧家文書〕。しかしながら、毛利氏による三村氏への徹底的な攻撃により、天正三年五月に三村氏の居城である松山城〔岡山県高梁市〕が落城すると、毛利氏の軍勢も直家の要請によって備前国内での「稲薙《いねなぎ》」を予定している〔内藤家文書〕。毛利氏の加勢もあり、宗景は徐々に劣勢に陥ったようだ。天正三年七月八日には、起死回生を企図した宗景は直家の軍勢が拠点としていた「蓮花寺《れんげじ》」「小松城《こまつ》」〔岡山県久米南町〕を襲撃したが、直家の軍勢は撃退に成功している〔美作国諸家感状記・美作沼元家文書〕。

さらに、近年発見された、天正三年に比定される七月十二日付書状によると、七月九日に妙見山城《みょうけんやま》〔岡山県久米南町もしくは美咲町〕の切岸《きりぎし》の際《きわ》に浦上宗景の軍勢が取りすがって来たところ、芦田重元《あしだしげもと》が覚悟をもって比類のない武功を示したことを必ず褒美なさるので、一層の心懸けが重要だと直家が伝えてい

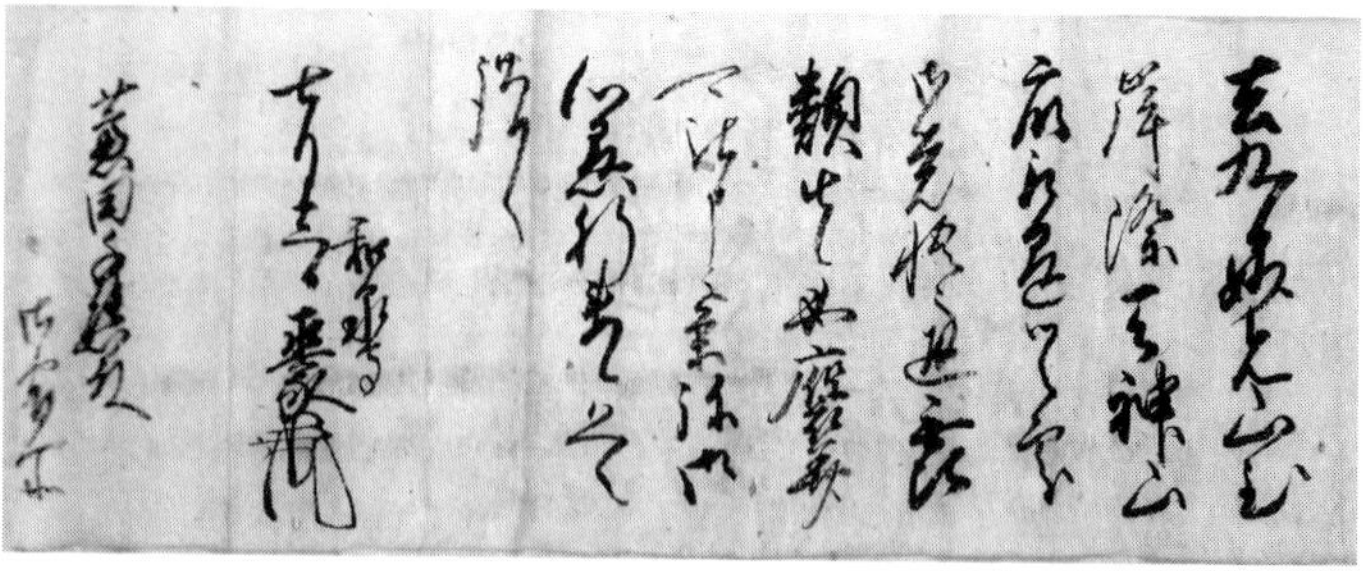

（天正３年）７月12日付宇喜多直家書状　「芦田家資料」　高梁市歴史美術館寄託

る〔高梁市歴史美術館所蔵文書：写真〕。傍線を付したように「必ず褒美なさる」と、敬語を用いているため、褒美を与える主体は直家の上位権力であることを示している。この上位権力とは、直家が敵対した宗景に代わり浦上氏の家督として擁立した浦上久松が想定できよう。というのも、同じく天正三年に比定される九月十一日付で直家が発した書状において、場所は不明であるが「天神山衆」が城郭の「二三丸」まで進入した際に沼元《ぬもと》与太郎が撃退したことを褒称するとともに、近日中に下向する「久松殿」に戦功を披露するので、沼元に対して「褒美がなされるだろう」と伝えている〔新出沼元家文書〕。褒称の主体として久松を担ぎ出すことによって、直家は宗景配下の勢力の調略を企図したものとみられる。実際に、宗景の勢力下にあった明石《あかし》氏が宗景に敵対（「現形」）しており、宗景家臣内（「天神家来」）は混沌を極めた〔三戸家文書〕。

直家が、軍事行動と調略によって宗景を圧倒したため、天正三年九月には宗景の居城である天神山城（岡山県和気町）は落城し、宗景は播磨国に逃走した〔花房文書〕。一説によると、天神山城攻めの際に直家は浦上久松を大将とし、落城後は毒殺したともいわれる〔吉備前鑑〕。これにより宗景領を併呑した直家は備前・美作地域の一大勢力へと発展した。

毛利氏からの離反と直家の死

天正四年（一五七六）二月に、京都を離れ流浪の身にあった足利義昭が毛利氏の領国である鞆《とも》（広島県福山市）に動座した。これにより、信長と毛利氏との関係は急激に悪化し、七月には信長が攻撃を加える大坂本願寺に対して毛利氏が兵粮を搬入したため、両者の間で戦端が開かれることになった。なお、この兵粮搬入には、毛利氏の水軍とともに、直家の重臣である富川秀安《とがわひでやす》も加わっていた〔毛利家文書〕。これ以降、宇喜多氏は毛利氏による対織田戦争の最前線として死闘を繰り広げていく。

ところが、直家は天正七年九月に毛利氏の陣営から離脱を表明し、羽柴秀吉の仲介により信長に服属した〔信長公記〕。この離反の理由は諸説あり、例えば光成準治氏は天正七年正月に予定されていた毛利氏当主である輝元《てるもと》の上洛中止によって、毛利氏が信長との対決を忌避していると直家が認識したことが関係していると推定している〔光成二〇二〇〕。

一方で、中野等氏は、六月二十三日付で小寺《こでら》を称していた黒田孝高《くろだよしたか》に対して秀吉が与えた書状〔黒田家文書〕を根拠に、直家が毛利氏と手切れを行う天正七年の前年である天正六年六月段階から、孝高が直家に対して離反のための交渉を始めていた可能性を指摘する〔中野二〇二〇〕。本書状の内容は、孝高が「冨平右」なる人物に接触して直接面会し、そのやりとりの詳細を秀吉にもつぶさに伝えていたため、秀吉は今後も親密に談合するように指示するものである。中野氏は「冨平右」を「富川秀安」に比定する。富川秀安は、前述のように大坂本願寺への兵粮搬入にも参加した直家の重臣で、岡家利《おかいえとし》・長船貞親《おさふねさだちか》とともに「三家老」と称されたという。加えて中野氏は、本書状の秀吉の通称が「羽柴筑前守」である点に着目し天正六年に年次比定する。前述の通り、直家が毛利氏と関係を正式に断つのは天正七年九月だが、それ以前から水面下で毛利氏との手切れ交渉が進められていたといえよう。

右の書状が発給される直前の天正六年四月には、織田方の山中幸盛《やまなかゆきもり》が籠もる上月城《こうづき》(兵庫県佐用町)を毛利氏が攻囲した際には、織田方からは直家も毛利方として攻城戦に参加していると認識されているものの〔信長公記〕、毛利方からは信長への一味を疑われたようで戦後には聴取を受けている〔三原城壁書文書・石見吉川家文書〕。このように、直家は天正六年段階から毛利氏との手切れの道も模索していたのである。その決め手となったのが、輝元の上洛中止など、信長陣営への弱気な姿勢が影響したのであろう。

天正七年九月に正式に毛利氏との手切れを表明した直家は、十月下旬には信長から帰順の許可を得て、今度は毛利氏との死闘を戦い抜くことになる〔大西二〇二二〕。

支援を期待できる秀吉は播磨国三木城《みき》(兵庫県三木市)や因幡国鳥取城《とっとり》(鳥取市)攻めに注力したため、直家はほぼ独力にて備前・美作地域において毛利氏の軍勢を迎え受けることとなった。直家は、備中国内の地下人《じげにん》を味方に引き入れて毛利氏と対抗し、十二月には拠点とした四畝城《よつうね》(真庭市)を奪取されたものの、美作国西部の防備を固めることには成功して、翌年末には同国東部における毛利氏の拠点である祝山城《いおうやま》（岡山県津山市）を陥落させた〔光成二〇二〇〕。さらに、天正八年には辛川合戦（三月）や「賀茂崩」（四月）と称される合戦において、直家は備前国内に侵攻した毛利勢を撃破して勝利を重ねた。

ところが、天正八年五月になると信長は毛利氏との講和の道を模索し始める。天正八年という年の信長は正月に別所長治《べっしょながはる》が拠る三木城を陥落させ、三月に本願寺と講和し、羽柴秀吉が播磨国や但馬国をほぼ平定するなど、有利に戦争を遂行していた。それにもかかわらず、信長は講和交渉を併行していたと考えられている。この講和交渉は進展しなかったようだが、天正九年五月には秀吉の攻囲により籠城中の吉川経家《きっかわつねいえ》が直家の毛利氏への帰順を照会するなど、交渉は継続されていた〔吉川家文書〕。

さて、天正八年段階では毛利氏の攻撃をしのいでいた直家は天正九年になると苦境に立たされた。美作国内では岩屋城《いわや》（津山市）・宮山城《みややま》（真庭市）を毛利氏に奪われて、美作国内は毛利氏に席巻された。

さらに、同年四月、「賀茂崩」の際に毛利氏撃退に功があった伊賀久隆《いがひさたか》が急死し、その後継者である家久《いえひさ》が直家から離反し毛利氏に属した。毛利氏は天正九年八月十九日付起請文によって家久の身上を保証している〔井原家文書〕。家久の離反によって備前国・美作国への交通の要衝に当たる備中国忍山城《しのぶやま》（岡山市北区）を同年十一月までに奪われており、信長は直家への怒りを吐露している〔山本二〇一〇〕。しかし、翌月には信長は態度を一変させて、毛利氏に勝利したのちの直家への備中国加増をちらつかせることで、毛利氏に対して劣勢に立つ直家に奮起を促した〔大西二〇二〇〕。

他方で、戦況の悪化に加えて同時期に直家は体調を崩しはじめて死去に至る。直家の死去の年月に関しても諸説あり、後世の編纂史料である「浦上宇喜多両家記」や「備前軍記」に記載される天正九年二月十四日説がよく知られている。ところが、二月十四日以降も同時代史料において直家の生存は確認できるため、同年十一月～翌十年正月にかけて死去したという説が有力視されている〔大西二〇二〇〕。なお、直家の死去を受けて、天正十年正月二十一日に秀吉は宇喜多氏の重臣を連れて信長の居城である安土城《あづち》（滋賀県近江八幡市）に登城し、子息秀家《ひでいえ》への家督継承を信長に承認させた。

秀家への家督継承の後に勃発した八浜合戦（岡山県倉敷市）でも、宇喜多勢は毛利氏に敗北してしまう。宇喜多勢が態勢を立て直すのは、四月以降に秀吉が山陽方面の軍事行動に参戦してからである。秀吉と合流した宇喜多勢は調略を織り交ぜながら西進した。そして、毛利氏と秀吉・宇喜多勢とは備中高松（岡山市北区）において対陣するが、六月に本能寺の変が勃発したことで和睦を結ぶ。これ以降、直家の跡を継いだ秀家は秀吉の強い後見のもと豊臣大名としての基盤を確固たるものにする。

（石畑匡基）

【主要参考文献】

大西泰正「総論　備前宇喜多氏をめぐって」（同編『備前宇喜多氏』岩田書院、二〇一二年）
大西泰正「直家登場以前の宇喜多氏」（『戦国史研究』七一、二〇一六年）
大西泰正『宇喜多秀家　秀吉が認めた可能性』（平凡社、二〇二〇年）
斎藤夏来「画像賛の語る宇喜多能家と戦国政治史」（『名古屋大学人文学研究論集』二、二〇一九年）

中野等『黒田孝高』（吉川弘文館、二〇二二年）
光成準治『本能寺前夜　西国をめぐる攻防』（角川選書、二〇二〇年）
森俊弘「岡山藩士馬場家の宇喜多氏関連伝承について―「備前軍記」出典史料の再検討―」（『岡山地方史研究』九五、二〇〇一年）
森俊弘「宇喜多直家の権力形態とその形成過程―浦上氏との関係を中心に―」（『岡山地方史研究』一〇九、二〇〇六年）
山本浩樹「織田・毛利戦争の地域的展開と政治動向」（川岡勉・古賀信幸編『西国の権力と戦乱』清文堂出版、二〇一〇年）

三村家親・元親
——備中最大の勢力への飛躍

勢力を伸ばす三村氏

三村《みむら》氏とは、備中国を本拠とした国衆である。三村氏の出自については明らかではないが、常陸国筑《つく》波《ば》郡三村郷（茨城県つくば市）を本貫地として、信濃国筑摩《ちくま》郡洗馬《せば》郷（長野県塩尻市）に移り住み、その後備中国に移り住んだという説がある。

鎌倉時代の三村氏については一次史料からはほとんど確認できない。その足跡が同時代史料に登場するのは、室町時代に入ってからである。ただし編纂史料ではあるが『太平記《たいへいき》』によると、元弘元年（一三三一）に後醍醐天皇《ごだいごてんのう》が鎌倉幕府打倒を企図して蜂起した際、備中国衆である「新見《にいみ》・成合《なりあい》・那須《なす》・三村・小坂《こさか》・河村《かわむら》・庄《しょう》・真壁《まかべ》」らが加わったとされている。この記述が事実であれば、遅くとも鎌倉末期には備中国の有力武士＝国衆として把握された存在であったとみてよかろう。三村氏の支配領域も判然としないが、星田《ほしだ》（岡山県井原市）から成羽《なりわ》（同高梁市）に至る広域に及んでいたとみられる。

時代は降り、永正十四年（一五一七）には「三村与次」が備中国守護方として新見庄（岡山県新見市）に侵攻していた。同地に拠点を置く新見国資《くにすけ》が同年閏十月二十四日に発した書状によると、「国衆三村」

が国資の「知行分を押領《おうりょう》」したので戦闘になったという〔東寺古文書零聚〕。この戦いで国資は三村氏に敗戦したが、どうにか居城は持ちこたえており、出雲国富田《とだ》城（島根県安来市）に拠点を置く大名尼《あま》子《ご》氏などの助力を得て抗戦に出ると表明している。国資が助力を求めた尼子氏は、享禄三年（一五三〇）から備中国への侵攻を本格化した。備中国において着実に勢力を伸ばす三村氏にとって、尼子氏は最大の難敵として立ちはだかることになる。その三村氏が備中国でも最大の勢力へと飛躍するのは、三村家《いえ》親《ちか》の代になってからである。

猿懸城合戦と三村家親の飛躍

三村家親の生年は定かではない。その名が確認できるのは、天文年間になってからである。天文十二年（一五四三）三月には備後東城《とうじょう》（広島県庄原市）で西条衆《さいじょうしゅう》と、さらに八鳥表《はっとり》（新見市）においても合戦に及んでいる。このように、新見庄だけでなく、広域に軍勢を派遣していたことがわかる。このころに至っても三村氏と尼子氏との敵対関係は継続していたようだ。それゆえ、同じく尼子氏と対立関係にあった周防国山口（山口市）の大名である大内《おおうち》氏や、それに与して急成長する安芸国郡山《こおりやま》城（広島県安芸高田市）を拠点とする国衆である毛利《もうり》氏に接近した。

右の状況において、備中国における有力な国衆で、猿懸《さるかけ》城（岡山県倉敷市・矢掛町）を本拠とする庄為資《ためすけ》は天文二十一年

- 宗親
  - 家親
    - 元資
    - 元親
      - 勝法師
  - 親成

三村氏略系図

五月以降には尼子氏の調略に応じた。したがって、大内氏・毛利氏の助力を得ていた家親と激突することになった。これが三村氏飛躍の画期となる猿懸城合戦である。近年の研究では、この合戦が天文二十一年から永禄二年（一五五九）までの約七年にわたる抗争であったことが明らかにされている。畑和良氏の研究に依拠しながら、その推移を確認したい〔畑二〇一〇〕。

九月に猿懸城を攻めた毛利氏や家親は庄氏に退けられた。そこで、毛利氏は家親など傘下にある備中国衆の城館に家臣を在番衆として配置し、さらには離反を防ぐために人質を取って退却した。翌年四月には、大内氏の家臣である弘中隆兼《ひろなかたかかね》らの救援もあって戦闘を有利に進めた毛利氏に対して庄氏が和睦を申し入れた。家親もこれを受け入れて和睦が調う寸前であったという。この前提として、庄氏が拠点とした松山城《まつやま》（高梁市）の落城と、庄為資の嫡男である高資《たかすけ》の死去があった可能性が指摘されている。

結局のところ和睦は不調となり、毛利氏と庄氏との戦闘は継続された。また、松山城も再度尼子氏方の手に落ちた可能性が高い。かかる状況の転機となるのが、永禄二年五月ごろである。この間に毛利氏は大内義長《よしなが》打倒の経略を進め、弘治三年（一五五七）四月に義長を自刃に追い込むと、毛利氏は松山城奪回に乗り出した。

そして、永禄二年五月までには家親の長男である元資《もとすけ》が庄氏の家督を獲得していたようで、庄氏の菩提寺である洞松寺《とうしょうじ》（矢掛町）に寺領を安堵している〔洞松寺文書〕。その後も庄為資らとの抗争は続き、時間を要したが永禄四年四月六日に松山城は落城した。翌五年八月に毛利隆元《たかもと》は備中守に補任され、その旗下の国衆として大きく成長を遂げた家親は改めて松山城を居城と定めた。

その後の家親は毛利氏の要請に従いながら、尼子氏傘下の勢力を掃討するため、備前国・美作国（岡山県）や伯耆国（鳥取県）での軍事行動に参加したようである。一方で、旧領回復を企図する庄為資は永禄七年五月ごろには家親の伯耆国出陣に乗じて、孫勝資《かつすけ》（高資子息）とともに「備中表へも打出」したため、同じく伯耆国へ出陣していた庄元資が帰陣し対応するなど、軍事衝突は続いていた。しかし、三村氏に対して敗北が続いた庄為資・勝資らは尼子氏を頼って出雲国（島根県）へと落ち延びていったという。

庄氏の脅威を払拭した三村氏は、勢力範囲を美作国など東方へと伸ばしていった。これが、備前国天《てん》神山《じんやま》城（岡山県和気町）に拠点を置く浦上宗景《うらがみむねかげ》らを刺激した。そもそも浦上宗景は、大内氏や毛利氏の助力のもとで備前国での支配権を確立した国衆であった。ところが、長く対立関係にあった兄政宗《まさむね》と永禄六年に和睦すると、自身の領地に迫る家親との戦闘に突入し、毛利氏とも断交した。

永禄八年八月には、三村氏の美作国における拠点の一つである「沼元構《ぬもとかまえ》」を浦上宗景の軍勢が攻囲すれば、家親らが後巻として救援に来るだろうから、戦いに決着がつくだろうと、浦上宗景と同盟関係にある備前国衆の宇喜多直家《うきたなおいえ》が書状で述べている〔岡山県立博物館所蔵文書〕。ところが、家親は救援には向かわず、同年十月には尼子氏に属する江見久盛《えみひさもり》が拠る倉敷《くらしき》城（岡山県美作町）を落城させている。このころの浦上氏は尼子氏方の国衆と連携していたようだが、家親はこれらの勢力との戦いを有利に進めた。

しかし、家親は永禄九年に突然の死を迎える。後世の覚書や編纂史料による記述ではあるが、家親の死は日本史上初めて鉄砲を用いての暗殺によるものとして知られている。それらの記述によると、尼子氏方が籠城する美作国の拠点を攻撃中であった家親は酒宴に参会していたという。その最中に、宇喜多直家の家臣である「遠藤」が忍び寄り、十二間（約二十二メートル）の距離から鉄砲を放った。命中した家親はそのまま帰らぬ人となり、撤退の途中に興禅寺《こうぜんじ》（岡山県久米南町）に葬られたという。これ以降、三村氏は宇喜多氏を因縁の相手として戦いを繰り広げていくこととなる。

復讐に燃える元親

家親の死後、三村氏の家督を継いだのは次男元親《もとちか》であった。彼の生年も不詳である。元親は、父の弔い合戦として永禄十年（一五六七）に宇喜多氏の本拠である備前国へと兵を進めて合戦となった。この合戦は、いわゆる明禅寺《みょうぜんじ》合戦として知られるが後世の編纂史料からしか確認できず、脚色も指摘されている〔出宮二〇一二〕。また、この戦いは「明禅寺崩れ」とも称され、三村氏が総崩れとなる大打撃を受けたという評価さえある。しかし、その後も元親が新見庄の管理者として、荘園領主である東寺《とうじ》（京都市南区）から認識されており、大きな影響はなかったとみられる。

元親に大きな打撃を与えるのは、元亀二年（一五七一）九月に勃発した佐井田《さいだ》合戦である。この合戦の発端は浦上宗景が備中国佐井田（岡山県真庭市）に進出し、佐井田城を普請し軍勢を籠城させたことに始まる。この城を攻撃するため元親の実兄の庄元資などの三村氏の軍勢が出陣したところ、救援に来た浦上氏・宇喜氏らの軍勢が討ち破った。この合戦によって、庄元資は戦死した。一説には、三村氏によって出雲国へ追いやられた庄勝資らの軍勢が佐井田城に籠城していたとも言われる。この敗北に直面した三村氏は、宇喜多氏や庄氏への遺恨が一層増したことは想像に難くない。

天正二年（一五七四）初頭、これまで浦上宗景と行動をともにした宇喜多直家は離反して、敵対関係にあった毛利氏の傘下に入った。しかし、これに反発したのが、宇喜多氏への強い遺恨を抱えた元親である。同年閏十一月、元親は長年誼を通じていた毛利氏からの離反を決め、宇喜多氏と敵対する浦上宗景の陣営に身に置くことになる。

それに際して元親は、月田城《つきだ》（真庭市）を守る妹婿の楢崎元兼《ならさきもとかね》を勧誘したとみられる。これは、天正二年閏十一月三日付で三村元親が発給した書状に「月田の成行」は仕方がないと記されていることからもうかがえる〔「譜録」渡辺烈〕。「月田の成行」とは、月田城の元兼が元親に協力しないということを示したので、その勧誘を断念したことを指すと推定される。右の書状には続けて、三村家の「敵」である「庄牢人」（庄勝資ら）が籠城した際には毛利氏（「芸州」）が救援してくるだろうと記載されている。実際に、同日付で毛利氏の当主である輝元《てるもと》が発給した書状には、木原元相《きはらもとすけ》などの家臣が月田に加番したことがわかる〔萩藩閥閲録〕。毛利氏家臣の月田城への派遣は元親からの攻撃に備えるためだけでなく、元兼が元親に内応することを監視する目的があったものとみられる。

ところで、元親の遺恨の相手でもある庄勝資らが毛利氏に与同した時期に関しては諸説あり、元親が離反したのちとする説がある。他方、右の元親書状では勝資らを毛利氏が救援する旨が記されているため、元親らの離反前に彼らが毛利氏の傘下となっていた可能性もある。後者であれば、宇喜多氏に加えて庄氏の動向も元親が毛利氏から離反したことに大きく影響したと評価できよう。

元親の離反が判明すると、すぐさま輝元は三村氏に対する軍事行動を開始した。閏十一月十四日付で輝元が発した書状では、元兼の祖父豊景《とよかげ》と父信景《のぶかげ》に対して、三村氏の拠点であった猿懸城付近へ出陣するように命じている〔萩藩閥閲録〕。これを皮切りに毛利氏は三村氏に対して徹底的な攻撃を加える。この戦いは「備中兵乱」とも称され、備中国全体を巻き込んだ大きな合戦へと発展する。

なお、「備中兵乱」の始まりは、天正三年正月に行われた国吉城《くによし》(高梁市)攻めにあるという説もある。この説には、天正二年に比定される十二月晦日付で輝元の叔父である小早川隆景《こばやかわたかかげ》が発した書状に、国吉城内から降伏したいとの嘆願があるが、「行初」であるので、悉く討ち果たすべきだと考え、降伏を許さないと述べていることが背景にあると考えられる〔小早川家文書〕。これは「行初」を、「てだてはじめ」と訓読して三村氏との最初の戦いと解釈したためであろう。しかし、これは「てだてぞめ」と読み、その年の最初の軍事行動を指すものと解釈できる。したがって、対三村氏の軍事行動は猿懸城を攻撃した閏十一月には開始されたと判断すべきであろう。

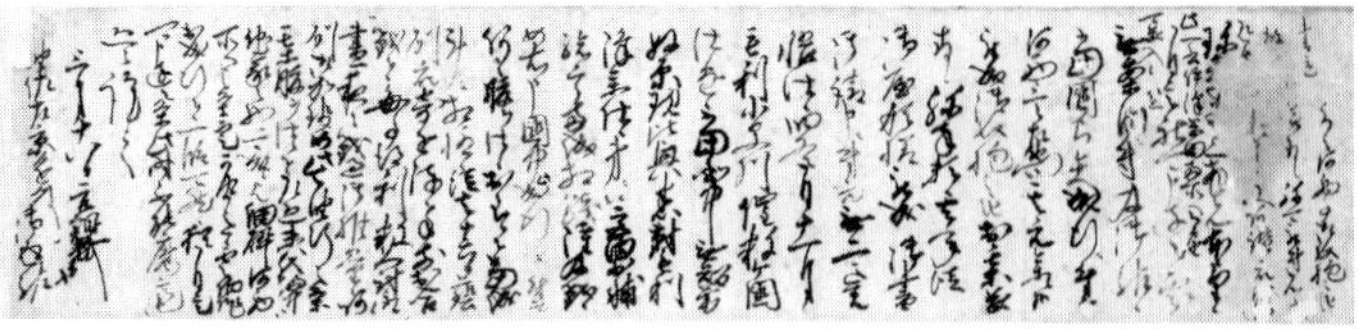

3月18日付三村元親書状　「由佐家文書」　高松市香南歴史民俗郷土館蔵

元親最後の書状

「備中兵乱」が始まると、三村氏の拠点は毛利氏によって一挙に殲滅された。天正三年（一五七五）三月には元親の居城である松山城が毛利氏に攻囲されるに至った。籠城中の元親が三月十八日付で、縁戚関係にある讃岐国衆由佐秀盛《ゆさひでもり》に対して発給した書状が残されている〔由佐家文書〕。管見の限り本文書は元親の最後の発給文書であり内容を確認してみたい。

まず冒頭で「そもそも元親は、昨年天正二年に「御屋形様」から「御書」をもらい、これを請けて覚悟を決めて毛利氏との離反に臨んだ」と記す。この「御屋形様」を織田信長とみる説もあるが、森脇崇文氏が指摘するように、この書状の主旨が阿波国（徳島県）・讃岐国からの援軍を得ることにあるから、阿波国守護である細川《ほそかわ》真之《さねゆき》の可能性が高い〔森脇二〇一六〕。

つづいて戦況に関する報告を行っており、「同年十一月から毛利・小早川の攻撃を受け、三村氏方の諸将は悉く降参した。元親の弟である三村元範《もとのり》（楪《ゆずりは》城主〈新見市〉）・実親《さねちか》（鬼身《きのみ》城主〈岡山県総社市〉）も籠城して戦ったが切腹した。そして、残るは松山城のみとなり、三月十六日から毛利氏が進軍したので、元親自身が出陣して合戦に及び、敵数人を討ち取った。このまま阿波国からの加勢が遅くなれば、元親も切腹しなければならず、備中国は「他家の物」になってしまう」と四国からの援軍を懇願する。以上が元親最後の書状の大まかな内容であるが、結局援軍が来ることはなく、松山城は落城。からくも城から脱出した元親は六月二日に自刃したという。元親の子息である勝法師は松山城を脱出したようだが、庄氏の一族である津々加賀守に捕縛されており〔荘家文書〕、処刑された可能性が高い。これで、三村氏の嫡流は途絶えた。

一方で、三村家親の弟で、元親の叔父にあたる親成《ちかしげ》は「備中兵乱」の際に元親と袂を分かち、毛利氏方として行動して、その配下となった。在名として「成羽」を称して、その後も毛利家臣として存続したが、慶長五年（一六〇〇）に勃発した関ヶ原合戦によって毛利氏の領国が防長二ヶ国に減封されると、毛利氏を離れ、徳川家康の家臣である水野《みずの》勝成《かつなり》の家臣となって幕末まで続いた。

（石畑匡基）

【主要参考文献】
植木成行『中世備中の歴史―庄氏と植木氏・三村氏―』（新人物往来社、二〇〇八年）
畑和良「猿懸城合戦と毛利氏の備中経略」（『倉敷の歴史』二〇、二〇一〇年）
出宮徳尚「明禅寺合戦考」（『吉備地方文化研究』二一、二〇一一年）
森俊弘「中近世後期の猿掛庄氏とその一門衆」（『倉敷の歴史』二四、二〇一四年）
森脇崇文「天正初期の備作地域情勢と毛利・織田氏」（『ヒストリア』二五四、二〇一六年）

三浦貞久・貞広
――毛利氏と敵対した美作の国衆

三浦氏の先祖

三浦《みうら》氏は、高田《たかだ》城（岡山県真庭市）を本拠に近隣を支配した国衆である。江戸時代に成立した地誌である「作陽誌《さくようし》」によれば、三浦氏の始祖を貞宗《さだむね》（道祐《どうゆう》）とし、関東から近藤《こんどう》・石井《いしい》・宇野《うの》・白石《しらいし》の四氏と共に美作国に移り住んだとされる。その時期は判然としないが、文和三年（一三五四）二月晦日付三浦道祐寄進状案（吸江寺文書）によると、室町将軍家の帰依を受ける吸江庵《ぎゅうこうあん》（高知市）に対して、「重代相伝之私領《じゅうだいそうでんのしりょう》」である「土佐国吾川《あがわ》山庄内上谷川村」（高知県いの町）を「美作国西高田床《（庄）》内甘浪村並安名」の替わりに寄進している。したがって、これ以前に貞宗が美作国内に所領を得ていたのは確実である。「重代相伝之私領」を寄進したという事実を重要視するならば、このころに本拠を美作国に定めて、地盤固めをしたものと評価できよう。

その後の三浦氏は室町幕府奉公衆《ほうこうしゅう》として活動したようだが、同時代史料から具体的な活動を読み取ることができるのは三浦貞連《さだつら》からという。三浦氏の居城である高田城の歴代城主を整理した江戸初期の編纂物「作州高田城主覚書《さくしゅうたかだじょうしゅおぼえがき》」（以下「覚書」）によると、高田城は文亀元年（一五〇一）に高田貞連が

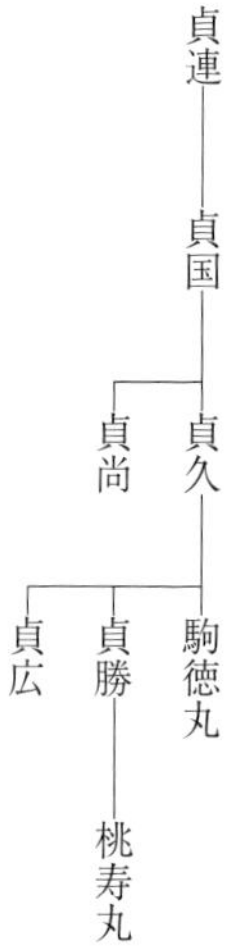

三浦氏略系図

在城したことから、その歴史が始まると考えられている。ただし、貞連は在京することが多く、長享元年（一四八七）に室町幕府将軍足利義尚《あしかがよしひさ》が近江国守護である六角《ろっかく》氏の征伐に赴いた際に同行している。一方で、「湯郷《ゆのごう》公文職代官《くもんしきだいかん》」や「作州建部見明渡代官職」獲得に動くなど、美作国内での権益拡大にも努めた。在地での動向としては、荒廃した神林寺《じんりんじ》を再建し、篠向《ささぶき》城（真庭市）に拠る山名《やまな》右近亮と戦ったとも伝わる。なお、在京する貞連に代わり一門の三浦兵庫助が在地支配に関与したとされ、本拠の高田庄を中心に「作州三鴨」など周辺へと拡大していた所領の経営に当たった。

つづいて、三浦貞連の跡を継いだ貞国《さだくに》が高田城主として確認される。貞連同様に、平時は在京し、在地には一門とみられる三浦忠広《ただひろ》が置かれて支配に携わっていたとされる。しかしながら、在地での支配は円滑でなかったようである。大永六年（一五二六）には年貢（「公用《こうよう》」）未払いのため、久世保《くぜのほ》（真庭市）の代官職を室町幕府から召し上げられている〔一色家古文書〕。

さらに、天文元年（一五三二）五月には出雲富田《とだ》城（島根県安来市）に本拠を置く尼子《あまご》氏が美作国へ侵攻すると攻撃対象とされた〔東寺百合文書〕。そのうえ、同年七月には貞国が死去したため、三浦氏は窮地に追い込まれることとなった。

尼子氏と三浦貞久

貞国の跡を継いだのは子息貞久《さだひさ》である。貞久が疱瘡《ほうそう》を罹患した際には、父貞国が高田城付近に所在する熊野三所権現社に祈祷を依頼して百石を寄進している〔作陽誌〕。父の死直後である天文元年（一五三二）十月二十一日付で、「孫五郎」が中尾《なかお》史郎兵衛に対して「月田郷代官職」（真庭市）を与え年貢の徴収を命じている〔美作中尾家文書〕。この孫五郎が貞久と推定されている。また、翌年正月十三日付で牧《まき》藤兵衛尉に対して「永富保之内助近名」（岡山県新見市）を付与する宛行状では、貞久の実名を用いている〔下河内牧家文書〕。これらの権益付与は代替わり後の不安定な貞久の地位安定化を企図したものとみえる。

この間も、尼子氏による高田城攻めは継続された。備中国新見《にいみ》（新見市）を本拠とする国衆である新見国経《くにつね》は天文五年五月から翌年十一月に至るまで、「尼子方合力」のために、子息と交代しつつ「高田表」に在陣して三浦氏に圧力をかけている〔東寺百合文書〕。これに対して、三浦貞久は尼子氏と戦闘に及んだとみえる。天文六年七月一日付で貞久は、牧菅兵衛尉の「馳午（走カ）」に対して「真島庄」を宛て行い、「末本名」の諸役を免じるなど、家臣の活動を褒称している〔下河内牧家文書〕。さらに、天文十六年には呰部《あざえ》（真庭市）において牧菅兵衛は討ち死にしたようで、貞久は牧氏の当知行・代官所・与力を菅兵衛の子息とみられる牧幸松に対して安堵している〔美作古簡集〕。

「覚書」によれば、尼子氏配下の宇山《うやま》氏が美作国まで出勢し「大合戦」へと発展した。天文十三年八

美作高田城跡　岡山県真庭市

月に籠城中の貞久は病死したとされる。宇山氏は、三浦氏の所領近くである茅部・美甘新庄・竹部本庄などを与えられており、三浦氏との所領境を接した戦闘であったと評価されている。なお、天文十六年に牧幸松に対して安堵状を発給しているように、写しではあるが天文十三年以降も貞久の発給文書が確認できる。他の史料では、天文十七年九月十六日に病死したとされており、こちらが適当といえようか（作陽誌）。法名は、「正法院殿月江良円」と伝えられている。

貞久には、駒徳丸・貞勝《さだかつ》・女子・貞広《さだひろ》という四人の子息がいたという（「三浦氏十三世家系」。以下「家系」）。このうち、嫡男とみられる駒徳丸は天文十八年にわずか七歳で死去したと伝わる。その後に三浦氏は尼子氏の軍門に降ったようで、天文二十年ごろに三浦貞広（当時は才五郎《さいごろう》）が尼子晴久《はるひさ》から知行を安堵されている（石見牧家文書）。この知行安堵状の宛所は貞久の弟という太河原貞尚であり、幼少の当主を後見していたとみられる。

「覚書」によると、貞久病死ののちに高田城に入城したのは尼子氏家臣である宇山久兼《ひさかね》とされる。当主である貞広が幼少であるための一時的な措置であったかもしれないが、弘治元～二年（一五五六～五七）にかけて、三浦家菩提寺の化生寺《かせいじ》（真庭市）に対して「三浦不入」のために玉雲権現《たまくもごんげん》を建立している〔下岩牧文書〕。したがって、高田城に入城した宇山氏によって高田城周辺における三浦氏の権限が限定化された可能性が高い。なお、三浦氏は尼子氏の本拠である富田城に身を寄せていた可能性が高い〔石見牧家文書〕。

宇山氏による高田城支配において、三浦家中では反尼子氏勢力も依然として存在していた。「覚書」によると、永禄二年（一五五七）三月に三浦貞勝が宇山久兼を攻撃し「大合戦」の末、高田城から立ち退かせて城主となったという。なお、宇山氏への攻撃は永禄元年のこととも推定されているが判然とはしない。

貞勝は、貞久の子息とみられ貞広の兄弟である。貞広が尼子氏に接近する一方で、三浦家中における反尼子氏勢力に擁立された可能性が指摘される。ところが、永禄八年十二月に金田という家臣が備中国衆である三村家親に与同して貞勝を切腹に追い込んだと「覚書」に記されている。少し遡る永禄四年には高田城の近くにある月田《つきだ》城（真庭市）で三村《みむら》氏が戦闘に及んでおり、その相手は不明であるが、三浦氏との戦闘であった可能性も浮上する。なお、貞勝の没年に関しては「覚書」の記載よりも早い永禄七年十二月十五日という説も有力視されている〔森二〇一五〕。

三浦貞広と高田城落城

「覚書」によると、貞勝が切腹に追い込まれた際に、三浦貞守《さだもり》が擁立されて永禄九年（一五六四）九月に高田城に入城したとする。貞守は、貞久の弟とも、貞勝の祖父ともされる人物である。一方で、同時代史料によると、永禄七年ごろから三浦貞広の「御進躰」について尼子義久《よしひさ》の承認を得て、美作国へ帰国するために尼子家臣の協力を取り付けている〔石見牧家文書〕。貞守の後見のもとに、貞広も高田城に在城したということであろうか。実際に、貞広が高田城に入城した時期は判然としないが、永禄九年閏八月二十五日付で、美作小田草《おだくさ》城（岡山県鏡野町）主斎藤親実《さいとうちかざね》が三浦貞広の家臣である牧尚春に送付した起請文では、三浦家を指すとみられる「高田御家」に関して、天神山《てんじんやま》城（岡山県和気町）主浦上《うらがみ》宗景《むねかげ》の「御意」を得て調整したことが記されている〔石見牧家文書〕。したがって、この時期までに三浦貞広は高田城主として返り咲いた可能性が高い。さらに三浦氏は、兄政宗《まさむね》を打倒し、備前国・美作国に勢力を拡大させていた浦上宗景の後ろ立てを得ていたことが判明する。また、右の起請文で斎藤親実は三浦氏と自身の領地とが「御近」であるため今後の気遣いを約しており、各地の領主と同盟関係を築いていたこともうかがえる。

再び高田城主となった貞広は周辺に軍勢を派遣し軍事行動を展開している。特に、永禄十年ごろから東方に所領を接している岩屋《いわや》城（岡山県津山市）主中村《なかむら》氏との戦闘を継続している。そして、領主権力として戦功認定のための感状や恩賞として知行宛行状の発給を行っている〔美作美甘文書・石見牧家文書〕。加えて、焼失していた神林寺を再建するなど在地支配に着手していた。

永禄十一年ごろからは安芸毛利《もうり》氏との関係が悪化し始める。永禄十二年二月には、「高田表」で合戦があり「三浦衆」が毛利氏の軍勢に討ち取られている〔香川家文書・吉川家中并寺社文書〕。このとき、貞広を後見していた貞守も切腹に追い込まれている〔「覚書」〕。これにより、一時毛利氏が高田城を接収したようで香川・長などの毛利家臣が三浦氏旧領の社役安堵を行っている〔美作岡田家文書〕。「覚書」によると、高田城を脱出していた貞広は備中国に逃れていたところを家臣の牧に擁立されて、元亀元年（一五七〇）七月、高田城に攻撃を仕掛けて「大合戦」へと発展した。どうにか城を奪取し、貞広を再度入城させることに成功したという。

右の高田城をめぐる「大合戦」は同時代史料の記述から、「覚書」が示す前年の永禄十二年であることが確実視されている。ただ、同時代史料では、永禄十二年六月に旧領奪回のため蜂起した尼子勝久《かつひさ》の軍事行動の流れのなかで位置づけられている。この戦いに乗じて、美作国周辺でも「諸牢人乱入」という事態に陥り戦闘が展開されていたようである〔備中原家文書〕。この軍事行動には、毛利氏と対立関係にあった天神山城主浦上宗景も与同しており、彼らの助力もあって高田城への再入城を果たしたようである。

毛利氏への対抗から貞広は毛利氏領国の西方で戦闘を繰り広げる豊後大友《おおとも》氏と、遠交近攻の外交戦略を取り、家臣である牧尚春などを介しながら、書状のやりとりを続けている〔石見牧家文書〕。また、大友氏との外交関係によって、火薬作成の素材である「塩硝《（煙）》」を入手している〔石見牧家文書〕。さらに、天正元年（一五七三）ごろには、尼子勝久蜂起に活躍した尼子家臣である山中《やまなか》（亀井《かめい》）幸盛《ゆきもり》が高田城に在城していたようである〔橋本文書〕。

天正二年には、浦上宗景に従っていた宇喜多直家《うきたなおいえ》が毛利氏に離反する。貞広は、引き続き宗景陣営に属し〔上利文書〕、毛利氏や宇喜多氏に対抗した。この陣営には、天正二年末より安芸毛利氏から離反した備中松山《まつやま》城（岡山県高梁市）主三村元親《もとちか》も属した。

貞広は、天正三年初頭から浦上宗景の要請により、美作国内だけでなく、備前国へも軍勢を派遣している〔下河内牧家文書〕。ところが、天正三年五月に三村氏の居城である松山城が落城すると、九月には浦上氏の居城である天神山城も落城する。同盟者の落人は高田城に落ち延びたようである。例えば、天正三年初頭に落城した備中楪城《ゆずりは》（新見市）主で、三村元親の弟である元範《もとのり》は貞広のもとに落ち延びたとされる〔備中兵乱記〕。そのうえ、同年五月の松山城落城直後も、元親が高田城に「落行」くと予想されている〔備中荘家文書〕。しかし、高田城もまもなく落城することになる。

従来、高田城の落城は天正四年のことと考えられてきた。これは、「覚書」に貞広が元亀元年（一五七〇）から「七年程」城主を務めたとあることに起因するものと推定されている。同時代史料で高田城落城に触れる数少ない文書に九月十四日付で毛利輝元《てるもと》が吉見正頼《よしみまさより》に宛てた書状があり、「作州高田の事、去十一日落去せしめ候」と高田城の落城を報せている〔吉見家文書〕。それと同時に「今に残る所なく」戦後処理を命じたことがわかる。この輝元書状には年号が付されていないが、「天神山落去の儀」に関しても記されているため、浦上宗景の居城である天神山城が落城する天正三年に比定されている。

高田城の落城には、毛利氏方として活動した宇喜多直家の仲介があったとされる。「覚書」によると、直家が三浦氏に対して毛利氏（「芸州衆」）に高田城を渡すように裁定をしたため、十月に毛利氏の家臣である楢崎《ならさき》氏へ城を明け渡して退城したという。この退城の際に戦闘はほとんどなかったようで、三浦貞広は家臣である牧菅兵衛に対して、翌年の五月に至って「去年高田下城」の際の気遣いを謝している〔下河内牧家文書〕。

その後、高田城は毛利氏の拠点として機能し、天正十年（一五八二）に毛利氏が羽柴秀吉と和睦すると、毛利氏と秀吉方に離反していた宇喜多氏との領国交渉を経て、宇喜多氏の支配地となった。

高田退城後の貞広の動向は判然としない。「覚書」では貞広のその後の動向を記す箇所が「大分損」じており、部分的にしかわからないが、秀吉に属して高松《たかまつ》城（岡山市北区）攻めに参加したのであろうか。そして、播磨国林田《はやしだ》（兵庫県姫路市）で病死したと伝えられる。一方で、三浦氏の系図では備中における戦いで死亡したとも、播磨国林田で病死したとも記されており、林田で病死したという説が流布していたのであろう（「家系」）。

伝先三浦氏墓地　岡山県真庭市　撮影：筆者

また、三浦貞勝の子息とされる桃寿丸が高田城落城後も生存していたことが伝えられている（「家系」）。というのも、貞勝の妻は貞勝死後に宇喜多直家の妻に迎えられ、後継者となる秀家《ひでいえ》を産んだ円融院《えんゆういん》とされており、その際に貞勝との間の子息である桃寿丸を連れ立っていたとみられる〔森二〇〇七・二〇〇八〕。桃寿丸は、天正十年に直家子息秀家に同道して羽柴秀吉に謁見したものの、同十二年に上洛した際に発生した地震によって「圧死」したと伝わる。これにより、貞久の血筋は途絶えたようである。

三浦氏の居城高田城は、美作津山《つやま》城（津山市）主である森《もり》氏の治世下になる正保二年（一六四五）までに廃城となったようで、「正保美作国絵図」には「古城」として表記されている。その後に森氏が改易されたため、明和元年（一七六四）には二万三千石を拝領した三浦明次《あきつぐ》が三河国西尾《にしお》（愛知県西尾市）から高田城周辺に入部する。なお、この三浦氏と高田城主であった三浦氏とは直接の関係はないものとみられる。入部した三浦氏は、城下に長屋を建築して家臣を入れるとともに、同三年には城山の隣の勝《かつ》山《やま》山頂に太鼓櫓を、翌年には城山の西麓に大手門を築き、同七年には御殿を完成させている。そして、勝山藩主として幕末まで存続することになる。

（石畑匡基）

【主要参考文献】

森俊弘「秀家の生母、円融院」（『宇喜多家史談会会報』二四・二五、二〇〇七年・二〇〇八年）
森俊弘「文献史料でみる高田城と城主の推移」（『真庭市埋蔵文化財調査報告6　真庭市指定史跡　高田城総合調査報告書』真庭市教育委員会、二〇一五年）
渡邊大門「永禄・天文年間における美作三浦氏の支配構造」（『研究論集　歴史と文化』三、二〇一八年）

細川通董――備中に盤踞した名門細川家一門

細川通董の出自

細川通董《ほそかわみちただ》は、備中国鴨山城《かもやま》（岡山県浅口市）を拠点とした国衆である。室町幕府管領を務めた細川宗家（京兆家《けいちょうけ》）の一門であり、「下野守《しもつけのかみ》」の官途を称していたことから、「細川野州家《やしゅうけ》」と呼ばれた。十五世紀までの備中国（岡山県）は、備中国守護家・細川京兆家・細川野州家の三つの細川氏の系統によって支配がなされていた。このうち、野州家は備中国浅口郡《あさくち》（浅口市など）および伊予国宇摩郡《うま》（愛媛県四国中央市など）の分郡守護であったとされる〔小川一九八〇〕。

十六世紀初頭には野州家当主である細川政春《まさはる》の長男高国《たかくに》が京兆家当主に就任して以来、京兆家自体が高国を始祖とする系統と、阿波国守護細川義春《よしはる》の子澄元《すみもと》、その子の晴元《はるもと》と続く系統とに分裂し、長期にわたる主導権争いが展開された。高国系京兆家を輩出する母体となったのが野州家であった。そのためか、永正十二年（一五一五）十月に政春は息子高国から「備中国守護職」に補任される。ただし政春は備中国には下向せず、そのうえ同十三年には死去するため、守護としての具体的な活動は看取されない。とはいえ、細川京兆家による分国の再編成が企図され、縁戚にある野州家が抜擢されたものとみられる。

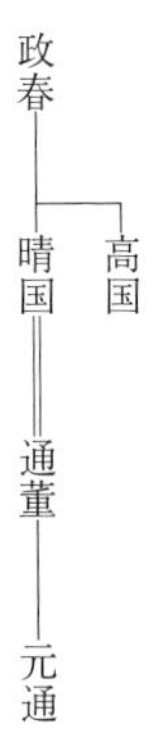

細川氏略系図

通董の出自については「長府細川系図」（以下、系図）に依拠したうえで、細川政春の子息である晴国《はるくに》の子息であったが、叔父の輝政《てるまさ》（通政《みちまさ》）の猶子《ゆうし》となったと考えられてきた。しかし、近年馬部隆弘氏によって、右の系図の記述内容に対して疑義が提唱されている〔馬部二〇一八〕。馬部氏は、系図に添付されている古文書の多くは信頼が置けるものとしながら、系図自体の記述に関しては古文書から創作された可能性が高く、特に通董の養父とされる輝政（通政）については架空の人物であると結論付けた。そこで、改めて馬部氏の説に則しながら、通董の出自を確認してみたい。

そもそも細川高国のもとにおける備中国守護はその父政春の弟である春倶《はるとも》の長男国豊《くにとよ》、さらにその子息とみられる九郎二郎へと継承されたという。しかしながら、永正十二年（一五一五）十月に九郎二郎は突如自死した。そこで高国は父である政春を備中国守護に補任し、以後この家は政春の官途「安房《あわの》守《かみ》」から「房州家《ぼうしゅうけ》」と称された。このとき政春は六十歳であり、家督継承者の確保が課題であったが、翌永正十三年には「房州家督誕生」したという。それが晴国である。晴国誕生の翌年である永正十四年に罹病した政春は翌年正月に死没する。

幼くして父を亡くした晴国は、元服まで虎増《とらます》（虎益）を称した。大永六年（一五二六）に元服すると八郎の仮名《けみょう》を用いた。なお、系図では晴国を「備中国主」「在城予州松山」と記すが、そのような事実はなかったと指摘されている。そのうえ、晴国は安房守を称していなかったとされる。系図では、晴国の弟である輝政が晴国の養子になったと記す。ところが、輝政は系図以外では確認できず、その存在自体に疑義が提唱されている。輝政の存在が捏造された理由としては､通董の生年天文四年（一五三五）と、晴国の没年天文五年との間隔がわずか一年しかないため、この部分を時間的に繋ぐためだったと推測されている。しかし、通董は実在の人物であり、彼こそが晴国の後継者であることは疑いないものとされている。

その通董の出自に関して「鴨山城由緒」〔長川寺文書〕によれば、天文四年に通董も伊予で誕生したと伝えられている。晴国が「在城予州松山」であったことは疑義が呈されており、通董の伊予在国の有無も再検討を要するだろう。一方で、「通」の字は伊予国守護である河野《こうの》氏の実名の通字であるため、何らかの関係を有したのかもしれないが、これ以上は判然としない。

毛利氏へ接近する通董

そもそも通董は、天文四年（一五三五）に誕生したと伝えられる。初めは通頼《みちより》と称し、後に通董へと改称したという。系図によると、天文五年に父である晴国が死去すると野州家の家督を輝政が継承したため、伊予国川江城《かわのえ》（四国中央市）に移ったとされる。天文二十二年に輝政が没すると通董は野州家を相続し、永禄元年（一五五八）には毛利《もうり》氏に従属して川江城から備中浅口郡へと移ったとされる。しかしながら、輝政が創造の人物である可能性があるなど、系図の記述を鵜呑みにできない点は先述した通りである。

一方で、系図に引用されている史料は信頼が置けるとされている。その中の一通に、七月三日付で細川京兆家を継承していた細川氏綱《うじつな》が「太郎」に対して、「安房守殿家督」の継承を祝う書状が確認できる。この書状には年号が付されていないが、差出に記された氏綱という実名は天文十二年八月以降から用いられていることから、本書状は天文十三年に比定されている。また、宛所の「太郎」は通董が該当すると考えられている。ちなみに、「安房守殿」とは、晴国など特定の個人を指すのではなく、政春がかつて称したことから派生した家督を意味する言葉であると指摘されている。さらに系図には、四月二日付で氏綱が「太郎」（細川通董）に宛てた書状も記載されている。こちらも年号がなく、従来は天文二十一年に比定されてきた。しかしながら、馬部隆弘氏は天文十四年に改めるべきと指摘している〔馬部二〇一八〕。つまり、天文十三年ごろには氏綱と通董とが連絡を取り合っている様子が看取できよう。

このように通董は天文十三年ごろに家督を継承し、京兆家当主である細川氏綱と同調する立場にあったとみられる。前述のとおり、通董は細川野州家嫡流が用いた通字である「国」や「春」を用いていない。一方で、「通」は伊予国湯築《ゆづき》城（松山市）を本拠とした河野氏の通字である。ゆえに、彼が幼少期に川江城など河野氏の影響が強い場所で育ったとの説もある。

なお、細川政春以来、備中国守護の家督は「安房守」として認識されていたが、通董はそれ以前に回帰して、「下野守」を称した。そして、京兆家当主氏綱の方針に従って、出雲国富田《とだ》城（島根県安来市）

を本拠とする尼子《あまご》氏との協調路線を模索する。しかしながら、天文十八年ごろには、尼子氏と敵対する周防国山口（山口市）の大名である大内《おおうち》氏の侵攻を受ける。そのうえ、尼子氏からの積極的な支援が受けられない中で、大内氏と和睦し、その傘下に組み込まれた。これによって、通董は細川京兆家の統制から脱して、備中国の国衆として活動した。さらにその後は大内氏の領地を経略した毛利氏に接近することになる。

詳しい年次は不明であるが、五月九日付で、いまだ太郎を称する通董に対して毛利元就《もとなり》が与えた返書が残されている〔下関文書館蔵文書〕。元就は、元亀二年（一五七一）六月に死去するため、それ以前の発給であることは確かである。さて、この書中で元就は、通董が山陽方面の軍事行動を担当する元就三男の小早川隆景《こばやかわたかかげ》に協力したことを褒称している。

また、元亀元年に推定される十二月十一日付で小早川隆景が通董へ与えた書状には、備前国衆である松田《まつだ》氏の領知から七百石を宛て行う約束をしていたところ、通董からの要請を受け入れ千貫を宛て行っている〔下関文書館蔵文書〕。つまり、通董は毛利氏から知行宛行を受ける存在であったことがわかる。そして、毛利氏方として活動する備中猿懸《さるかけ》城（岡山県倉敷市・矢掛町）を拠点とする庄元資《しょうもとすけ》とともに、備中幸山《こうざん》城（岡山県総社市）の警固についている。なお、ここでの宛所は「下野守」となっているため、通董が太郎から下野守に改称したのは元亀元年以前のこととみられる。

天正二年（一五七四）閏十一月に備中国衆三村《みむら》氏が毛利氏から離反し、いわゆる「備中兵乱」が始まると、

幸山城跡　岡山県総社市

通董は毛利氏方として戦いに従軍した。翌年正月に行われた国吉《くによし》城（岡山県高梁市）攻めでは、首級三つをあげている〔毛利家文書〕。

このころまで通董は連島《つらじま》（岡山県倉敷市）を本拠としていたようで、毛利氏から「連嶋」と称されている。天正三年には野州家代々の居城とされる鴨山城を改修したうえで入城したとされる。鴨山城は、山容が鴨に似ているところから名付けられたという鴨山（一六八・二メートル）の山頂に築かれている。管領細川頼元《よりもと》の子息である満国《みつくに》によって応永年間（一三九四～一四二八）に築城されたと伝わる。『中国太平記』（享保六年〈一七二一〉刊行）によれば、元亀元年に、出雲富田城を拠点とする尼子氏に与同する備中国衆である庄氏・植木《うえき》氏など三千余りの軍勢によって鴨山城は攻略されたという。

通董の居城の変遷に関して、時代は降るが元文年間（一七三六～四一）に成立した「鴨方領明細帳」（池田家文庫蔵）という史料によれば、青佐山《あおさやま》城（岡山県笠岡市）や竜王山《りゅうおうざん》城（浅口市）、道越《みちごえ》（倉敷市）の要害山城に居城を構えたという。同じく後世の編纂史料である「鴨山城由緒」〔長川寺文書〕では、永禄二年（一五五九）に青佐山城、同九年に竜王山城を居城とし、天正三年に通董は鴨山城へと入城したと記されている。

　そののちも通董は、毛利氏の軍事行動のほとんどに従軍した。織田信長と対立して、備後国鞆《とも》（広島県福山市）に下向してきた室町幕府将軍足利義昭《あしかがよしあき》を毛利氏が受け入れることを決し、天正四年には信長と交戦する大坂本願寺に兵粮を搬入した。これ以降、毛利氏は信長との戦争を展開する。この対織田戦争において、通董は毛利方として活動しており、天正六年に毛利方へと寝返った荒木村重《あらきむらしげ》救援のために出陣が予定された〔萩市郷土博物館蔵文書〕。この出陣は結局不発となったようだが、一貫して毛利氏方として活動していたことがうかがえる。

長府毛利家の家老へ

　天正十年（一五八二）六月、本能寺の変により信長が死去したことによって、備中国高松《たかまつ》（岡山市北区）に在陣していた羽柴（豊臣）秀吉は毛利氏と和睦した。その後の秀吉は、賤ケ岳《しずがたけ》合戦など織田氏内部の権力闘争に注力する。一方で、毛利氏内部では秀吉との内通者の炙り出しや報復が行われている。例えば、備後国神辺城《かんなべ》（福山市）と伯耆国尾高城《おだか》（鳥取県米子市）を拠点とする毛利氏方国衆の杉原景盛《すぎはらかげもり》が天正十二年に誅罰される事件も起こっている。毛利氏内部において疑心暗鬼の状況が続くなか、通董に対しても疑惑の目が向けられたようである。その釈明のために発給されたのが、管見の限り唯一確認できる通董の発給文書である。本文書は、天正十年十一月七日付で小早川隆景宛に作成されており、文書の形式は牛玉宝印《ごおうほういん》という護符を翻して、神仏に対して物事の実行などを誓う起請文である〔長府毛利文書」。現在、原本は確認できないが、東京大学史料編纂所に影写本として残されている。本文書は、これまでの研究ではほとんど触れられてはおらず詳しくみていこう。

右の起請文に通董は「源通董」と署名している。そもそも細川氏は清和源氏の末流であるため、通董も源氏を称したことがわかる。さらに、「通董」という実名を確かに彼が用いていたことが判明する。

細川通董の墓　浅口市・長川寺　撮影：筆者

内容を確認してみると、昨年（天正九年）の春に羽柴（豊臣）秀吉と対陣して以来、私（通董）に対して疑念があると（毛利輝元《てるもと》や小早川隆景が）おっしゃりました。輝元と隆景に対して謀反の気持ちはございません、とある。右の内容の後に神文が続いている。輝元や隆景が通董に対して向けた疑念の内容は詳述されていないものの、秀吉との「対陣」以来という点を重視するのであれば、秀吉との内通を疑われたとみてよいだろう。この疑念に対して、通董は潔白を証明するために起請文を作成したのである。この疑念は無事晴れたようで、特に譴責された様子は確認できない。

そして、天正十五年に九州出兵に向かう途次の赤間関《あかまがせき》（山口県下関市）において通董は死去したという。なお、鴨山城に入城した際に彼は麓にあった長川寺《ちょうせんじ》（浅口市）を菩提寺と定め、山門や堂宇を再興し寺領として百二十石を寄進していたと伝わる。現在同寺には、細川通董の墓と画像が残されている（写真）。

通董の跡を継いだのは元通《もとみち》である。彼は、毛利元就の四男元清《もときよ》の娘を妻に迎えていた。元清は、鴨山城にも近い、備中猿懸城を拠点としており、婚姻関係を結ぶことによって、毛利氏領国の東端である備中国内の国衆の紐帯を強める意図があったのだろう。さらに、毛利氏の傘下にある備中国の国衆の多くが在名を称したように、元通は鴨方城が所在する「浅口」を名字として称した。豊臣政権による「唐入り」にも毛利氏の軍勢として従軍しており、慶長二年（一五九七）十二月の蔚山《うるさん》の戦いの戦功に関して豊臣秀吉から備中国衆たちに与えられた感状にその名がみえる〔長府細川家文書〕。

ところが、慶長五年九月の関ヶ原合戦で毛利氏などのいわゆる「西軍」が敗北したことによる減封を受け毛利氏に付き従ったため鴨山城を失った。その後の元通は、元清の次男である秀元《ひでもと》を始祖とする長府毛利家の家老として幕末を迎えることになる。

（石畑匡基）

【主要参考文献】
小川信『足利一門守護発展史の研究』（吉川弘文館、一九八〇年）
『鴨方町史』（鴨方町、一九九〇年）
末柄豊「細川氏の同族連合体制の解体と畿内領国化」（石井進編『中世の法と政治』吉川弘文館、一九九二年）
古野貢「中世後期における地域支配権力の転回―細川氏分国備中国を素材に―」（同『中世後期細川氏の権力構造』吉川

弘文館、二〇〇八年、初出二〇〇七年）
畑和良「細川通董の野州家相続とその背景」（『倉敷の歴史』二二、二〇一二年）
馬部隆弘「細川春国・氏綱の出自と関係―「長府細川系図」の史料批判を兼ねて―」（同『戦国期細川権力の研究』吉川弘文館、二〇一八年、初出二〇一二年）

清水宗治——毛利氏の捨て石にされた勇将の最期

宗治以前の清水氏と備中国守護代石川氏

応永三十三年（一四二六）、備中国守護細川《ほそかわ》氏の下で備中国守護代であった石川《いしかわ》氏が社務代を務めていた備中国惣社《そうじゃ》（吉備津《きびつ》神社）の造営が行われた際の上棟祝の疋馬の三番に、清水《しみず》修理助《しゅりのすけ》と清水勘解由《かげゆ》左衛門《さえもん》の馬がみられる。また、祭礼の桟敷《さじき》配置において、清水氏は国衙《こくが》在庁官人《ざいちょうかんじん》を出自とすると推定される列の末席に位置しており〔古野二〇〇八〕、この時点における清水氏は石川氏の麾下にあったが、その出自は国衙在庁官人で、石川氏の譜代家臣でなかったことをうかがわせる。このような石川氏と清水氏との関係が、延徳三年（一四九一）、石川氏とともに守護代であった庄元資《しょうもとすけ》が守護細川勝久《かつひさ》と対立した際、石川源三は守護方、清水右京助《うきょうのすけ》は反守護方として活動するという対応の相違を生じさせたと考えられる。

これ以降、宗治が登場するまでの清水氏の動向は定かでない。石川氏については、天文八年（一五三九）の尼子《あまご》詮久《あきひさ》による備中国進攻の際、石川家久《いえひさ》父子が尼子氏に服属したが、郡山《こおりやま》合戦後に尼子勢が一時撤退すると、庄氏に攻撃されて天文十年、石川父子は討ち死にしている。

その後、石川氏の当主となった久智《ひさとも》は、天文二十二年頃から毛利氏への従属を強めていった。大友宗麟《おおともそうりん》の策略によって形成された毛利《もうり》氏包囲網の一翼を担う浦上《うらがみ》氏・宇喜多《うきた》氏と毛利氏との戦闘において、石川氏が毛利方の最前線として機能していたことは、元亀元年（一五七〇）八月に石川氏領へ進攻した「備前衆」に対する味方の応戦の情勢を毛利元就《もとなり》が尋ねていることからもわかる。また、元亀二年正月には、「備前衆」による石川氏の居城幸山《こうざん》城（岡山県総社市）進攻への毛利氏の対応が計画されており、石川氏は毛利氏による備中国掌握における重要な一員となっていた。

ところが、元亀三年に毛利氏と浦上氏・宇喜多氏との講和が成立し、その後、浦上氏と宇喜多氏との対立を契機に、宇喜多氏を支援した毛利氏から三村元親《みむらもとちか》が離反するという備中兵乱が天正二年（一五七四）に勃発すると、石川氏も毛利氏から離反した。当主石川久式《ひさのり》（久智の子）の妻が三村家親娘（元親姉妹）だったためという。

毛利氏への服属

石川氏は三村元親に荷担したが、清水宗治《むねはる》は毛利氏に服属した。天正二年（一五七四）閏十一月一日付けで、小早川隆景《こばやかわたかかげ》が宗治と江口《えぐち》源介に宛てた起請文（岡山県立博物館所蔵文書）に「あなたがたお二人の毛利氏に対する長年のご尽力は今でもまったく忘れておりません。もし、ご家中において、今後、どんな変化が起ころうとも、見放すことはございません。」とある。江口源介も石川氏の麾下にあった在地領主層と考えられる。石川氏に毛利氏から離反の動きがみられたことに対応するため、隆景が中心となって石川氏麾下の在地領主層への調略が行われたことを示しており、中でも、宗治を毛利方に留めようという隆景の意図が感じられる。

結局、宗治らは毛利方に留まり、石川氏は毛利勢の攻撃によって天正三年、滅亡した。石川氏滅亡後、宗治はかつて石川氏の担っていた吉備津神社に対する郷村の役負担（段銭《たんせん》の納付など）を統括するようになっており、石川氏に代わって備中高松城《たかまつ》（岡山市北区）周辺地域を支配する地域領主層へと成長していった。また、この地域の領主層に対する毛利氏からの命令は宗治を通じて伝えられており、周辺領主層を統括する役割も担うようになっている。

宇喜多氏の離反と宗治

天正七年（一五七九）、宇喜多直家は毛利氏から離反すると、備前・備中・美作境目地域の郷村内において武力を有する中間層の毛利氏支配に対する反抗を誘発させた。八月には有漢《うかん》（岡山県高梁市）の地下人《じげにん》が宇喜多氏に呼応するという動きも起こっており、高松城周辺地域も毛利氏にとって警戒すべき地であった。

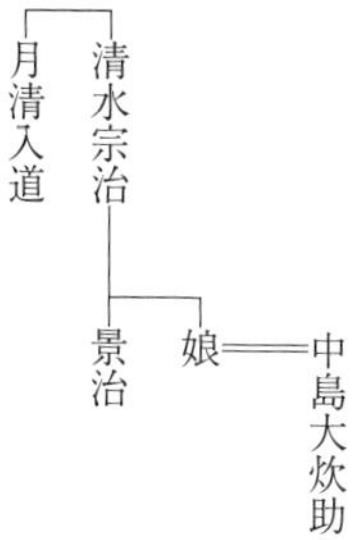

清水氏略系図

このため、小早川氏家臣井上春忠《いのうえはるただ》は十月二十日付けで宗治に対して「幸山衆については、いずれの城の在番も命じません。高松城や庭瀬《にわせ》（岡山市北区）の周辺、そのほか境目の城に居る衆も同様です。大身であろうと、小身であろうと、在所に居る衆すべてに対して触れを出されて、山南の衆は東庄（岡山県倉敷市）へ出撃され、在陣して東庄を鎮められ、また、万一の場合には、どこの城にでも駆け付けるように命令してください」という書状（黄薇古簡集）を発している。宗治をはじめとした在地領主層が毛利氏に服属したのは、自らの家の権益を守ること、あるいは拡大することに有利だと思ったからであり、毛利氏が不利になると離反するのは当然であった。宇喜多氏が織田権力に通じて毛利氏から離反した一方で、毛利氏は伯耆国南条《なんじょう》氏にも離反され、対宇喜多氏に専念できる状況になかった。そのような情勢下で在地領主層が自らの本拠に留まることによって、離反が可能になることを恐れて、毛利氏は右のような措置をとろうとしたのである。

また、同書状には「ご家来衆については言うまでもなく、領主層に対しても少しでも甘くならないように、皆々が苦労していることなので、そのように心得られて、あなたの御家人を一人も残らず、右のことを伝えるために最寄りの所へ派遣されて、在陣させられ、必要な用を果たされるように命令されることが第一です」とあり、宗治自身は別として、清水氏家臣層も毛利氏にとっては全面的に信用できる存在ではなかった。

そのような備前・備中境目地域支配の不安定さを、毛利氏はどのようにして解消しようとしたのか。高松城合戦終結後、隆景は「これ以前は、宗治が居られたので、すべてについてお頼みして任せていました」（正宗文庫所蔵文書）と記しており、備中国南部の備前国境目地域の統治を宗治に委任したのである。しかし、このような統治体制は、毛利氏による支援の保証のないまま、宗治に大きな責任を負わすものでもあった。

秀吉勢の襲来

備前・備中・美作境目地域における毛利・織田戦争は、毛利勢が天正七年（一五七九）十二月に四畝城《よつうね》（岡山県高梁市、真庭市）、天正九年十月には忍山城《しのぶやま》（岡山市北区）を攻略するなど、毛利氏にとっても互角の戦いを繰り広げていた。しかし、天正十年になると、秀吉の調略によって、来島村上《くるしまむらかみ》水軍や備前国児島《こじま》（岡山県倉敷市）の高畠《たかばたけ》水軍が織田方へ転じたことによって、一気に織田方有利へと傾いた。

その機をとらえ、秀吉は四月十三日、今保川を越えて備中国毛利氏領へと進攻した。その最前線に位置する岩山城《いわやま》（倉敷市）を通過、さらに北上し、四月十六日より前に宮路山城《みやじやま》（岡山市北区）を攻撃した。宮路山城は、備前・備中境目地域における毛利方の防衛線境目七城の一つとされる。ほぼ同時に冠山《かんむりやま》城（岡山市北区）も攻撃を受けたが、両城とも持ち堪えていた。一方、秀吉の調略によって、日幡《ひばた》城（倉敷市）の在番であった備後の有力国人で毛利家の縁戚にあたる上原元将《うえはらもとまさ》（妻は毛利元就娘）が、少なくとも四月二十四日より前に離反を決意しており、秀吉勢の兵力を分散させることに失敗した結果、冠山城は四月二十五日、宮路山城は五月二日に陥落した。

宮路山城には小早川家の庶家乃美隆興《のみたかおき》の子景興《かげおき》、冠山城には備中あるいは備前の領主層と考えられる

豊臣秀吉画像　佐賀県立名護屋城博物館蔵

林《はやし》三郎左衛門尉・松田《まつだ》孫次郎が指揮官として在番していた。両城のうち、宮路山城は「落居」と記されており、最後まで抵抗することなく開城したと考えられ、景興は無事に帰国している。一方で、冠山城は「責崩」「乗崩」と記されており、最後まで抵抗して攻略されたと考えられ、指揮官である林・松田は頸をあげられた。もっとも、冠山城に在番していた祢《ね》屋《や》七郎兵衛や友野《ともの》石見守らは退去している。隆景は五月九日付けで彼らに対して「無事に退去され、よかった」とするとともに、忠節を褒賞しており〔黄薇古簡集〕、彼らの退去が毛利氏に反した行動ではなかったことをうかがわせる。祢屋や友野は宗治と同様に、かつて石川氏の麾下にあった在地領主層である。

なぜ、指揮官である林・松田のみ退去できなかったのであろうか。「討ち捕った」とするのは秀吉のプロパガンダにすぎず、実際には、指揮官の切腹を条件に開城させた蓋然性が高い。後年のものであるが、『萩藩閥閲録《はぎはんばつえつろく》』清水家の由緒書において、林は切腹したと記されている。林・松田と同じ立場の乃美景興が切腹を免れた理由は定かでないが、小早川家の庶家という点に秀吉が配慮した可能性を指摘できる。秀吉の進攻は毛利勢との全面対決を想定したものと評価されてきたが、実際には、境目七城の早期の攻略によって毛利氏領国内の領主層の謀叛を誘発させるとともに、毛利氏の戦意を削ぎ、織田権力への服属に追い込むという戦略だったのではなかろうか、乃美景興の命を奪うことが毛利氏、とりわけ隆景の復讐心を駆り立てることを避けた可能性もあろう。

高松城水攻め

宮路山城が落城した同日、鴨城《かも》(岡山市北区)の端城も攻略され、在地領主生石氏の離反により鴨城本丸も危機に陥ったが、桂広繁《かつらひろしげ》らの活躍により撃退に成功した。同日、亀石城《かめいし》(岡山市北区)は織田勢に降伏している。この亀石城については、天正七年(一五七九)に比定される十一月十一日宗治書状(福武家文書)に「おのおの子女を引き連れて、亀石へ御入城されたこと、神妙なことです」とあり、宛所の福武《ふくたけ》四郎太郎などの在地の土豪太井庄衆が子女を連れて入城していた。在地の土豪層にとって最大の関心事は地域の安全であるから、毛利氏のために生命を危険にさらしてまで戦う理由はない。降伏は当然の選択であった。

宗治が守備する高松城に対する秀吉の攻撃は、四月二十七日に始まったとされる。高松城には宗治の兄月清入道とその子右衛門尉のほか、周辺の在地領主層中島《なかじま》大炊助、林三郎左衛門尉の子与三、荒木《あらき》氏一族らが籠もったという。しかし、秀吉の水攻め作戦によって、高松城は完全に水没し、孤立したとい

上：備中高松城跡　下：清水宗治の胴塚　ともに岡山市北区

うのが通説である。

ところが、五月二十三日付け秀吉書状〔総見寺所蔵文書〕に「今夜高松へ稼ぎに出られ、空き船を回収したとのこと、適切な機転で、高松城内は打つ手が無くなったことでしょう。めでたいことです」とあり、高松城周辺が船による航行可能な程度に水没していたこと、毛利方による船を用いた城内への兵粮補給が、織田方によって不可能になったことがわかる。六月二日付け吉川元春《きっかわもとはる》書状写〔吉川家中并寺社文書〕にも「高松城は水攻めを仕掛けられ、敵は下口に堤防を築いて河水を氾濫させて攻撃していますとあるが、五月二十二日付け熊谷信直《くまがいのぶなお》（安芸国人）書状〔厳島野坂文書〕には「高松の水も以前より減っているように見えます」とある。

つまり、五月上旬の比較的短期間で水攻めのための堤防が築かれ、氾濫した水によって高松城周辺は一時的に水没したが、五月下旬には水位が低下していた。兵粮補給が困難な程度まで高松城が水没するか否かは降水量に左右される。隆景ら毛利勢先鋒部隊は五月二十一日、吉川元春勢と合流して、幸山（岡山県総社市）から秀吉勢と対峙する位置にまで陣を移しており、このまま降雨が少なく、水位の低下が続けば、物理的には兵粮補給は可能であり、毛利勢は包囲開始からの期間を考慮すると、六月初頭の時点において、高松城が絶望的な状況にあったとは考え難い。にもかかわらず、なぜ毛利氏は高松城主清水宗治の切腹という条件で停戦を受諾したのか。

高松城を孤立させ自らは頑強な陣城を築いて〔畑二〇〇八〕、持久戦に持ち込む準備を整えている秀吉勢に対し、毛利勢には力攻めするだけの兵力はなく、水軍勢力の離反によって持久戦に耐えるだけの物資輸送手段に窮していた。六月二日に勃発した本能寺の変によって信長は横死し、その情報を得た秀吉は毛利氏に対して、停戦を提案した。一方、毛利氏は元就の頃から備後国支配に影響を与えるほどの大敗でなければ、備中国における支配圏縮小は容認することを指針としていたと考えられる。毛利氏にとっての本領は高梁川《たかはしがわ》以西であり、宗治を犠牲にしてでも本領を死守する覚悟だった可能性が指摘されている〔藤田二〇一〇〕。

結局、宗治は捨て石とされた。六月四日、兄月清入道、小早川氏からの援軍末近信賀《すえちかのぶよし》とともに切腹。その他の城兵の命は救われた。宗治の享年は四十六歳という。

（光成準治）

【主要参考文献】

畑和良「織田・毛利備中戦役と城館群―岡山市下足守の城郭遺構をめぐって―」（『愛城研報告』一二、二〇〇八年）
藤田達生『証言本能寺の変―史料で読む戦国史―』（八木書店、二〇一〇年）
古野貢『中世後期細川氏の権力構造』（吉川弘文館、二〇〇八年）

毛利元就・隆元
――完全無欠な英雄像の虚実

毛利氏の出自と元就・隆元の生涯

毛利《もうり》氏は貴族大江維光《おおえのこれみつ》の子広元《ひろもと》を祖とする。広元は寿永三年（一一八四）頃、源頼朝《みなもとのよりとも》に請われて鎌倉へ下向して鎌倉御家人となり、公文所《くもんじょ》（のちに政所《まんどころ》）別当《べっとう》に任じられて、一般政務・財政を統括するなど、鎌倉幕府創成期の功臣として活躍した。広元の長男親広《ちかひろ》は承久の乱において後鳥羽院《ごとばいん》方に与したため没落したが、相模国毛利庄（神奈川県厚木市）を本拠として毛利を称した広元四男季光《すえみつ》は、北条《ほうじょう》執権体制下においても有力な御家人として処遇された。のちに毛利氏の本拠となる安芸国吉田《よしだ》庄（広島県安芸高田市）地頭職は、承久の乱後に獲得したと推定される。

南北朝期に西遷して武士団を形成した毛利氏は、安芸国人領主層の中でも有力な存在となっていったが、応仁・文明の乱が勃発して間もなくすると、隣接する周防大内《おおうち》氏への従属を強めていった。元就の父弘元《ひろもと》は大内政弘《まさひろ》、兄興元《おきもと》は大内義興《よしおき》（政弘の子）から偏諱《へんき》を賜っている。一方で、大内義興上洛戦に随っていた興元は永正八年（一五一一）、細川澄元《ほそかわすみもと》らの反撃によって将軍足利義尹《あしかがよしただ》が京都から一時的に脱出した際、戦線を無断離脱して帰国し、翌年三月、他の安芸国人八名とともに一揆契約を結んでいる。この契約は、上級権力（幕府や大内氏）からの諸種の要求に対して結束して行動することを誓約するとともに、武田氏と結んで安芸国への進出を企てていた出雲尼子《あまご》氏と大内氏との争いによって安芸国人衆が分裂することを抑止しようとしたものであったとされ（岸田二〇一四）、戦国大名化する大内氏・尼子氏の狭間にある安芸国人領主層をまとめる役割を、毛利氏は担っていた。

毛利元就は毛利弘元の次男として、明応六年（一四九七）に生まれた。母は毛利家庶家の福原広俊《ふくはらひろとし》の娘。四歳のとき、長男興元に家督を譲った父弘元とともに、郡山《こおりやま》城から多《た》治比《じひ》（安芸高田市）の猿掛《さるがけ》城へ移ったが、五歳で母、十歳で父を失った。二十歳のとき、兄興元が亡くなったため、興元の子幸松丸が家督を相続し、元就が後見となった。大永三年（一五二三）に幸松丸が早死したため、元就が家督を継承。毛利氏を中国地方の大半を支配する戦国大名へと成長させ、元亀二年（一五七一）六月十四日、七十五歳で没した。

毛利元就画像　東京大学史料編纂所蔵模写

隆元《たかもと》は元就の長男。大永三年生まれ。母は隣接する安芸国人吉川国経《きっかわくにつね》の娘（法名妙玖《みょうきゅう》）。天文六年（一五三七）、人質として周防国山口の大内義隆《よしたか》の許へ送られ、義隆の加冠を受けて、隆元と名乗った。

のち、義隆の養女（大内氏重臣内藤興盛《ないとうおきもり》娘・尾崎局《おざきのつぼね》）を妻とした。天文十五年、元就から毛利家の家督を譲られたが、支配機構の中枢を担う五人奉行の構成が、隆元に直属する伝統的譜代上層家臣（赤川元《あかがわもと》保《やす》、国司元相《くにしもとすけ》、粟屋元親《あわやもとちか》）と元就側近の家臣（児玉就忠《こだまなりただ》、桂元忠《かつらもとただ》）であったことからわかるように、元就と隆元による共同支配体制に移行したものと評価される。また、大内氏滅亡後の永禄三年（一五六〇）に幕府の相伴衆《しょうばんしゅう》に加えられるとともに、安芸国守護職に補任され、のちに備後・備中・長門・周防国守護職にも補任された。

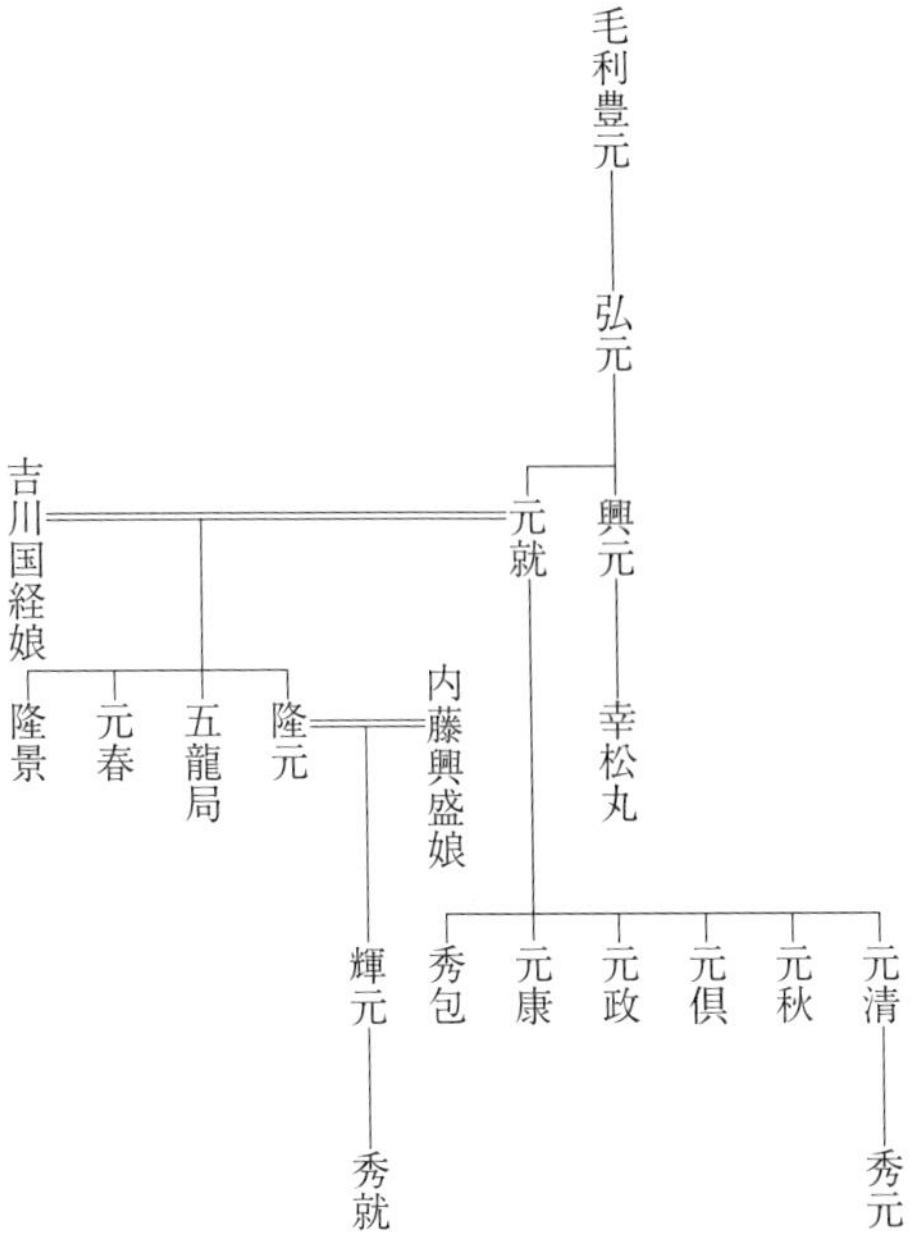

毛利氏略系図

隆元は永禄六年八月四日、尼子氏攻撃のため出雲に向かう途上、佐々部《ささべ》（安芸高田市）の宿所において急死。享年四十一歳。

元就・隆元が参戦した合戦は数多いため、以下では、主要な合戦のうち、他の武将の項で十分に触れることのできなかった合戦をとりあげ、その実像に迫ってきたい。

郡山合戦

大永三年（一五二三）に元就が家督を継承した当時の毛利氏は尼子氏に従属していたが、大内氏が安芸国への反攻に力を入れると、大永五年、尼子氏から離反して大内氏へ帰服した。それに対して、尼子氏は安芸国などをめぐって大内氏との抗争を続ける一方で、備中・美作方面に進出、さらに播磨国まで進攻していた。このため、天文九年（一五四〇）の尼子勢の毛利氏領への進攻は、上洛を目指す尼子氏が上洛戦の留守中に背後を襲われることを警戒して、毛利氏を討伐しようとしたものとするのが従来の通説であった。

しかし、そのような通説を否定する以下のような見解が発表された〔吉野二〇〇一〕。

天文四年頃、安芸国高屋保《たかや》（広島県東広島市）を本拠とする国人平賀《ひらが》氏において、大内氏が支援する弘保《ひろやす》と、尼子氏が支援する興貞《おきさだ》（弘保の子）が対立するという内紛が勃発した。この内紛は両勢力が拮抗して膠着状態にあったが、天文九年正月に安芸国へ向けて大内義隆が山口を出陣すると、尼子氏に従属していた安芸国人衆に動揺がみられたほか、六月には尼子方の中心的存在であった武田光和《たけだみつかず》が死没するなど、尼子方は劣勢に陥った。

このような劣勢の回復に向けて、平賀興貞が籠もる頭崎城《かしらざき》（東広島市）の救援、動揺している武田氏家中の安定化が求められ、そのためには、尼子氏勢力圏に隣接する親大内派の毛利氏領を制圧する必要があった。

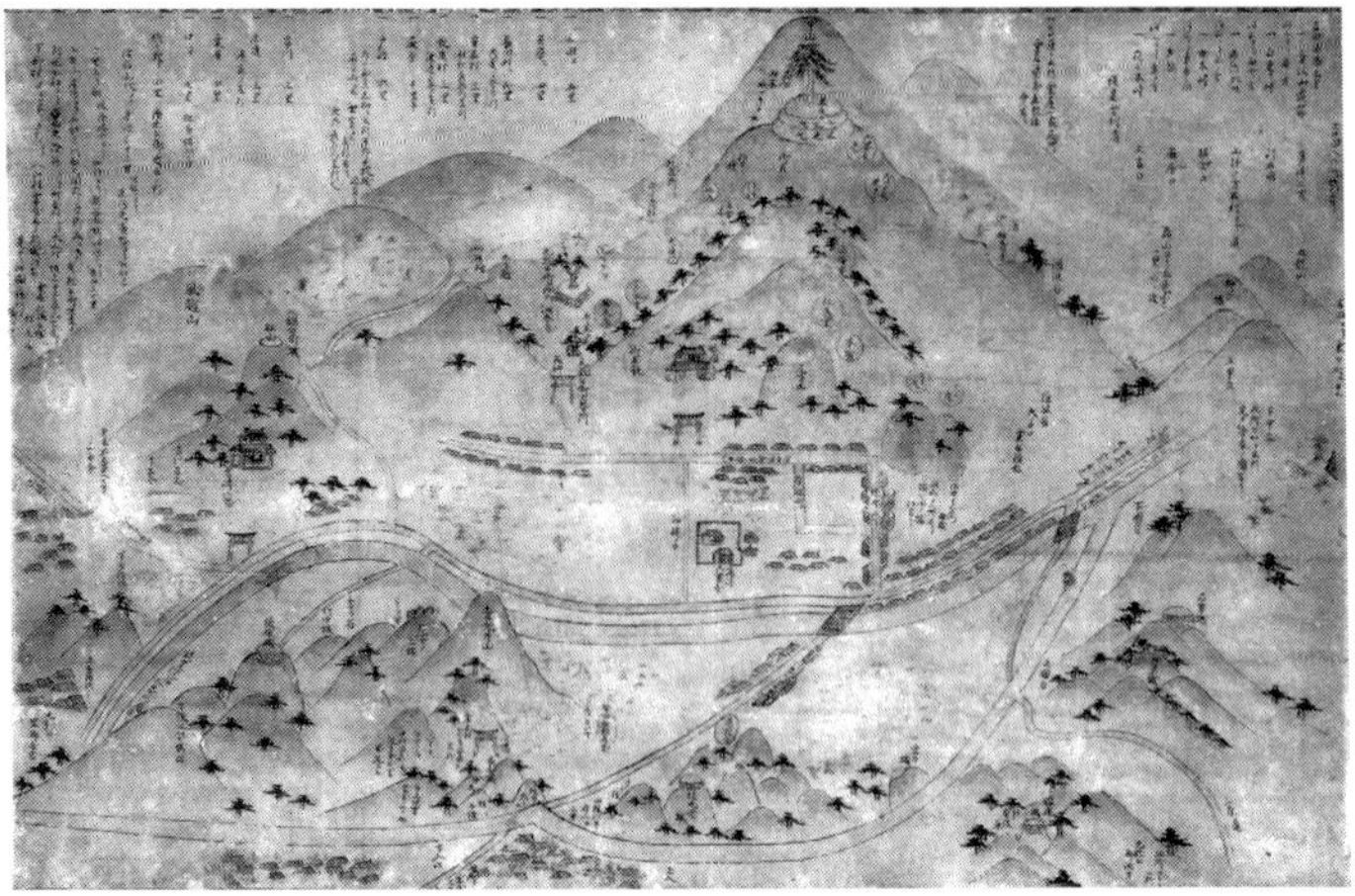
安芸吉田郡山城古図　山口県立山口博物館蔵

元就が尼子氏上洛戦の支障となることを強調する見解は、江戸期に成立した元就を過大評価する軍記類の影響を受けたものであり、郡山合戦における元就の戦功についても同様の過大評価がみられる。もっとも、そのような評価は、元就の自筆とされる記録〔郡山籠城日記〕に基づくものも多い。以下、「郡山籠城日記」に基づき、合戦の経過をみていこう。

天文九年九月四日、尼子詮久は出雲・伯耆・因幡・備前・美作・備中・備後・石見・安芸半国の兵を率いて、郡山城西方の多治比に着陣した。兵力を三万としているが、元就が戦功を強調するために、実際の兵力より過大な数を記したと推定される。緒戦において郡山城下まで侵入したものの数十名の戦死者を出した尼子勢は、九月二十三日、多治比川を挟んで郡山城の対岸に位置する青山・三塚山に陣替えして、大軍の包囲によって毛利氏を屈服させる戦略に転換した。その後は、尼子勢の南方への展開、城下における小競り合いがみられたが、郡山城の攻略を果たすことはできなかった。一方、大内氏からの援軍を率いた陶隆房《すえたかふさ》（のちの晴賢《はるかた》）は十二月三日、郡山城の東方山田中山（安芸高田市）に着陣し、天文十年正月十一日、郡山城尾根続きの天神尾に陣替えした。援軍の到着に力を得た元就は、同月十三日、宮崎長尾の尼子陣を攻撃して大勝。同時に陶勢が三塚山を攻撃し、尼子勢は撤退に追い込まれた。

このような記録などを根拠として、大軍に対して籠城しつつ、巧みな戦略で長期戦に持ち込み、補給路を確保していなかったために兵粮・物資補給に窮した尼子勢を、大内氏からの援軍到着を待って打って出た元就が撃破したという英雄譚が生み出された。

しかし、元就の記録には重要な点が省略、あるいは簡略化されていると考えられる〔木村一九九六〕。第一に、尼子勢は竹原小早川《たけはらこばやかわ》家・天野《あまの》氏・井原《いはら》氏といった大内方の安芸国人とも戦っているが、元就はその働きを簡略化して記している。第二に、この戦闘の大内方の主力は陶勢であるが、十月三日の着陣以降、正月十三日の戦闘までの陶勢の働きも元就は簡略化して記している。第三に、当初は尼子方として参戦していた沼田《ぬた》小早川家の裏切りが戦況の大きな画期となった蓋然性が高いが（二九七・二九八頁参照）、沼田小早川勢の行動は省略されている。

また、長期戦になった要因は、大内勢や大内方国人の素早い来援にある。一方で、「通路切搦」などによるゲリラ戦を展開して、後方との連絡遮断、兵粮・物資の輸送妨害に成功して尼子方を兵粮・物資補給に追い込んだ元就の戦功も小さくない。したがって、この合戦は全体的にみると、元就の勝利ではなく大内氏の勝利であったが、元就の戦略も勝利の一因であり、国外勢力を退却させるに当たって連携した安芸国人衆の中でも元就の指導的立場を高めることにつながった。合戦後、武田氏、厳島《いつくしま》神主家など安芸国内の尼子方は没落し、遺領の一部を毛利氏が獲得した点においても、この合戦は毛利氏が戦国大名へと飛躍する一歩になったといえよう。

吉田郡山城跡　広島県安芸高田市

大内氏との断交

天文二十年（一五五一）八月、陶隆房（晴賢）を中心としたクーデターが勃発した。軍記類によると、元就はそのような企てに反対であったが、対抗できる兵力がなかったため、やむをえず陶の命令に従ったとする。元就の真意は定かでないが、陶らが義隆を自害に追い込む九月一日以前から、毛利勢はクーデター派に呼応して広島湾頭に進出しており、決起に当たって陶は元就と協議し、賛同を得たうえで、ほぼ同時に行動を開始したと考えられる。さらに、毛利勢は九月、親義隆派の安芸国人平賀隆保《たかやす》の居城頭崎城や大内氏の安芸国支配の拠点で親義隆派が掌握していた槌山城《つちやまじょう》（広島県東広島市）を攻撃しており、表面的にはクーデター派に荷担して積極的な軍事行動を展開している。

天文二十一年になると元就は、大内氏の安芸国支配を担う弘中隆包《ひろなかたかかね》や大内方備後国人とともに、大内氏の内紛に乗じて備後国北部へ進攻してきた尼子勢と戦っている。七月に尼子方の志川滝山城《しかわたきやま》（広島県福山市、城主宮《みや》氏）を攻略した際の軍忠状には、大内晴英《はるふさ》（のちの義長《よしなが》、大友宗麟《おおともそうりん》弟でクーデター後に大内氏家督を継承）の袖判《そではん》が据えられており、この軍事行動は大内氏の命令によるものであった。

天文二十二年四月、尼子氏の調略によって、旗返城《はたがえし》（広島県三次市）を居城とする備後国人江田《えだ》氏が大内氏から離反すると、毛利氏は平賀広相《ひろすけ》（隆保の没落後、家督を継承）や大内方備後国人らとともに江田氏領へ進攻し、援軍として到来した尼子勢を破り、江田氏を滅亡させた。ところが、江田氏領は実際に戦功をたてた毛利氏や安芸・備後国人衆ではなく、大内氏の直接支配下に置かれたと推定される。クーデターに賛同してその後も大内氏からの命令に従って戦ったにもかかわらず、安芸・備後国人衆に対する恩賞は少なかったと考えられ、彼らは大内氏による支配に不満を抱くようになった。そのような安芸・備後国人衆を統合できるのは、彼らの中で最大の軍事力を有し、次男・三男を吉川・小早川氏に入嗣させ、郡山合戦における戦功など知略・戦略に卓越した元就のみであり、元就をリーダーとして大内氏からの自立を望む機運が高まっていたのである。

そのような情勢下で、天文二十三年三月、クーデター派に抵抗していた石見国津和野《つわの》（島根県津和野町）を本拠とする領主吉見《よしみ》正頼《まさより》（妻は大内義興娘）を討伐するために、陶晴賢は石見へ出兵し毛利氏へも出兵を要請した。元就は去就に迷ったが、五月、大内氏との断交を決意した。吉川氏・小早川氏・宍戸《ししど》氏に加えて、天野氏・平賀氏・熊谷《くまがい》氏・阿曽沼《あそぬま》氏といった有力な安芸国人衆はすぐに毛利氏に荷担しており、元就の決意はこれら国人衆との合意を前提にしたものであったと考えられる。

厳島合戦

大内氏と断交した毛利方は、安芸国佐東・佐西郡の大内方領へ進攻し、金山《かなやま》城（広島市安佐南区）、己《こ》斐《い》城、草津《くさつ》城（広島市西区）、桜尾《さくらお》城（広島県廿日市市）などを攻略し、厳島（廿日市市）を占領、さらに、周防国小瀬《おぜ》・御庄《みしょう》（山口県岩国市）へ進出した。これに対して、陶勢は周防国山代《やましろ》（玖珂郡山間部）、安芸国山里《やまさと》（佐西郡山間部）の土豪層を動員して、桜尾城方面に向けて進発し、六月、折敷畑《おしきばた》（廿日市市）において戦闘に突入したが、指揮官宮川《みやかわ》甲斐守を失う敗北を喫した。もっとも、翌年の厳島合戦に至る一ヶ月前までは、山里地域における戦闘は続いており、折敷畑における勝利によって毛利方が一気に優勢になっていたわけではない。

次に、厳島合戦の実像についてみていきたい。軍記類における叙述を根拠にしたかつての通説では、平地における戦闘では兵力差から不利であると考えた元就が、①桜尾城主桂元澄《もとずみ》（毛利氏家臣）の陶氏への内通を約束させて、陶勢を山間部ではなく沿岸部におびき寄せ、②さらに、厳島に囮の城である宮《みや》尾《お》城を普請して厳島へおびき寄せた、とされる。これに加えて、③陶氏家臣江良房栄《えらふさひで》を調略したうえで、その情報を流して陶晴賢に房栄を誅伐させた、④陶勢二万、毛利勢四千という兵力差を、狭小な地形に

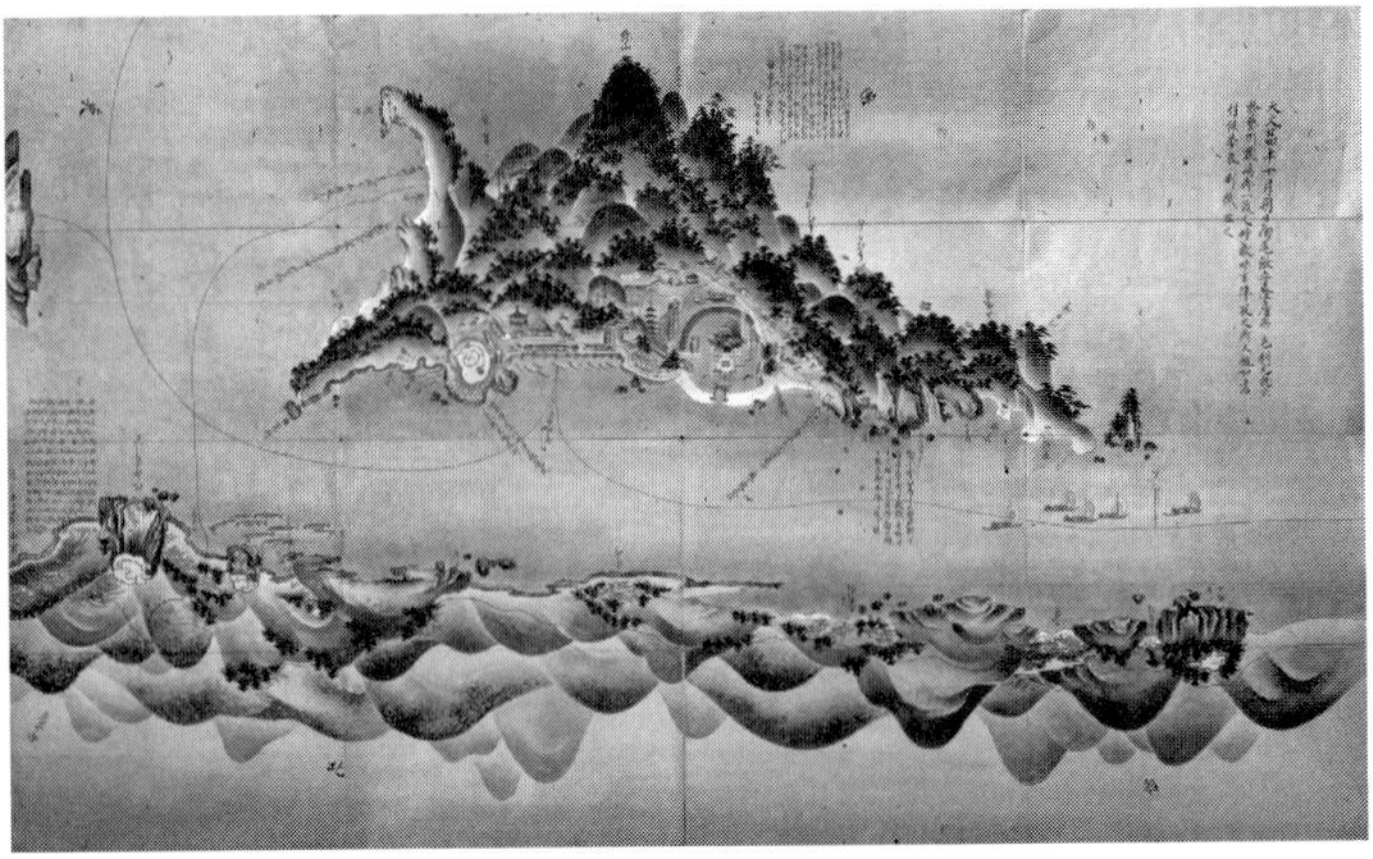

芸州厳島御一戦之図　山口県文書館蔵

おける奇襲攻撃によって勝利した、といった元就の知略が有名である。

しかし、①について、同時代史料にそのような形跡はまったく残っていない。②について、宮尾城は大内氏との断交直後には存在しており、囮の城として普請されたものではない。商業・流通の拠点として重要視していた厳島を断交直後に毛利氏に奪われた大内氏（陶氏）は、天文二十四年（一五五五）七月にも白井《しらい》水軍を派遣して厳島の奪還を企てたが、失敗に終わったため、晴賢自らが兵を率いて厳島へ渡海したのである。③について、房栄内応の根拠とされてきた『毛利家文書』には「江良」に三百貫を約束して内応を呼びかけたところ、それ以上を要求したと記されているが、この「江良」は房栄ではなく、江良弾正忠（賢宣《かたのぶ》）を指す。弾正忠は桜尾城を毛利勢が攻めた際に降伏し、厳島合戦後の防長進攻にも参戦しており、誅伐されていない。房栄が殺害されたことは事実と考えられるが、元就の調略に基づくという根拠はない。④について、厳島へ赴いた弘中隆兼《たかかね》は大内方の警固（水軍）が不足しているとして討ち死にを覚悟しており、毛利勢と大内（陶）勢に大きな兵力差があったとは考えられない〔秋山二〇一四〕。

このように厳島合戦における逸話には創作されたものも少なくないと考えられ、その勝利も来島村上《くるしまむらかみ》水軍の来援によるところが大きい。もっとも、この合戦で大内氏の中心人物陶晴賢を討ち取ったことが、その後の大内氏の急速に衰退につながり、弘治三年（一五五七）四月、毛利氏は大内義長を自害に追い込んで、防長二国を支配下におさめている。したがって、厳島合戦は毛利氏の運命を決定づけた一戦だったと評価できよう。

大友氏との対立

弘治三年（一五五七）、大内氏の北部九州における旧領については、義長の実兄大友宗麟を当主とする大友氏と毛利氏との争奪戦が展開された。大友氏は豊前・筑前の直接支配に乗り出し、反大友（親毛利）派の中心秋月《あきづき》氏の居城古処山《こしょさん》城（福岡県朝倉市）を攻略して秋月文種を敗死させた。同時期に秋月氏の豊前国における拠点馬岳《うまがだけ》城（同行橋市）も攻略され、秋月氏と連携していた筑紫惟門《つくしこれかど》（居城は勝尾《かつのお》城〈佐賀県鳥栖市〉）も没落した。さらに、永禄元年（一五五八）に大友氏が豊前国企救《きく》郡を制圧すると、永禄二年（一五五九）、大友義鎮《よししげ》に対して豊前・筑前国守護職が与えられ、大内家の家督継承も認められた。

一方、元就は大友氏支配に抵抗する北部九州の国人衆を支援して、間接的に大内氏旧領を支配下に置こうとした。筑前国守護代杉《すぎ》氏の一族杉連緒《つらつぐ》は永禄三年頃、筑前国へ復帰し、居城を高鳥居《たかとりい》城（福岡県篠栗町・須恵町）に置き、のち、豊前国香春岳《かわらだけ》城（同香春町）へも進出した。隆元と兄弟契約を結んだ秋月種実《たねざね》は永禄三年頃、古処山城を奪回。宗像氏貞《むなかたうじさだ》（宗像社大宮司家〈同宗像市〉）も反大友活動を展開した〔桑田二〇〇三〕。そのほか、麻生《あそう》氏・長野《ながの》氏も反大友方として活動するなど、大友氏への反抗は拡大していった。

もっとも、毛利氏による直接的な支配は、赤間関《あかまがせき》（山口県下関市）の対岸門司《もじ》（北九州市門司区）に留まっている。永禄二年六月に、大内氏旧臣貫《ぬき》氏らを派遣して門司城を攻略して在番を置き、その後、一時的に大友氏に奪回されたものの、再奪取した。さらに、永禄四年には、門司城の南にある苅田松山《かんだまつやま》城（福岡県苅田町）も奪取したが、それ以上の進攻は避け、調略によって大友氏の内部攪乱を図った。その標的は、大友氏の筑前支配において中心的な役割を担っていた筑前国宝満《ほうまん》城・岩屋《いわや》城（同太宰府市）城主高橋鑑種《たかはしあきたね》（大友氏一門一万田《いちまだ》家の出身）である。筑前国のうち半数に近い郡の支配を委ねるという条件を提示した結果、鑑種は永禄五年十一月、大友氏から離反した〔荒木一九九〇〕。

このような直接進攻に対する消極性の背景には何があったのか。毛利氏は永禄四年に成立していた毛利・尼子講和を翌年破棄して尼子氏領国へ進攻していたが、大友氏と尼子氏の両者を相手に並行して軍事行動を行うことは困難であった。そこで元就は尼子氏戦争を優先することとし、将軍足利義輝《あしかがよしてる》による大友氏との講和調停を受諾した。その結果、毛利勢は門司城を除く豊前・筑前国から撤退することとなり、毛利氏に荷担した国人衆の反対も押し切って、永禄七年、反大友軍事行動の前線拠点となっていた香春岳城からも撤退し、毛利・大友講和は成立した。

大友氏との講和成立によって毛利勢の対尼子氏戦線への注力が可能となり、永禄九年十一月、尼子氏の居城富田《とだ》城（島根県安来市）を開城させることに成功した。

毛利隆元画像　山口市・常栄寺蔵　画像提供：山口市教育委員会

立花山合戦

永禄七年（一五六四）の毛利・大友講和は、北部九州の親毛利派国人の大友氏への従属を招いていた。長野氏は永禄八年、長野里城（北九州市小倉南区）などを落とされ、十月頃までに大友氏に従属した。麻生隆《たか》実《ざね》は花尾《はなお》城（北九州市八幡西区）を開城、宗像氏貞は起請文を提出して大友氏に忠誠を誓い、反大友活動はいったん沈静化していた。しかし、富田城の開城後すぐに、高橋鑑種や筑後国生葉《いくは》郡の国人星野《ほしの》鎮忠《しげただ》が大友氏への反抗活動を活発化させ、永禄十年九月には、筑前国休松《やすみまつ》（福岡県甘木市）における合戦において親毛利派国人の中心秋月氏が大友勢を破るなど、かつての親毛利派国人（秋月・宗像・麻生隆実など）は毛利氏の支援を期待して、再び蜂起した。さらに、肥前の龍造寺隆信《りゅうぞうじたかのぶ》や筑前・肥前境目の国人原田《はらだ》氏（居城高祖《たかす》城〈同前原市〉）も大友氏から離反。兄隆実とは異なり、大友派に残っていた山鹿《やまが》城（同芦屋町）を居城とする麻生鎮里《しげさと》も永禄十一年正月以前に毛利氏に降伏しており、反大友氏の動きが拡大したことにより、毛利・大友講和は事実上破棄された。

毛利氏と大友氏との対立は、永禄十一年二月の伊予国における鳥坂《とさか》合戦（三〇一頁参照）を引き起こしたほか、同月には筑前国立花山《たちばなやま》城主（福岡県新宮町・久山町、福岡市東区）を務めていた大友氏一門立花鑑載《あきとし》が毛利氏に荷担して、大友氏から離反するという事件につながった。もっとも、毛利氏が伊予への渡海を優先したため、北部九州への本格的出兵は遅延し、永禄十一年七月、鑑載の離反行動は鎮圧された。

同じ頃、豊前国においては、六月に毛利方の宮山《みややま》城（北九州市小倉南区）が陥落し、七月には苅田松山城が大友勢に攻められ危機に陥ったが、撃退に成功した。八月になると、伊予から引き揚げた小早川・吉川勢がようやく九州へ渡海し、九月には、大友氏に荷担していた長野氏の三岳《みつだけ》城（北九州市小倉南区）・宮山城などの攻略に成功した。続いて、毛利氏は大友氏に奪われていた立花山城を奪回すべく、永禄十二年二月、元春《もとはる》や隆景の指揮のもと包囲を開始。元就も四月には嫡孫輝元《てるもと》とともに出陣し、五月には長府《ちょうふ》（山口県下関市）に布陣。閏五月、元春・隆景らは立花山城を奪回した。

このような毛利氏の攻勢に対処するため、大友宗麟は反毛利氏活動を誘発させた。六月の尼子勝久《かつひさ》・山中幸盛《やまなかゆきもり》らの出雲・伯耆への乱入、八月の備後国神辺《かんなべ》（広島県福山市）における山名《やまな》氏旧臣の蜂起、十月の大内輝弘《てるひろ》（大内義興の弟高弘《たかひろ》の子、高弘は義興と対立して大氏友領国へ亡命していた）の山口乱入などである。そこで、元就は中国地域における騒乱鎮圧を優先することとし、十月、元春・隆景を北部九州から撤退させた結果、大内輝弘の挙兵を鎮圧することに成功した。さらに、永禄十三年正月には、輝元自らが兵を率いて尼子氏再興活動の鎮圧に出陣し、元就死没二ヶ月後の元亀二年（一五七一）八月、鎮圧を果たした。

毛利勢主力撤退後の立花山城には小早川氏家臣乃美宗勝《のみむねかつ》らが残っていたが、十一月、開城して、毛利氏領国へ引き揚げた。北部九州の親毛利派国人についても、立花山城陥落前の永禄十二年五月に原田氏が大友氏に帰服したのを皮切りに、閏五月頃には秋月氏、十一月には宗像氏・高橋鑑種、永禄十三年に入る頃には麻生氏も大友氏に帰属し、親毛利派は一掃されてしまった。

毛利氏を一国人領主から中国地域の過半を支配下におさめる戦国大名へと成長させた元就の武勲は、戦国大名の中でも稀有なものであるが、元就は国人領主連合の盟主的存在にすぎず、有力国人は自律性を維持していた。また、急激な領国の膨張に比べ、軍事力編成は未成熟であったため、周縁部の支配は不安定化せざるをえなかった。ゆえに、北部九州の大内氏旧領を制圧することに失敗したのであり、決して完全無欠な武将ではなかった。英雄元就像が死没後（とりわけ江戸期）の神格化や軍記類を通じて形成された側面があることを見落としてはならない。

（光成準治）

【主要参考文献】

秋山伸隆「厳島合戦再考」（県立広島大学宮島学センター編『宮島学』渓水社、二〇一四年）
荒木清二「毛利氏の北九州経略と国人領主の動向―高橋鑑種の毛利氏方一味をめぐって―」（『九州史学』九八、一九九〇年）
木村信幸「実像の郡山合戦」（『戦乱中国の覇者毛利の城と戦略』（成美堂出版、一九九六年）
桑田和明『中世筑前宗像氏と宗像社』（岩田書院、二〇〇三年）
吉野健志「いわゆる安芸郡山城合戦の再評価」（『芸備地方史研究』二二八、二〇〇一年）

吉川興経・元春
——毛利氏の親類衆となった安芸の名族

吉川氏の出自と戦国前期の吉川氏

吉川《きっかわ》氏は駿河国入江《いりえ》庄（静岡市清水区）を名字の地とする入江氏の一族で、経義《つねよし》が源頼朝《みなもとのよりとも》に仕えて、入江庄のうち吉川の地を賜ったことから、吉川を名字にしたとされる。経義の子友兼《ともかね》が梶原景時《かじわらかげとき》の謀反鎮圧の際に討ち死にした戦功によって、友兼の子朝経《ともつね》が播磨国福井《ふくい》庄（兵庫県姫路市）の地頭に任じられた。その後、承久の乱の戦功によって、朝経の弟経光《つねみつ》が安芸国大朝本庄（広島県北広島町）の地頭に任じられ、経光の子経高《つねたか》が西遷したとされる〔錦織一九八三〕。室町期には、経高の子経茂《つねもち》を祖とする石見吉川家の当主経兼《つねかね》（経茂の子）の子経見《つねみ》が惣領《そうりょう》家を継承して、以降、経見系が惣領を相伝していった。

応仁・文明の乱においては、之経《ゆきつね》（経見の孫）・経基《つねもと》（初名は元経《もとつね》）父子が東軍（細川勝元《ほそかわかつもと》方）に与した。同じく東軍に与していた毛利豊元《もうりとよもと》が文明三年（一四七一）に大内《おおうち》氏の働きかけに応じて西軍に転じた後も吉川氏は東軍に留まったが、文明九年に大内政弘《まさひろ》が帰国すると大内氏との関係改善を図り、その後、政弘の子義興《よしおき》が足利義尹《あしかがよしただ》を奉じて上洛した際には、吉川氏も従軍している。しかし、永正八年（一五一一）の船岡山《ふなおかやま》合戦における戦功に対する義興の感状は吉川家に伝来しておらず、合戦直前に戦線離脱した毛

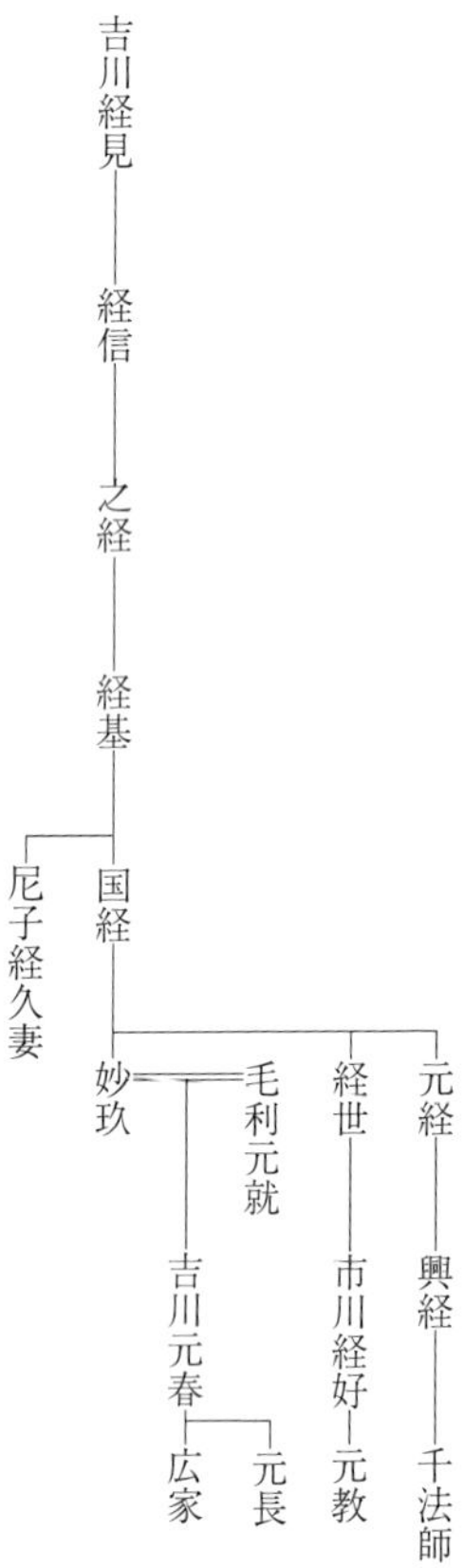

吉川氏略系図

利興元《おきもと》と同様に、吉川氏も戦線離脱して帰国したものと考えられる。そこで、翌年に結ばれた安芸国人衆の一揆契状《いっきけいじょう》には毛利氏などとともに吉川氏も加わった。署名は国経《くにつね》の子元経で、これ以前に家督は経基から国経、元経へと継承されていたが、経基・国経は家督を譲った後も、政務を後見する役割を担っている〔木村一九九九〕。

例えば、永正九年頃に尼子経久《あまごつねひさ》が十二月二十八日付けで吉川次郎三郎（元経と考えられる）に対して毛利氏との連携を承諾する旨伝えた書状〔吉川家文書〕には「詳しくは経基が申し入れます」、同年に比定される十二月晦日付けで尼子政久《まさひさ》（経久長男）が経基へ宛てた書状〔吉川家文書〕には「毛利氏と連携すべきであるとおっしゃられました。不肖ですので、どうしようかと思ったのですが、（経基の）ご意見ですので、お考えに従うべきでしょうか」とある。経基はこれ以前から出雲・石見の領主層と婚姻関係を結んでいた。妻を石見国人佐波《さわ》氏から迎えたほか、娘を尼子経久へ嫁がせており、経久にとって経基は舅にあたる。戦線離脱の影響で大内氏との関係が悪化することを懸念して、経基が主導して、縁戚関係にある尼子氏と、吉川氏と同様に戦線離脱した毛利氏とを結びつけ、三者の連携によって大内氏の圧迫に対抗しようとしたのである。

さらに、縁組みの時期は定かでないが、元経と毛利弘元《ひろもと》娘（興元・元就《もとなり》の姉妹）との縁組み、国経娘（元経妹、妙玖《みょうきゅう》）と毛利元就との縁組みも成立しており、吉川氏と毛利氏とは重縁関係で深く結び付いた。

元経の死没と興経の家督継承

永正十二年（一五一五）頃、武田《たけだ》氏が大内氏から離反して、厳島神主家の後継争いに介入すると、大内氏は武田勢に攻撃された己斐要害《こいようがい》（広島市西区）を救援するため、吉川氏や毛利氏に対して山県《やまがた》郡の武田氏領への進攻を命じた。有田《ありた》城（北広島町）を奪われた武田元繁《もとしげ》が奪回のために出陣して勃発したのが、永正十四年十月の有田中井手《なかいで》合戦である。この合戦について、軍記類では元就の戦功のみ強調されているが、戦闘のきっかけとなったのは、二月の吉川氏領宮庄（北広島町）への武田方の進攻や吉川氏領となっていたとされる有田城への攻撃であり、元就は吉川氏への援兵にすぎない。しかし、十月の戦闘では、毛利氏家臣への多くの感状が確認される一方で、吉川氏家臣への感状は確認できない。二月の宮庄合戦における元経感状が確認されることから推定すると、有田中井手合戦における元就の働きを強調するために、江戸期の吉川氏における史料編纂の過程で十月の戦闘時の感状を所載しなかったという可能性を指摘できる。

いずれにせよ、毛利氏との同盟関係を重視していた元経であったが、永正十八年頃に父国経に先立ち死没した。元経と弘元娘との間の子千法師（のちの興経《おきつね》）は幼年だったため（永正十五年頃生まれ）、祖父国経が政務を後見したが、享禄四年（一五三一）頃から興経が政務を担い始めている。

また、国経が政務を後見していた時期の大永三年（一五二三）頃、吉川氏は毛利氏などと同様に大内氏から離反して尼子氏へ従属している。その後、大永四年頃に毛利氏は大内氏へ帰服したが、吉川氏の大内氏への帰服時期は特定できない。だが、遅くとも享禄元年には帰服しており、縁戚関係にある元就の働きかけによって帰服が実現した可能性を指摘できる。さらに、享禄四年に比定される十二月十一日付け吉河次郎三郎宛て大内義隆《よしたか》書状〔吉川家文書〕には「このたび、そちら方面について、毛利元就と話し合って尽力するとのこと、適切なことである」とあり、元就が若年の興経の後見的存在になっていたことをうかがわせる。

ところが、天文三年（一五三四）頃には、吉川氏と毛利氏との間で何らかの摩擦（所領争いの蓋然性が高い）が生じている。その時点ではともに大内方であったが、平賀《ひらが》氏家中の対立への介入をきっかけに天文五年以降、大内氏と尼子氏との対立が顕在化してくると、天文六年半ば頃には吉川氏が大内氏から離反した。天文七年以降、尼子方武田氏の大内方との戦闘が活発化しているが、その背景には、ともに尼子方となった吉川氏と武田氏との連携があったと推定される。

興経と尼子氏

天文九年（一五四〇）に尼子勢が毛利氏領へ進攻すると、吉川氏は尼子方として郡山城《こおりやま》（広島県安芸高田市）攻略戦に参加した。軍記類によると、天文十年（一五四一）正月十三日の宮崎長尾《みやざきながお》の激戦において、尼子方が総崩れになる中、興経は最後まで奮戦したとされるが、一連の戦闘における吉川勢の具体的な動向を物語る同時代史料は確認できない。尼子勢が撤退するまで尼子方に留まっていたことは明白であるが、尼子勢の撤退後、大内氏に帰服を申し出た。一方、吉川氏と同様に安芸国における尼子方の主力であった友田興藤《ともだおきふじ》が四月、武田氏が五月に滅亡した後の八月、大内義隆は三入《みいり》（広島市安佐北区）に布陣し、そのまま越年したとされる。三入布陣の時点まで吉川氏が大内方に抵抗していた蓋然性は低いが、いまだ帰服が認められていなかった可能性を指摘できる。

天文十一年閏三月、ようやく興経に対する義隆の安堵状が発給されて、大朝・新庄・北方計八五〇貫の地は安堵された。しかし、その直前の二月に元就が大内氏に対して吉川氏へ与えないように要望していた夜谷（与谷）については大内氏に接収されたうえ、寺原（北広島町）についても六月、大内氏への忠節を条件に返付することとされた〔木村二〇一九〕。このような処遇は興経にとって満足できる内容ではなかったと推定されるが、その直後に、義隆が尼子氏領への進攻に向けて三入から出陣すると、吉川勢も従軍し、七月二十七日、尼子方赤穴要害《あかな》（瀬戸山城《せとやま》、島根県飯南町）の攻略において戦功をたてた。

ところが、大内方による尼子氏の本拠富田城《とだ》（島根県安来市）の攻略は容易に進まず、遠征が長引いた結果、そもそも処遇に不満を抱えていた興経は尼子方へ寝返った。軍記類によると、天文十二年四月三十日、興経らは富田城へ入城したという。興経らの寝返りによって大内勢は撤退に追い込まれたが、無事に帰国を果たした義隆は八月十九日、元就に対して吉川氏領を与える旨の宛行状を発給した。もっとも、この宛行状の実効性は乏しかった。大内氏から離反した興経が義隆の宛行状に従って領土を引き渡すことはありえない。興経の背後には尼子氏が控えており、毛利氏のみの軍事力で吉川氏領を奪取することは難しい。そうすると、興経と縁戚関係にある元就を警戒した義隆が吉川氏領を給付することによって、毛利氏に対して吉川氏と戦うように仕向ける狙いがあったのではなかろうか。

そこで注目されるのは、天文十四年六月に興経と尼子氏との間で取り交わされた一連の書状〈吉川家文書〉である。まず、元就が興経を通じて尼子氏へ何らかの懇願を行った（六月十一日〈十二日〉付け興経宛て尼子国久《くにひさ》〈誠久〉書状）。それに対して、六月十二日付けで尼子氏奉行人湯原幸清《ゆはらゆききよ》・河副久盛《かわぞえひさもり》は「（毛利氏との）境界についておっしゃったことは了解しました」と返答した一方で、同日付けで河副が吉川氏家臣へ宛てた書状には「毛利氏とのことについてお尋ねがありましたが、万一、うまくいかなくてもよろしいでしょうか」とある。興経は尼子氏に従属しており、大内方の毛利氏とは敵対関係にあったが、両者の関係が完全に断絶したわけではなかったことを示している。

また、河副書状にある「毛利氏とのこと」に関する具体的な記述がないため、推定になるが、元就は吉川氏との戦闘を避けるべく、吉川氏との係争地の解決を通じて尼子氏との関係修復を望み、興経も毛利氏との和解に積極的であったと考えられる、一方、前年、備後国北部を舞台に激しい戦闘を展開した毛利氏との和解に対して尼子氏は消極的だった。そのため、結局、この和解は実現しなかった。元就の懇願自体が真意に基づくものでなかった可能性もあるが、尼子氏に和解を拒否された結果、元就は興経との融和方針を改めることになる。

元春の入嗣

年未詳九月十二日付け元就宛て陶隆房《すえたかふさ》書状〔毛利家文書〕に「吉川方面についておっしゃられたことは細かに承知し、（義隆へ披露したところ）、言ってこられたとおりに同意されました」とある。元就が吉川氏に対する方策を建議し、義隆の承認を得たことを示すものであり、その方策とは、興経を隠居させて元就の次男元春《もとはる》に吉川家を継承させることであったと考えられる。尼子氏との和解に失敗したものの、元就は引き続き吉川氏との戦闘を回避しようとした。そのような戦闘は吉川氏だけでなく毛利氏にも大きな犠牲が予想されるものだったからである。そこで、元春を入嗣させることによって平穏に吉川氏を麾下におさめようと企てた。吉川氏領を元就に給付すると約束していた義隆はこの企てを承認せざるをえなかった。

義隆の承認のもと、元就は元春入嗣へ向けて、吉川氏家中の調略にとりかかった結果、吉川氏家中は、森脇祐有《もりわきすけあり》ら興経派（親尼子派）と、吉川経世《つねよ》（元経弟、興経叔父）ら反興経派（親毛利派）とに分裂した。この対立は、天文十五年（一五四六）七月に興経派が元春入嗣の条件を提示しており、この頃までに収

吉川元春画像　東京大学史料編纂所蔵模写

東に向かっていたことが判明する〔木村二〇二二〕。したがって、右記陶隆房書状は天文十四年に比定される。元就は尼子氏との和解に失敗するとすぐに元春入嗣の企てに着手していたのである。尼子氏が元春入嗣を阻止するための積極的な行動をなぜとらなかったのか、同時代史料から明らかにすることはできないが、郡山合戦・義隆の出雲遠征を経験した尼子晴久《はるひさ》が、大内氏との対決よりも東方経略を重視することとし、対毛利氏は興経に任せておけばよいと楽観視していたこと、元就の機敏な行動を想定しておらず、気づいたときにはすでに吉川氏家中の多くが反興経派で占められていた可能性を指摘できる。

元春の入城

天文十五年（一五四六）七月時点で興経派が提示しようとしていた条件とは、①興経は居城日山《ひのやま》城（北広島町）を無血開城するので、日山城には元春が在城する、②興経の子千法師は元春とともに日山城に在城する、③元春の男子と興経の女子との縁組み（将来、誕生した場合）、④興経隠居領の設定（有田あるいは与谷）、⑤森脇祐有は与谷へ移る、などである。すでに元春の入嗣は決定事項とされており、元春との養子契約にともなう興経からの贈答に関する二月十一日付け書状〔吉川家文書〕は天文十五年に比定される〔木村二〇二一〕。前年六月に尼子氏へ懇願していた元就が、短期間で元春入嗣に成功したことを示しているが、おそらくそれ以前から吉川経世らと親密な関係を築いていたことが背景にあったと推定される。

その後、天文十六年七月十九日付けで興経は元就・元春・隆元《たかもと》に宛てた起請文を提出して正式に元春入嗣が決定した。同時に、元就らも興経に対して、隠居領は毛利氏領内とし将来は千法師に継承させること、興経の身柄を大内氏へ引き渡さないことなどを約束する起請文を提出した。しかし、この時点では、興経の隠居領問題が未解決であったため、興経の日山城からの退去、元春の入城は実現していない。

吉川元春館跡　広島県北広島町

一方、天文十六年閏七月から、吉川氏当主としての元春の活動は開始されている。もっとも、初期の知行安堵・宛行は元就との連署で行っており、元春の権威は元就の後見によって成り立っていた。天文十七年になると、単独で感状を発給するようになっているが、その時点でも元春は日山へ入城していない。興経は家中における不利な形勢を踏まえ、いったん、元春への家督譲渡に同意したものの、日山城に居座って尼子氏の支援による形勢逆転、あるいは、両派並立を狙っていたのではなかろうか。

そこで、元就は大内氏の権威によって元春の日山入城を実現させようと考えた。天文十八年四月二十二日、山口において元春は大内義隆から吉川氏の家督継承を認められ、興経の称していた官途治部少輔《じぶのしょう》を与えられた。さらに八月には、日山城請け取りに当たって軍勢を派遣してほしいとする元就の要請に対して、大内氏から笠井《かさい》帯刀左衛門尉などを登城させるとする大内氏からの返答がもたらされており、元就・元春は大内氏からの積極的な支援をとりつけた。これに対して、興経に対する尼子氏の支援があった形跡はなく、興経がこれ以上日山城に居座ることは困難となった。

結局、天文十九年正月頃、元春は日山城への入城を果たした。元春は享禄三年(一五三〇)生まれなので、入城当時、二十一歳であった。

興経粛清

興経の日山城からの退去時期は特定できないが、元春の日山入城を大きく遡ることはないと考えられる。隠居領は毛利氏領内で与えられたが、天文十五年(一五四六)七月時点で興経派が要望していた有田や与谷といった吉川氏領に隣接する地域ではなく、深川《ふかわ》(広島市安佐北区)になったという。興経の動向を警戒した元就が、旧臣層との連携を阻止するとともに、興経を監視しやすい場所に置いておこうとしたものと推定される。

また、興経派筆頭であった森脇祐有は元春に対して起請文を提出し、天文十九年三月三日付けで元春も森脇に対する起請文を認めている。そこには森脇が「元春に背こうとする者があった場合、兄弟や子供であっても決して協力しない」と誓ったと記されており、明記されていないが、興経が毛利氏への叛逆を企てたとしても従わない意思も示したと考えられる。さらに、追って書きには「もし、他人がどのような告げ口をしようとも、森脇の動向を勝手に邪推することはせず、直接お聞きします」とある。尼子氏からの働きかけを念頭に置いたものと推定され、尼子氏が再び興経を擁立して吉川氏を尼子方に組み込むことを懸念していたと考えられる。その意味でも、興経の動向を厳しく監視する必要があった。

吉川元春・元長墓所　広島県北広島町　撮影：筆者

とはいえ、興経は幽閉されていたわけではない。ある程度の家臣を引き連れて深川に居住していた。元春は日山入城後も二月までは少輔次郎、三月から治部少輔を称しているが、興経も引き続き治部少輔を称していたようであり、従来は天文十六年に比定されていた八月十七日付け元就宛て治部少輔興経書状〔吉川家文書〕は天文十九年に比定すべきとされている〔木村二〇二二〕。興経は「世間で私に関する告げ口やさまざまな噂があったときには、お尋ねいただき、あるいは、お伺いして私の本心を申し上げます」と記しており、興経も元就が自分に疑念を抱いていることを認識していた。

森脇祐有のような側近衆さえ離れてしまった興経が叛逆することは困難だったであろうが、元就にとってその存在自体が危険なものであり、天文十九年九月二十七日、隠居所の深川を襲撃され、興経は落命した。同時に千法師も殺害され、吉川家の嫡流は断絶。元春は吉川氏の当主として、また、毛利氏の親類衆として、元就・隆元・輝元を支え、毛利氏領国の拡大・維持に貢献したのであるが、その働きについては、毛利元就・隆元、毛利輝元の項を参照いただきたい。

（光成準治）

【主要参考文献】

木村信幸「国人領主吉川氏の権力編成―惣領・隠居・同名を中心にして―」（『史学研究』二二五、一九九九年）

木村信幸「永正末年から天文年間前半頃までの吉川氏と大内氏」（『戦国遺文　大内氏編』月報三、二〇一九年）

木村信幸「吉川興経の引退と毛利元春の家督相続」（『広島県立歴史博物館研究紀要』二四、二〇二二年）

錦織勤「鎌倉期の吉川氏の関する基礎的考察」（『鳥取大学教育学部研究報告』人文社会科学三四、一九八三年）

小早川正平・興景・隆景
——国人から中央政権の重鎮に上りつめた鎌倉以来の名門

小早川氏の出自と戦国前期の小早川氏

小早川《こばやかわ》氏の祖は鎌倉初期の御家人土肥実平《どひさねひら》である。実平は相模国中村庄《なかむら》（神奈川県小田原市）の開発領主中村氏の一族で、中村宗平《むねひら》の子（あるいは弟）とされる。相模国土肥郷（同湯河原町）を本拠とし、土肥を称した。源頼朝《みなもとのよりとも》の挙兵に当初から参加し、源平合戦においては、源義経《よしつね》の副官あるいは監視役として、事実上、義経軍に属する東国武士団を統率する役割を果たしたものと考えられる。このため、実平は元暦元年（一一八四）、平氏追討の惣追捕使《そうついぶし》に任じられ、備前・備中・備後国の支配を担った。実平の子遠平《とおひら》は安芸国沼田《ぬた》庄（広島県三原市）の地頭職に補任された。なお、遠平は相模国早川《はやかわ》庄内の小早川（小田原市）に居館を置き、小早川を称したとされる。

遠平から沼田庄を相続したのは養子の景平《かげひら》である。景平の実父は平賀義信《ひらがよしのぶ》。平賀氏は源頼義《よりよし》の三男義《よし》光《みつ》を祖とする信濃源氏。景平の長男茂平《しげひら》は沼田（本庄）を相続するとともに、承久の乱に際して幕府方として参戦し、戦後、竹原《たけはら》・都宇《つう》庄（広島県竹原市）の地頭職も獲得した。その後、茂平の三男雅平《まさひら》が沼田本庄を相続して沼田小早川家の祖、四男政景《まさかげ》が竹原・都宇庄を相続して竹原小早川家の祖となった。

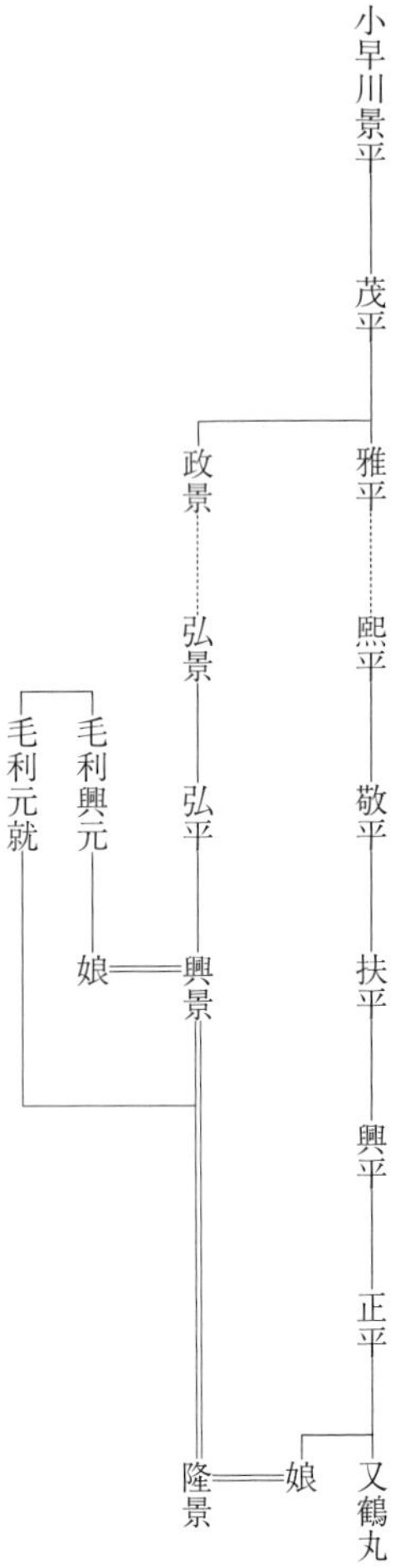

小早川氏略系図

戦国期に入ると、応仁・文明の乱において、沼田小早川家（熙平《ひろひら》）は従来からの細川《ほそかわ》氏との密接な関係に基づき東軍に与したが、竹原小早川家（弘景《ひろかげ》）は西軍に与した。竹原小早川家弘景の子弘平《ひろひら》は、大《おお》内義興《うちよしおき》が前将軍足利義尹《あしかがよしただ》を奉じて上洛の途についた際に供奉し、永正八年（一五一一）、将軍に復帰した義尹（義稙《よしたね》）から沼田小早川家の家督・所領を宛行う旨の御教書を受給した。永正五年に熙平の孫扶《すけ》平《ひら》が二十四歳で死没して、その子興平《おきひら》が幼年だったためであるが、弘平は小早川氏一族の融和を重視して、沼田小早川家を継承することなく、興平の家督継承を承認した。

また、永正八年に将軍義尹が京都から一時的に脱出した際、義興に従い上洛していた安芸国人の一部（毛利《もうり》興元《おきもと》〈元就《もとなり》の兄〉など）は戦線を離脱して帰国したが、弘平は義興と行動をともにしており、竹原小早川家は一貫した親大内派であった。一方で、興平の家督継承後、沼田小早川家も安芸国において影響力を強めていた大内氏に従属することとなった。興平の「興」は大内義興の偏諱《へんき》である。

竹原小早川興景

弘平は永正十年（一五一三）、興平の弟福鶴を養子に迎えたが、永正十六年に実子（仮名《けみょう》は四郎）が生まれたため、福鶴は沼田小早川家に帰り、四郎が後継者となった。四郎は大永八年（一五二八）、大内義興の加冠によって元服し、義興の偏諱を賜り、実名興景《おきかげ》を称した。元服直後には家臣に対する受領書出を発給しており、形式的には家督を継承しているが、その後も弘平の発給文書がみられるため、二頭政治体制だったと評価される。

大永三年に大内氏の安芸国支配の拠点鏡山《かがみやま》城（広島県東広島市）が攻撃された際、毛利氏をはじめとした多くの安芸国人が大内方から尼子方へ寝返ったにもかかわらず、竹原小早川家は大内方に留まっている。このため、毛利氏の家督を継承した元就が大内方に復帰した後、大永四年に毛利氏家中において内紛が生じた際、大内義隆《よしたか》（義興の子）から「万一、不慮の事態が起こった場合、（大内氏への）忠誠を尽くされることが非常に重要です」という書状〔小早川家文書〕を受け取っている。竹原小早川家は安芸国人の中で大内氏から最も信用されていた国人だったのである。

その後、安芸国高屋保《たかやのほ》（東広島市）を本拠とする国人平賀氏において、大内氏の支援する弘保《ひろやす》と尼子氏の支援する興貞《おきさだ》（弘保の子）との内紛が勃発すると、興景は天文五年（一五三六）、興貞の籠もる頭《かしら》崎《ざき》城（東広島市）を攻撃している。このような戦功に対して、大内義隆は天文八年、興景を官途中務《なかつかさの》少輔《しょう》に推挙した。

天文九年、尼子勢が毛利氏の本拠郡山城《こおりやま》（広島県安芸高田市）へ来襲した際には、興景から多くの援兵が派遣されており、九月二十六日の豊島・坂における戦闘では、大内氏からの援軍杉元相《すぎもとすけ》や毛利勢とともに敵将湯原宗綱《ゆはらむねつな》らを討ち捕り、天文十年正月三日の戦闘では二十人が負傷、同月十三日の尼子陣攻撃においては十六人負傷、二人討ち死にという被害を出しながらも敵首十を討ち捕るという戦功をたてた。正月三日の戦闘については元就から興景に対して奮闘を感謝する書状を送っているが、戦功の報告はいずれも大内氏へ宛てたものである。つまり、興景は毛利氏の危機を救うために援兵を送っているが、それが大内氏の命令に基づくものであったことを示している。

このように、親大内派国人として活躍していた興景であったが、若年で死没した。『小早川家文書』に収録されている「竹原小早川家系図」によると、興景は天文十二年三月二十七日、「芸州佐東陣」において病没したとされる。しかし、天文十二年三月は大内義隆の主導する出雲遠征が行われている時期であり、明らかな誤伝である。「佐東陣」とは、天文十年正月に尼子勢が郡山合戦で敗れて撤退した後、尼子方であった安芸武田《たけだ》氏の居城金（銀）山（広島市安佐南区）を大内方の諸将が攻撃した戦闘を指すと考えられ、興景の病没は天文十年三月のことと推定される。

興景の享年は二十三歳と伝わるが、子はなかった。妻は毛利興元《おきもと》娘である。興元は明応元年（一四九二）生まれとされ、興景妻の生年は不明であるが、興元の生年から推定すると、興景とほぼ同年代であろう。

もっとも、興景妻は再嫁であった。最初の縁組相手は備後国人山内豊通《やまのうちとよみち》。豊通の活動は大永八年頃までみられるが、天文五年に山内氏の家督が隆通《たかみち》に継承された際の当主は豊通の父直通《なおみち》であり、この間に豊通が死没して、興元娘は毛利氏へ帰り、その後、興景に再嫁したと推定される。

隆景の竹原小早川家入嗣

隆景《たかかげ》は天文二年(一五三三)、毛利元就の三男として誕生した。母は吉川国経《きっかわくにつね》の娘(法名:妙玖《みょうきゅう》)。幼名は徳寿丸。

隆景は興景妻の従兄弟にあたるという縁戚関係に基づき、竹原小早川家へ入嗣したのであるが、その時期は興景死没から三年経過した天文十三年(一五四四)。その間の経緯をみると、天文十二年十二月以前に、隆景の竹原小早川家への入嗣が検討されている。しかし、元就が逡巡したため、義隆から元就に対して直接入嗣を勧める書状が発せられ、それでもなお、元就が難色を示したため、義隆は竹原小早川家中が隆景の入嗣を強く希望していることを伝えて、元就に了承を求めた。

従来の通説では、元就の策略によって竹原小早川家は事実上毛利氏に乗っ取られたとされてきたが、事実は異なる。天文十二年の出雲遠征の失敗によって、大内氏に従属していた安芸国人衆には動揺が広がっていた。当主不在となっていた竹原小早川家も不安定化する危険性があり、竹原小早川家を安定させるためには、安芸国人衆のリーダー的存在であり、かつ、有力な大内方である元就による竹原小早川家への支援が不可欠だった。そこで、元就縁戚者による竹原小早川家の家督継承を義隆は求めたと考えられる。そうすると、隆景の竹原小早川家入嗣は元就にとって不本意だったのであろうか。逡巡する元就の懸念を取り除くために、義隆は竹原小早川家家中の総意による入嗣要望であることを保証しており、元就の真意は定かでないが、結果として逡巡してみせることによって、元就は竹原小早川家家臣団を掌握し、竹原小早川家を毛利氏の強固な同盟勢力とすることに成功したのである。

竹原小早川家当主となった隆景であったが、元服前の徳寿丸の当主としての権限は制限されていた。例えば天文十六年、大内氏は毛利氏や小早川氏らに命じて尼子方の備後国神辺《かんなべ》（広島県福山市）を居城とする山名理興《やまなただおき》を攻撃した。その際の同国「五ヶ龍王山」（福山市坪生）における合戦において戦功をたてた末長《すえなが》又三郎や嶋末《しますえ》蔵人丞に対して、徳寿丸は五月三日付けで書状を発給している（花押は据えていない）。隆景の初陣であったが、五月九日付けで、元就と隆元《たかもと》からもそれぞれ戦功を賞する書状が発給されており、徳寿丸の権力は毛利氏、とりわけ元就の後見によって補強されていたのである。

隆景は少なくとも天文十六年五月頃まで徳寿丸を称していたが、天文十七年初頭から半ばの間に元服。大内義隆の偏諱を賜り、隆景を称した。

沼田小早川正平

沼田小早川興平は、大永五年（一五二五）あるいは六年に死没し、興平の子詮平《あきひら》（のちの正平《まさひら》）はわずか四歳で家督を継承したとされる。ちょうどその頃、尼子方へ寝返った安芸国人らが大内派へ復帰しており、沼田小早川家も少なくとも天文四年（一五三五）までは大内派であった。天文八年になると、沼田小早川家と竹原小早川家との間で戦闘が展開されており、沼田小早川家は再度尼子方へ転じた。詮平の「詮」は尼子詮久《あきひさ》（のちの晴久《はるひさ》）の偏諱によるものと考えられ、少なくとも天文九年三月までは詮平を名乗っている。

高山城跡　広島県三原市

ところが、年欠正月五日付けで、大内氏家臣内藤隆時《ないとうたかとき》から椋梨盛平《むくなしもりひら》（沼田小早川家庶家）に宛てられた書状〔小早川家文書〕には「このたび尼子氏への裏切りとして、尼子勢に攻撃を仕掛けられ、敵を多く討ち捕られ、被官数人が負傷されたとのこと、杉《すぎ》次郎左衛門尉から報告が参りました」とある。杉次郎左衛門尉は大内氏による安芸国支配の拠点東西条において代官を務めていたが、郡山合戦において、早い時期から小早川興景とともに救援に駆けつけている。したがって、この文書は天文十年に比定される。

つまり、沼田小早川家を代表して尼子勢による毛利氏攻撃に参加していた椋梨盛平は、尼子勢の攻撃が停滞し、大内氏からの援軍として陶隆《すえたか》房《ふさ》（のちの晴賢《はるかた》）が着陣すると、尼子方から離反して、尼子勢へ攻撃を仕掛けたのである。元就自身が記したとされる「郡山籠城日記」には、沼田小早川勢の動向はまったく記述されていないが、実際には沼田小早川家の裏切りが戦況の大きな画期となった蓋然性が高い。

このような戦功をたてたとはいえ、大内氏にとって沼田小早川家は離反を繰り返す信用できない存在であった。このため、居城高山《たかやま》（広島県三原市）には大内氏から在番が派遣され、天文十一年の大内義隆の出雲遠征においては、当主正平自身が従軍することとなった。さらに、天文十二年の出雲からの撤退時には殿《しんがり》を命じられたという。その結果、撤退途中の五月九日、正平は出雲国鵯巣（島根県出雲市）において討ち死にした。享年二十一歳。

正平の子又鶴《またつる》は天文十一年生まれ。わずか二歳であったが、事実上の人質として大内氏に抑留されたため、椋梨盛平や乃美隆興《のみたかおき》を中心とした親大内派の有力家臣による領国運営が行われた。

隆景の沼田小早川家入嗣

隆景の沼田小早川家の入嗣について、『陰徳太平記《いんとくたいへいき》』においては次のように叙述されている。繁平《しげひら》（又鶴）が三歳のときに眼疾によって視力を失ったため、小早川氏一族の乃美安芸守・梨羽《なしわ》中務少輔・椋梨次郎左衛門・小泉《こいずみ》助兵衛らが談合した結果、沼田家の一族中に適任者はいないが、周囲の情勢は緊迫しており、毛利氏に従属することによって家の存続を図るべきであると決した。そこで、隆景は正平娘と婚姻して沼田小早川家を継承することとなり、繁平は剃髪して教真寺《きょうしんじ》に入った。ところが、田坂全《たさかぜん》慶《けい》や羽倉某らは引き続き繁平を当主とするか、あるいは、一族の中から家督継承者を選ぶべきであるとして納得しなかったため、それを聞いた隆景が、反対者をことごとく討ち果たした。

隆景入嗣時に右記のような大規模な軍事的抵抗活動があったことを直接的に証する同時代史料は確認できないが、沼田小早川家の家中において親大内・毛利派と親尼子派の対立は実在したと考えられる。又鶴が大内氏に抑留されている間、親大内・毛利派（椋梨盛平、乃美隆興ら）が家中の中枢にあったが、又鶴の帰国が取沙汰されるようになった天文二十年（一五五一）九月二十八日付けで元就・隆元は乃美隆興に対して「このたび、沼田小早川家について、又鶴丸殿から竹原の隆景が家督を継承しました。隆景の入嗣の成功はすべてあなた様の努力のおかげです」という起請文〔萩藩閥閲録〕を認めている。

この起請文は、又鶴の帰国によって自らの地位が低下する危険性を感じた椋梨や乃美が毛利氏への接近を図り、隆景の沼田小早川家入嗣を推進したこと、隆景入嗣は天正二十年九月前後だったことを示している。また、この直前に勃発した陶隆房らのクーデターに元就や元春《もとはる》は同意しており、隆景入嗣が同意の条件の一つであった可能性を指摘できる。いずれにせよ、分立していた小早川氏は統合され、かつ、毛利氏の従属下におかれることとなった。

伊予出兵

隆景の武将としての活躍のうち、前半生は父元就・兄隆元、後半生は甥輝元《てるもと》の項と重なるため、隆景の強い意向によって実現した戦いとして、永禄十一年（一五六八）の伊予出兵をとりあげたい〔川岡二〇〇四、西尾二〇〇五、山内二〇一四〕。天文二十三年（一五五四）頃、宍戸《しし ど》隆家《たかいえ》娘（元就外孫）は隆景養女となって、伊予河野《こう の》氏（当主通宣《みちのぶ》と推定されるが、断定できない）へ嫁していた。また、河野氏の重臣でもあった来島村上《くるしまむらかみ》水軍の来援によって毛利氏は天文二十四年の厳島《いつくしま》合戦に勝利することができた。このように、毛利氏と河野氏・来島村上氏とは極めて親密な関係にあった。

一方、永禄六年頃から、河野氏と伊予国地蔵ヶ岳《じ ぞう が たけ》城（愛媛県大洲市）を本拠とする宇都宮《うつのみや》氏との対立が惹起した。宇都宮氏は大友《おおとも》氏のほか、土佐国幡多《は た》庄（高知県四万十市）を拠点とする一条《いちじょう》氏と親密な関係にあり、永禄十年になると、一条氏が宇都宮氏に荷担して、伊予国へ進攻する動きがみられた。これに対して、永禄十年に比定される十月十三日付けで隆景が乃美宗勝《むねかつ》に宛てた書状〔乃美文書〕に「伊予国大津《おおづ》（大洲《おおず》）方面については、大きな変化はありません。しかし、先月二十一日、土佐からの進入路に二つの城を築き、来島、平岡《ひらおか》（河野氏重臣）勢が守備しているとのことです」「毛利勢が一つの城を築いて守備してほしいと下嶋次郎左衛門尉（来島村上氏家臣）が使者として吉田へやって来ました。大変懇願されるので、了承して帰らせました。そこで、備後外郡衆（備後国南部国人）に対して、二百余人の軍勢動員を申し付けることとなりました。こちらからは、梨子羽そのほかの者に対して、十八日に渡海するように決定しました」「このような状況下で援軍を渡海させれば、なおさら河野氏を見捨てることはできなくなるので、毛利氏と宇都宮・一条氏との戦闘になるでしょう」とあり、隆景は河野氏救援のために援軍を送ろうとしていた。

一条勢の来襲が予想されたこの時期、河野氏軍事力の中心来島村上通康《みちやす》が重体に陥っており、隆景は毛利勢が主力となって戦わざるをえないと考えていたが、毛利氏家中には河野氏支援に対する消極的な意見が少なくなかった。元就も「このたびの伊予への派兵については、厳島合戦の際に来島村上水軍の来援によって、隆元や私の首がつながったので、その「恩おくり」（恩返し）をするのであるから、これほど本望のことはないのだけれど、このことを理解している者は一人もいない。このたびの伊予国における合戦は隆景の合戦であると、毛利家中の者たちは皆、認識している」と記している〔毛利家文書〕。

小早川隆景画像　東京大学史料編纂所蔵模写

結局、吉川元春が「隆景はいずれにしても渡海することになるだろう。そのときは隆景一人を渡海させて、私がこちらに居るのは理由が立たないので、そのほかの国衆とは違うので、私は渡海して、隆景とともに戦う」と決意して〔吉川家文書〕、隆景のほか、元春も伊予へ渡海することとなった。隆景の強い意向によって河野氏救援が実現したのである。

永禄十一年二月、宇都宮氏救援に向けて北上した一条勢と、それを迎え撃った河野・毛利勢との戦闘（鳥坂《とさか》合戦）が勃発し、河野・毛利勢は勝利をおさめた。この時点では、隆景自身は渡海していなかったが、三月二日に渡海のために忠海港《ただのうみ》（広島県竹原市）に到着し、その後まもなく渡海した。遅くとも四月には元春も合流して、宇都宮氏に圧力をかけた結果、宇都宮氏は降伏した。

豊臣政権下における隆景

隆景は早くから織田信長や羽柴秀吉との外交窓口になるなど、上方方面の情勢にも詳しく、天正十年（一五八二）の本能寺の変にともなう秀吉との停戦後、秀吉との融和を推進した。このため、秀吉の信任が厚く、四国出兵後の天正十三年には、河野氏に代わって伊予国主となった。かつての通説では、秀吉による四国征討前に河野氏は長宗我部《ちょうそかべ》氏に降伏しており、征討軍に対する抵抗を試みたため断絶したとされてきたが、実際には河野氏は長宗我部氏に降伏していない〔藤田二〇〇二〕。一方で、長宗我部氏の進出にともない、一部の家臣は毛利氏との一体化を指向しており、四国征討時の家中の不統一もあって、当主河野通直は隠居させられ、外戚である隆景〔通直の妻は吉見広頼《よしみひろより》と隆元娘〈隆景姪〉との間に生まれた娘〕が伊予領有権を承継したと考えられる。永禄十一年の伊予渡海などそれ以前の隆景と伊予国との深い関係も、隆景が伊予国主となることに正当性を付与した。

しかし、九州出兵後の天正十五年、隆景は伊予国から筑前一国と筑後・肥前の一部に移封され、筑前国名島《なじま》（福岡市東区）に城を築いた。その北部九州における所領を隆景は文禄三年（一五九四）、秀吉の養子であった秀俊《ひでとし》（のちの秀秋《ひであき》）を養子に迎え、翌年には家督を秀俊に譲って、毛利領国内の三原城《みはら》（広島県三原市）に隠居した。

この経緯について、『陰徳太平記』では「秀吉は輝元に実子がなかったことから、秀俊を輝元の養子にしようと考えたが、その意向を知った隆景が、秀俊の胡乱《うろん》さでは毛利氏滅亡は必定と考えて、秀吉からの公式の打診がある前に、元就の四男元清《もときよ》の子秀元《ひでもと》が養子として決定していることを秀吉に伝えた。

三原城跡　広島県三原市　撮影：筆者

小早川隆景の墓　広島県三原市・米山寺

このため、秀俊養子の件は沙汰やみになったが、この件によって秀吉の機嫌を損ねると、毛利氏にとって禍根になると考えた隆景が、秀俊を小早川家の養子にすることによって、毛利氏の危機を救った」と叙述している。しかし、これは隆景の才智を強調するための創作である。北部九州移封の段階で隆景は豊臣政権の「公領」を「代官」として預かるという形態に拘っていた。北部九州の国主となったことはあくまでも一時的なものという認識で、最終的には毛利氏領国へ復帰して輝元の補弼に専念するという当初からの希望を実現したにすぎない。

隆景は隠居後も輝元とともに西国を統括する地位にあったが、慶長二年（一五九七）六月十二日、三原において急死した。享年六十五歳であった。

（光成準治）

【主要参考文献】

川岡勉「永禄期の南伊予の戦乱をめぐる一考察」（『愛媛大学教育学部紀要　第Ⅱ部　人文・社会科学』三六―二、二〇〇四年）

西尾和美『戦国期の権力と婚姻』（清文堂、二〇〇五年）

藤田達生『日本中・近世移行期の地域構造』（校倉書房、二〇〇〇年）

山内譲『海賊衆来島村上氏とその時代』（山内譲、二〇一四年）

宍戸元源・隆家——毛利氏を支える四本目の矢

元源以前の宍戸氏

宍戸《しど》氏は、鎌倉期初頭の有力御家人八田《はった》知家《ともいえ》の四男家政《いえまさ》が常陸国笠間《かさま》郡宍戸庄（茨城県笠間市）を領して、宍戸を名字としたことに始まる。『萩藩閥閲録《はぎはんばつえつろく》』に収載されている系譜などによると、鎌倉期の宍戸氏は安芸国における所領を獲得していたものの、当主はいずれも常陸国に常住していたが、鎌倉幕府滅亡時の当主朝家《ともいえ》のときに、足利高氏《あしかがたかうじ》（尊氏《たかうじ》）の六波羅《ろくはら》攻めに参加した功績によって、安芸国甲立《こうたち》庄（広島県安芸高田市）を賜り、建武元年（一三三四）、上甲立菊山の麓に柳が城を築いて移住したとされる。

しかし、南北朝期初頭の宍戸氏当主は宍戸安芸四郎朝里《ともさと》である。朝里は南北朝期には北朝方として東国で活動しており、安芸国における活動を証する史料は確認できない。また、朝家は安芸守を称したとされるが、文和三年（一三五四）、朝里が安芸守を称している。したがって、朝家は実在しておらず、宍戸氏が早い時期に安芸国へ西遷していたことにするために、朝里に相当する人物として系譜上創作された人物と考えられる。

一方、暦応五年（一三四二）、「地頭完（宍）戸孫次郎」が甲立郷をめぐって幕府の使節と対立している。

したがって、宍戸氏当主は西遷していないが、南北朝期に北朝方として活動したことによって獲得した甲立庄支配のために、宍戸氏の一族が安芸国へ下向していたと考えられる。

その後、常陸宍戸氏は永享十年（一四三八）の永享の乱において鎌倉公方足利持氏《もちうじ》に荷担して没落した。一方、明徳元年（一三九〇）、造賀保《ぞうかのほ》（広島県東広島市）をめぐる厳島《いつくしま》神主家と小早川宗平《こばやかわむねひら》（沼田《ぬた》新庄家）との争いについて宍戸駿河守が遵行《じゅんぎょう》を命じられており、安芸国へ下向した家が将軍に直属する幕府奉公衆《ほうこうしゅう》として処遇され、有力な国人へと成長していったことがわかる。

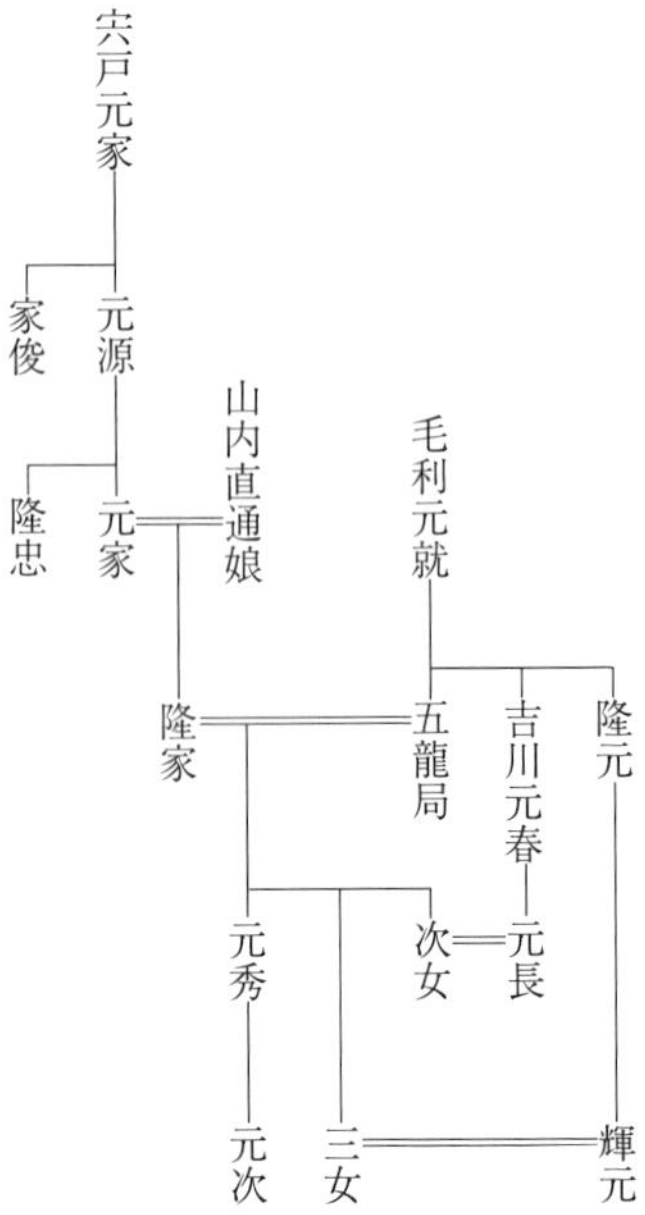

宍戸氏略系図

応仁・文明の乱後には、系譜において安芸守を称したとされる興家《おきいえ》が暗愚であったため、宍戸氏の本拠五龍《ごりゅう》城（安芸高田市）に立ち寄った常陸宍戸氏出身の元家《もといえ》を家臣が擁立。文明十年（一四七八）、興家は城を明け渡して元家が安芸宍戸氏を継承したという。

しかし、この叙述も創作である。応仁・文明の乱の際、宍戸氏一族は西軍（駿河守）と東軍（安芸守）に分かれて争っていたが、応仁・文明の乱終結後も安芸国においては大内《おおうち》派と細川《ほそかわ》派との抗争が続き、最終的に明応七年（一四九八）、五龍城主であった駿河守系宍戸家が滅亡して、安芸守系の元家によって両系統は一本化されたのである〔吉野二〇一八〕。この時点においては、毛利氏は安芸守系宍戸家と同様に細川派であり、両者は友好関係にあった。

元源の登場

宍戸元源《もとよし》は、永正六年（一五〇九）に七十歳で死没したとされる元家の子である。元源の弟家俊《いえとし》（司箭院興仙《せんいんこうせん》）が細川政元《まさもと》（足利義材《よしき》を追放した中心人物）の近臣となっており〔馬部二〇一八〕、宍戸氏は細川派（反大内派）であったが、軍記類によると、永正四年末に山口を出立して永正五年に入京を果たした義尹《よしただ》（義材から改名）の軍勢に、毛利興元《もうりおきもと》らとともに宍戸元源も加わっていたとされる。時期は特定できないが、大内義興《よしおき》から在陣を賞された宍戸左衛門尉は元源に比定され、京都を奪回した義尹や大内義興に従い、元源は京都周辺に在陣しており、軍記類の叙述は事実と大きく反しないと考えられる。毛利氏も義尹上洛時には大内氏に従っており、毛利氏と宍戸氏との友好関係は続いていた。

もっとも、永正八年に大内勢から離脱して帰国した毛利興元・吉川国経《きっかわくにつね》らのほか、その後に帰国を許された天野《あまの》・平賀《ひらが》・竹原《たけはら》小早川・阿曽沼《あそぬま》ら安芸国人衆による永正九年の一揆契状に元源は加わっておらず、宍戸氏が永正四年以前から大内氏に従属していた国人層とは一線を画していたことをうかがわせる。

結局、永正十三年、宍戸氏と毛利氏との合戦が勃発した。正月、三吉《みよし》氏領志和知長野城《しわちながの》（広島県三次

五龍城跡　広島県安芸高田市

市）が毛利氏に服属したため、三吉氏とともに宍戸勢が来襲したが、毛利勢の援兵によって撃退されている。二月には、毛利勢が三吉氏領志和知城（三次市）を攻略、さらに、甲立へも進攻したが、五龍城は攻略されなかった。これらの合戦の背景については定かでないが、永正十二年に大内氏から離反した武田元繁《たけだもとしげ》と、親大内派の吉川・毛利勢との大規模な戦闘が、永正十四年に勃発していることから推定すると、宍戸氏と毛利氏との合戦も元源が反大内に転じたことに起因したのではなかろうか。

　ところが、永正十四年の有田中井手《ありたなかいで》合戦において元繁が討ち死にしたため、宍戸氏は孤立する危機に陥った。この危機に対応するため、元源は備後国人との連携を強化した。永正十五年八月晦日、毛利勢は備後国赤屋《あかや》（広島県世羅町）において敗北、撤退途中の小国《おぐに》（世羅町）において九月二日に敵兵に追撃されている。その後、江田豊実《えだとよざね》は上山加賀守に対して、元源の戦略によって、以前に申し合わせたとおりの本望を遂げたとして、備後国上原《うえはら》（世羅町）の所領を渡している〔萩藩閥閲録〕。上山氏は世羅郡上山郷（世羅町）、江田氏は三谿郡《みたに》江田庄（三次市）を本拠としているが、毛利氏が上山に隣接する敷名《しきな》や伊多岐《いたき》、江田庄に隣接する志和地に進出していたことから推定すると、この連携は対毛利氏を想定したものだったと考えられる。

隆家をめぐる謎

毛利氏との対立が続く中、元源の嫡子元家が永正十五年（一五一八）六月、二十一歳で死没したとされる。元家の妻は山内直通《やまのうちなおみち》娘であったが、元家死没後、山内家に戻って男児を産んだという。それが隆家《たかいえ》である。もっとも、隆家の生年について永正十五年より後である可能性が指摘されており〔秋山二〇一八〕、そうすると、元家の死没年も降ることになる。元源の嫡孫であるにもかかわらず、幼少期の隆家が山内家で養育された点（天正八年〈一五八〇〉に隆家・元孝《もとたか》父子から山内隆通・広通《ひろみち》父子へ宛てた起請文前書〔山内家文書〕に「私が幼少のとき、直通のお世話によって数年間扶助していただきました」とある）は不自然で、元家死没が単なる病没でない可能性を指摘できる。

そこで注目されるのは、年未詳八月十六日付けで宍戸左衛門尉に宛てた大内義興書状である。その書状には「佐東《さとう》（広島市安佐南区）のことについて、弘中《ひろなか》中務丞（興兼《おきかね》、大内氏家臣）を派遣するので、話し合い、事あるたびに尽力されることが大切です」とある〔萩藩閥閲録〕。左衛門尉は元家のことと推定され、元家が大内氏の調略をうけていたことを示している。発給年を確定することはできないが、佐東地域を支配する武田元繁が討ち死にした永正十四年以降のものと推定される。元繁討ち死に以降も元源は毛利氏との戦闘を続けていたが、有力な同盟関係にあった武田氏当主の討ち死に、あるいは、永正十五年十月の大内義興帰国によって、反大内派は劣勢に陥る危機を迎えており、元家が父に反して調略に応じたとしても不思議ではない。しかし、内通が発覚して元源によって処罰され、隆家母は山内家に戻されたという仮説が成り立つ。

その後、元源が隆家を山内氏から引き取ったとされる大永三年（一五二三）頃には、毛利氏・山内氏ともに尼子《あまご》氏に従属しており、この時点では宍戸氏と毛利氏とは味方同士となっていた。また、毛利氏は大永五年、山内氏は大永六年に大内氏に帰服している。宍戸氏についても、享禄二年（一五二九）に元源が大内義隆《よしたか》から備後方面の軍事情勢について「事あるたびに毛利（元就《もとなり》）と相談され、しっかりと対応されることが大切です」という書状〔宍戸家文書〕を受給しており、毛利氏や山内氏とほぼ同時期に大内氏に従属したものと考えられる。

隆家と五龍局との縁組みと郡山合戦

かつての通説においては、軍記類の叙述をもとにして、天文三年（一五三四）年頭に元就が五龍城を訪問し、宍戸氏と毛利氏との和睦、宍戸氏の大内氏への従属、隆家と元就娘（五龍局）との縁組みが決定したとされていた。しかし、宍戸氏と毛利氏との和睦、宍戸氏の大内氏への従属が天文三年をかなり遡る時期であったことについては、前項でみたとおりである。また、隆家と五龍局との縁組みについても、五龍局が享禄二年（一五二九）生まれであること、隆家と五龍局との間の長男元秀《もとひで》の生年が天文十六年とされていることから、実際の婚姻は郡山《こおりやま》合戦後の天文十年代前半まで降るとする有力説が提示されている〔秋山二〇一八〕。もっとも、天文九～十年の郡山合戦時、宍戸氏と毛利氏とが同盟的関係にあったことから推定すると、婚約は郡山合戦以前に成立していたと考えられる。

次に、郡山合戦における宍戸氏の動向についてみていく。軍記類によると、天文九年六月下旬、尼子久幸《ひさゆき》（経久《つねひさ》甥）・国久《くにひさ》（経久次男）・誠久（国久の子）の率いる尼子勢三千余騎は備後国へ進攻し、志和地の八幡山城に布陣。まず宍戸氏領岩屋《いわや》城（広島県安芸高田市）へ攻めかかったとされる。城主は元源の弟深瀬隆兼《ふかせたかかね》。岩屋城は江《ごう》の川《かわ》とその支流に囲まれた要害の地に位置していたため、尼子勢は石見堂《いわみどう》の渡しを渡河して攻城しようとしたが、宍戸勢の頑強な抵抗に加え、雨による増水の影響もあり、結局、尼子勢は攻略を断念し、八幡山城へ退却。さらに、出雲国へ撤兵したという。また、岩屋城攻略に失敗した結果、尼子氏は備後方面から郡山城へ進攻する計画を変更して、石見方面から進攻することになったとされる。しかし、この合戦に関する同時代史料はまったく確認できず、郡山合戦に先立ち宍戸氏領において戦闘があったとは考えられない。五龍局が嫁したことで毛利氏の縁戚となった宍戸氏の活躍を喧伝するために創作された叙述だと推定される。

一方、郡山城をめぐる攻防における宍戸勢の活躍は信憑性の高い史料で確認できる。元就の自筆とされる記録〔郡山籠城日記〕には、天文九年十二月十一日、尼子方（南条《なんじょう》、小鴨《おがも》、出雲高橋《たかはし》、吉川）の布陣する宮崎長尾《みやざきながお》（安芸高田市）を毛利勢とともに攻撃して数人を討ち捕ったと記されている。また、尼子勢撤退後の天文十年四月二十一日、細川晴元《はるもと》周辺の人物から元源に対して発せられた書状〔毛利家文書〕に、尼子勢が撤退したことを知らせる元源書状を受け取ったので晴元へ披露したこと、元源のこのたびの忠節が比類ないものであることについて晴元から書状が下されたことが記されている。このように、元源の率いる宍戸勢の活躍もあり、元就は郡山城を守り抜いた。

その後の武田氏討伐（三二三～三二四頁参照）における戦功も加味され、天文十三年四月十六日付けで大内義隆は宍戸安芸守に対して安芸国佐東郡阿那《あな》村の「伴五郎（武田氏家臣）」旧領を与えているが、宍戸安芸守は元源を指す。『萩藩閥閲録』では元源の死没を天文十一年とするが、この点も誤謬である〔秋山二〇一八〕。また、この時点における宍戸氏は毛利氏家中に包摂されておらず、大内氏に従属する国人という点で、毛利氏と同格であったことも指摘しておきたい。

「四本目の矢」隆家

「隆家」の同時代史料上の初見は、天文二十二年（一五五三）十二月の山内氏調略に際して、山内隆通が申し入れた条数の宛先に隆家がみられ〔山内家文書〕、山内家で育ったという経歴から、隆家が調略の中心的役割を担ったことを示している。この頃には元源の活動はみられなくなっており、天正十年代半ば以降の元源が死没し、隆家が家督継承したと推定される。なお、元源の子で隆家の叔父隆忠《たかただ》について、享禄二年（一五二九）に隆家によって謀殺されたという伝承もあるが、隆忠は天文十年代半ばまで生存している。隆家の家督継承と隆忠の死との関連性は不明であるが、宍戸氏と毛利氏とが同盟的関係に入った後においても、元就の娘婿である隆家の宍戸氏家中における地位が安泰ではなかったことをうかがわせる。

厳島合戦後の弘治二年（一五五六）になると、吉川元春《もとはる》や口羽《くちば》通良《みちよし》とともに石見銀山を奪回しようとする尼子勢を迎え撃つために出陣するなど、隆家は毛利氏軍事力の中心的役割を担うようになっている。

宍戸隆家夫妻の墓　広島県安芸高田市・天叟寺跡

弘治三年に比定される元就が隆元・元春・隆景に宛てたいわゆる三子教訓状（毛利家文書）には「五龍（宍戸氏）については、これまた、娘の（嫁いだ）所で、私も不憫に思っていますので、三人がひたすらにこのようなお心掛けで、一代の間は三人と同様に思ってくださらなければ、元就としてはけしからぬことだと思い、恨みます」と記されており、隆家は「四本目の矢」ともいえる存在であった。

そのうえ、少なくとも「一代の間」という元就の願いを次代にもつなげることができるように、元就の嫡孫輝元《てるもと》は永禄十一年（一五六八）、隆家と五龍局との間の三女南の御方と婚姻した。加えて、次女は元春の長男元長《もとなが》の妻となっており、「四本目の矢」としての宍戸氏の位置づけは輝元期にも引き継がれた。もっとも、天正十年（一五八二）の備中高松城《たかまつ》（岡山市北区）をめぐる攻防時の毛利氏の軍事力編成をみると、隆家は元春や隆景と同様に「吉田衆」とは異なる独自の軍事組織を編成しており、自律性は保っていた。一方で、元就晩年期から輝元初期において毛利氏領国の運営を担った「御四人」に、元春・隆景は含まれるが、隆家は入っていない。軍事的には毛利氏中枢の一角を占めたといえるが、政治的には毛利氏領国全体の運営に隆家が携わることはなかった。

そのような位置づけは隆家の嫡孫元次《もとつぐ》代にも変化しておらず、豊臣期毛利氏領国において、組編成の組頭は務めているが、検地には関与してない。しかし、江戸期においても宍戸家は一門の筆頭に位置づけられており、元就の願いは幕末まで引き継がれたのである。

（光成準治）

【主要参考文献】
秋山伸隆「戦国期の宍戸氏と毛利氏」（安芸高田市歴史民俗博物館図録『安芸宍戸氏』安芸高田市歴史民俗博物館、二〇一八年）
馬部隆弘『戦国期細川権力の研究』（吉川弘文館、二〇一八年）
吉野健志「室町期安芸宍戸氏の動向」（安芸高田市歴史民俗博物館図録『安芸宍戸氏』安芸高田市歴史民俗博物館、二〇一八年）

武田元繁・光和・信実
——滅亡したかつての安芸国守護家

安芸国守護職と安芸武田氏

甲斐《かい》源氏《げんじ》武田《たけだ》信義《のぶよし》の子信光《のぶみつ》が文治五年（一一八九）頃に安芸国守護職に補任されたというかつての通説に対して、近年では、信光の補任は承久の乱後とする説が有力になっている。また、信光の後任には厳島《いつくしま》神社神主を兼ねる藤原親実《ふじわらのちかざね》が補任され、その後、信光の孫信時《のぶとき》が文永六年（一二六九）以前に補任されたものの、弘安七年（一二八四）頃には北条《ほうじょう》氏一門名越宗長《なごえむねなが》が補任され、元徳三年（一三三一）頃にようやく信時の孫信宗《のぶむね》が守護職に補任された。ところが、安芸国守護職に補任されていたことが、武田氏の倒幕への荷担を消極的にしたと考えられ、建武政権において武田氏は安芸国守護職を失った。その後、後醍醐《ごだいご》天皇と対立関係に至った足利尊氏《あしかがたかうじ》に荷担することによって、建武三年（一三三六）、信宗の子信武《のぶたけ》が安芸国守護職に補任され、次男の氏信《うじのぶ》へ継承された〔河村二〇一〇〕。

このようにして、氏信系武田氏は安芸国を本拠とするようになったが、応安三年（一三七一）頃、九《きゅう》州探題《しゅうたんだい》となった今川貞世《いまがわさだよ》（了俊《りょうしゅん》）が安芸・備後国守護職に補任され、その後、安芸国守護職は、細《ほそ》川頼元《かわよりもと》（明徳三年〈一三九二〉頃から）、渋川満頼《しぶかわみつより》（応永元年〈一三九四〉頃から）を経て、応永十一年に山名満氏《やまなみつうじ》が補任されると、以降、山名氏一族に相伝されていった。一方で、幕府は守護職を失った武田氏を分郡守護（安南《あなん》・佐東《さとう》・山県郡《やまがた》）として公認したとされてきた〔河村二〇一〇〕。このような見解に対して、武田氏の郡知行権は私領的側面を有するもので、分郡守護と規定することはできないという批判も有力である〔川岡二〇〇六、市川二〇一七〕。後者の見解の根拠として武田氏も山名氏を通じて軍事動員され、守護の指揮下にあったことがあげられている。また、そのような山名氏の厚遇は親大内《おおうち》派勢力を封じ込めようとする幕府の意図に基づくものであったとされる。

安芸武田氏略系図

その後、山名持豊《もちとよ》が養女を大内教弘《のりひろ》へ嫁がせたことによって山名・大内氏関係は改善したが、持豊と細川勝元《かつもと》との関係は次第に悪化し、竹原小早川《たけはらこばやかわ》・平賀《ひらが》・阿曽沼《あそぬま》・野間《のま》など山名・親大内派安芸国人と幕府（細川氏）派安芸国人との対立構造が形成された。細川派国人の代表格が沼田《ぬた》小早川・吉川《きっかわ》・毛利《もうり》氏のほか、武田氏であった〔市川二〇一七〕。寛正二年（一四六一）には、安芸国における大内氏の拠点東西条（広島県東広島市）を武田信賢《のぶかた》に打ち渡す命令が幕府から発せられている。信賢は氏信の曽孫で、若狭国守護職にも補任されていたため、安芸国には常住しておらず、初期には父信繁《のぶしげ》、信繁死没後には信賢弟元綱《もとつな》が安芸国における所領の支配に当たっていた。

ところが、応仁・文明の乱最中の文明三年（一四七一）、東軍であった兄信賢に背いて元綱は西軍に転じた。若狭国守護を務める惣領《そうりょう》家からの自立を企て、大内氏の誘いに応じたものと推定される。この内紛は文明十三年、信賢の後継の惣領国信《くにのぶ》（元綱兄）と元綱との和解が成立して解消したが、明応二年（一四九三）の細川政元《まさもと》によるクーデター（将軍足利義材《よしき》の追放）をめぐって、義材を支援する大内氏と、新将軍義澄《よしずみ》を擁立した細川氏との対立が深まると、大内氏は細川派武田氏領への進攻を企てるようになった。

武田元繁と大内氏

元繁《もとしげ》は元綱の子である。明応八年（一四九九）三月、毛利弘元《ひろもと》に対して、内部庄（広島県安芸高田市）の安堵について惣領家元信《もとのぶ》（国信の子）へ注進することを他の武田氏家臣との連署で伝えている。この年七月頃、武田氏被官温科国親《ぬくしなくにちか》が大内氏に応じて謀叛を企てた際、幕府は弘元へ援兵を命じており、武田氏と毛利氏が安芸国における反大内派の中心的存在であった。この当時、元綱は存命中と推定されるが、元繁がすでに武田氏領の運営において大きな役割を担っていたことをうかがわせる。

明応八年末に義材（義尹《よしただ》）が大内氏を頼って下向すると、明応九年四月には毛利弘元に対して大内義《よし》興《おき》を通じて忠節を尽くすよう御内書《ごないしょ》を発しており、実際に、文亀元年（一五〇一）七月時点で弘元は義興の命令に従うことを表明している。おそらく武田氏も毛利氏とほぼ同時期に大内氏への従属に転じたと考えられ、永正五年（一五〇八）に義尹を奉じて上洛した大内義興に元繁も従軍している。

永正八年に毛利興元《おきもと》（弘元の子）が無断帰国した際、元繁は京都に留まっていた。その後、永正十二年頃、元繁は安芸国の混乱を収めるよう義興から命じられ、義興養女と娶せて帰国を許されたが、まもなくその養女を離別し、己斐要害《こいようがい》（広島市西区）を攻撃して大内氏から離反したという。その頃、永正五年に死没した厳島神社神主藤原興親《おきちか》の跡目をめぐって東方と西方の争いが勃発しており、武田氏は東方を支援して、西方の己斐要害を攻撃したのである。西方を支援する大内義興は己斐要害を救うため、興元や吉川元経《もとつね》に命じて武田方の有田城《ありた》（広島県北広島町）を攻略させた。有田城攻略の時期は特定できないが、近接する壬生城《みぶ》（北広島町）の壬生元泰《もとやす》が永正十二年六月一日付けで興元に対して服属を誓っており、有田城攻略もほぼ同時期と推定される。

有田中井手合戦

元繁は有田城を奪回すべく今田《いまだ》（北広島町）に在陣したが、有田城は持ち堪えていた。永正十四年（一五一七）二月には、親大内派吉川氏領の山県郡宮庄（北広島町）での戦闘が確認される。これは有田城に吉川勢が入っていたためである。さらに十月になると、元繁は武田方の諸将を率いて有田城攻撃に向かったが、十月二十二日、有田城救援にかけつけた毛利元就《もとなり》や吉川元経に敗れ討ち死にした。毛利氏においては永正十三年八月に当主興元が死没し、その子幸松丸が家督を継承していたが、幼年のため、興元の弟元就が毛利勢を率いていた。この合戦の詳細な推移について、同時代史料から明らかにすることは難しいが、軍記類では次のように叙述されている。

武田方は有田城を包囲していたが、毛利・吉川氏からの援軍に備えて、高松城《たかまつ》（広島市安佐北区）主熊谷元直《くまがいもとなお》を中井手《なかいで》（北広島町）に布陣させた。ところが、毛利・吉川勢の迅速な到来によって、有田城包囲勢からの救援が到着する前に、熊谷勢は敗れて元直が討ち死に。そこで、元繁は有田城包囲に最小限の兵力を残して、毛利・吉川の援軍に対して攻撃をしかけ、敵勢を後退させたが、又打川を渡河しようとした場所で射殺され、指揮官を失った武田勢も総崩れとなった。二十三日には残った武田方の香川《かがわ》行景《ゆきかげ》・己斐宗端《そうずい》らが談合のうえ、反撃を試みたが敗れて、香川・己斐も討ち死にした。

しかし、この合戦における幸松丸の感状には「切岸《きりぎし》において太刀打ち」とあり、有田城包囲中の武田勢を背後から攻撃、あるいは援軍が有田城への入城に成功して、攻め上がろうとする武田勢を攻撃したという状況が想定される。また、元繁のほかの主たる戦死者として、吉山《よしやま》中務少輔・内藤《ないとう》助六・山縣《やまがた》備中守・白井《しらい》・竹内《たけうち》備後守・溝淵《みぞぶち》五郎兵衛尉らがあげられる。このうち、溝淵を討ち捕ったのは石見吉見《よしみ》氏の家臣である。熊谷と香川については感状にあらわれないが、これ以降元直や行景の生存が確認できないことから、この合戦において討ち死にしたことは事実と考えられ、毛利氏以外の大内方の軍勢が討ち捕った可能性を示唆している。したがって、大内氏の援軍が到来していたと考えられ、軍記類では元就の戦功が強調されているが、本質的には大内氏と武田氏の争いであったことを示している。

このようにして、武田氏だけでなく、武田氏に従属していた国人領主層もこの合戦によって大きな打

武田氏の居城・佐東銀山城（金山城）跡　広島市安佐南区　撮影：筆者

撃を蒙ったが、尼子氏の安芸国への進出によって、支配地域を大きく減ずることは免れた。

武田光和

光和《みつかず》は元繁の子で、文亀二年（一五〇二）生まれとされる。父が討ち死にした当時、十六歳であったため、家督継承当初は若狭武田氏（元信・元光《もとみつ》）の後見をうけたようである〔河村二〇一〇〕。一方、元繁を討ち捕った大内氏は安芸国支配を強化し、厳島神社神主の継承者争いに乗じて、佐《さ》西《さい》郡の直轄支配化を企てたため、厳島神領衆の反発を招いた。そこで、安芸国南東部の支配を安定化させることを狙って、大永二年（一五二二）、陶興房《すえおきふさ》らが兵を率いて安芸国へ進攻。三月、仁保島《にほじま》（広島市南区）や府中《ふちゅう》（広島県府中町）で大内方と武田方（白井氏）との戦闘が展開された。その後、大内勢は佐東郡上八屋（広島市、現在地不詳）へ転進して、新庄《しんじょう》（広島市西区）や大塚《おおつか》（広島市安佐南区）へ進出しており、武田氏の居城金山《かなやま》城（広島市安佐南区）を攻撃する計画だったと考えられるが、武田氏の抵抗によって、結局撤退した。

大永三年になると、四月、武田氏の支援によって友田《ともだ》興藤《おきふじ》が桜尾《さくらお》城（広島県廿日市市）に入城して厳島神社神主家を継承した。その頃には毛利氏などが大内氏から離反して尼子《あまご》氏に従属し、六月には大内氏の安芸国支配の拠点鏡山《かがみやま》城（広島県東広島市）が陥落。大内氏はこのような劣勢を挽回するために安芸国へ出兵し、八月に友田（廿日市市）、九月に廿日市、十月に厳島（廿日市市）で戦闘を展開し、さらに、翌年大永四年も大内氏の攻勢は続いた。五月には大野《おおの》要害（廿日市市）、六月には浅原《あさはら》（廿日市市）へ出兵。武田勢も援軍を送ったが、七月には大内義興自身が出兵して、興藤の居城桜尾城が包囲される事態に陥った。八月まで桜尾攻城戦は続いたが、十月、興藤は大内氏に降伏した。

大永五年三月に元就が大内氏に帰服、六月には天野《あまの》興定《おきさだ》も大内氏に帰服した（同じ頃、野間氏も帰服）。劣勢を回復するため、武田勢は八月、天野氏領へ進攻したが成果を得ることはできなかった。同月には毛利勢が山県郡の武田氏領へ攻め込むなど、武田氏は追い込まれていき、翌年初頭には白井氏も大内氏に帰服したという。

大永七年には大内勢が武田方の阿曽沼氏領へ進攻し、二月に熊野《くまの》要害（広島県熊野町）が陥落。三月、阿曽沼氏の居城世能鳥子城（広島市安芸区）を攻撃。武田氏も援軍を送ったが、四月、阿曽沼氏は大内氏に降伏した。同じ頃大内勢は、再び武田方に転じていた白井氏領へ進攻し、五月、府中城（府中町）へ攻めかかり、西籠屋を攻略した。同月十三日には救援に赴いた武田勢と大内勢との戦闘が松笠山《まつかさやま》（広島市安佐北区）であり、七月にも久村要害（広島市安佐北区）をめぐる攻防が展開されたが、尼子勢の備後国への南下によって、大内方と尼子方との主たる戦場が備後国北部へ移ったため、武田勢と大内勢との戦闘は当分の間ほとんどみられなくなる。

安芸国を主たる戦場とした大内方と尼子方の対立が再び激化してくるのは、天文五年（一五三六）以降である。平賀弘保《ひろやす》（白山城《しろやまじょう》〈東広島市〉）とその子興貞《おきさだ》（頭崎城《かしらざきじょう》〈東広島市〉）の不和に際して、大内氏は前者を支援して軍勢を派遣した一方で、天文七年二月頃には、大内方の毛利氏領へ武田勢が攻め込んでいる。天文八年になると、武田氏のもとへ松田経通《まつだつねみち》（尼子方出雲国人）や赤穴光清《あかなみつきよ》（尼子方石見国人）が派遣され、八月には、武田氏から離反した熊谷氏の居城高松城《たかまつじょう》（広島市安佐北区）を攻撃したが攻略できなかった。九月十七日には戸坂《へさか》（広島市東区）において武田勢（援軍として松田らも参加）と毛利勢との戦闘が起こっている。

このような尼子方の攻勢に対処するため、天文八年末から大内方は広島湾頭における活動を活発化させるとともに、天文九年正月、大内義隆《よしたか》が防府《ほうふ》（山口県防府市）に着陣して、安芸国における尼子方勢力に対して圧力をかけた。その結果、大内方水軍と武田方水軍の戦闘が、正月の江波島《えばじま》（広島市中区）、二月の佐東川口、五月の箱島（広島市中区）で展開された。また、四月の戸坂における戦闘は、戸坂氏の武田氏からの離反に伴うものと考えられる。

このような大内方との戦闘が本格化する中、六月九日、光和は死没した。

武田氏の滅亡

光和死没直後の六月二十五日付けで、武田氏重臣と推定される和重《かずしげ》（名字は不明）が「戸坂」へ宛てた書状〔毛利家文書〕には「光和の家督についてては御料人《ごりょうにん》（光和妻と推定される）と協議して、人選についてて尼子氏へお願いしたところ、すぐに同意されました。そこで、湯原《ゆはら》が近日中に下向されます」とある。光和には実子がいたとの伝承もあるが、大内氏の攻勢を前にして、尼子氏の支援を頼むほかに生き残る術は困難であり、尼子氏から当主を迎えようとしたものと考えられる。

結局、尼子氏が若狭武田氏へ要請して、武田元光《もとみつ》の子信実《のぶざね》が安芸武田氏の家督を継承することとなった。同じ頃、尼子氏は毛利氏領へ進攻し、武田勢もそれに呼応して郡山城（安芸高田市）方面へ向かったが、般若谷（安芸高田市・広島市安佐北区）において毛利方に敗北した。郡山城へ迫った尼子勢も天文十年（一五四二）正月に敗退し、尼子氏に呼応して大内氏から離反していた友田興藤は同年四月、自害した。軍記類によると、武田信実は尼子勢の敗退を知るとすぐに金山城から逃亡したとされる。残された武田氏家臣は抵抗を続けたが、正月末には天野興定を通じて香川氏に対する調略が企てられるなど、武田方は混乱状況に陥っていた。

三月になると、大内勢や毛利勢のほか、天野勢なども金山城へ迫り、五月十二日夜から十三日にかけて、「金山伴陣」において武田家人は誅伐された。軍記類によると、金山城開城後に一部の家臣が伴城《ともじょう》（広島市安佐南区）に籠もって徹底抗戦しようとして誅伐されたという。この経緯についても同時代史料で詳らかにすることは困難であるが、信実はこの後も存命しており、五月十二日以前に信実が国外へ退去していたことは事実と推定される。いずれにせよ、「金山伴陣」の敗戦によって安芸武田氏は滅亡した。

なお、武田氏一族とされる伴氏について、天文十年の「金山伴陣」後も存続しており、宗家から離反して大内氏に従っていたが、天文十一年、大内方の出雲遠征中に毛利勢によって討伐された（萩藩閥閲録）。毛利氏の主力は遠征中であり、伴氏が蜂起したにせよ、大規模なものであったとは考え難い。出雲遠征苦戦中に不測の事態が起こることを懸念して討伐された可能性を指摘できる。

（光成準治）

【主要参考文献】

市川裕士『室町幕府の地方支配と地域権力』（戎光祥出版、二〇一七年）

川岡勉『中世の地域権力と西国社会』（清文堂出版、二〇〇六年）

河村昭一『安芸武田氏』（戎光祥出版、二〇一〇年）

山内直通・隆通
――尼子・大内の間で揺れ動く備後北部最大の国人

直通以前の山内氏

山内《やまのうち》氏は系図上、藤原秀郷《ふじわらのひでさと》の後裔、あるいは藤原師尹《もろただ》（北家《ほっけ》師輔《もろすけ》の弟）の後裔とされるが、実際には、美濃国の古代豪族守部《もりべ》氏〔尊卑文脈〕を出自とすると考えられる。守部氏は律令制下において美濃国席田《むしろだ》郡（岐阜県本巣市）の郡司を務めたとされるが、後三年の役の頃に源義家《よしいえ》に従い、俊通《としみち》のときに、相模国山内庄（神奈川県鎌倉市）を本拠として、山内氏を称した。

俊通の子経俊《つねとし》は源頼朝の挙兵当初、平家方として活動したため、処罰されそうになったが、母が頼朝の乳母であったことから赦免された。その後、文治元年（一一八五）に伊勢国守護職、のちに伊賀国守護職にも補任されたが、元久元年（一二〇四）、平家の残党討伐に失敗して解任された。一方、承久三年（一二二一）の承久の乱直後に、経俊の子重俊《しげとし》の次男宗俊《むねとし》が備後国地毗庄《じび》（広島県庄原市）地頭職を安堵されており、承久の乱以前に地毗庄地頭職に補任されていたことが判明する。鎌倉末期、宗俊の曽孫通資《みちすけ》の代に地毗庄へ本拠を移し、室町期には守護山名《やまな》氏に従属する有力な備後国人として、備後国北部を中心に地域支配を展開した。

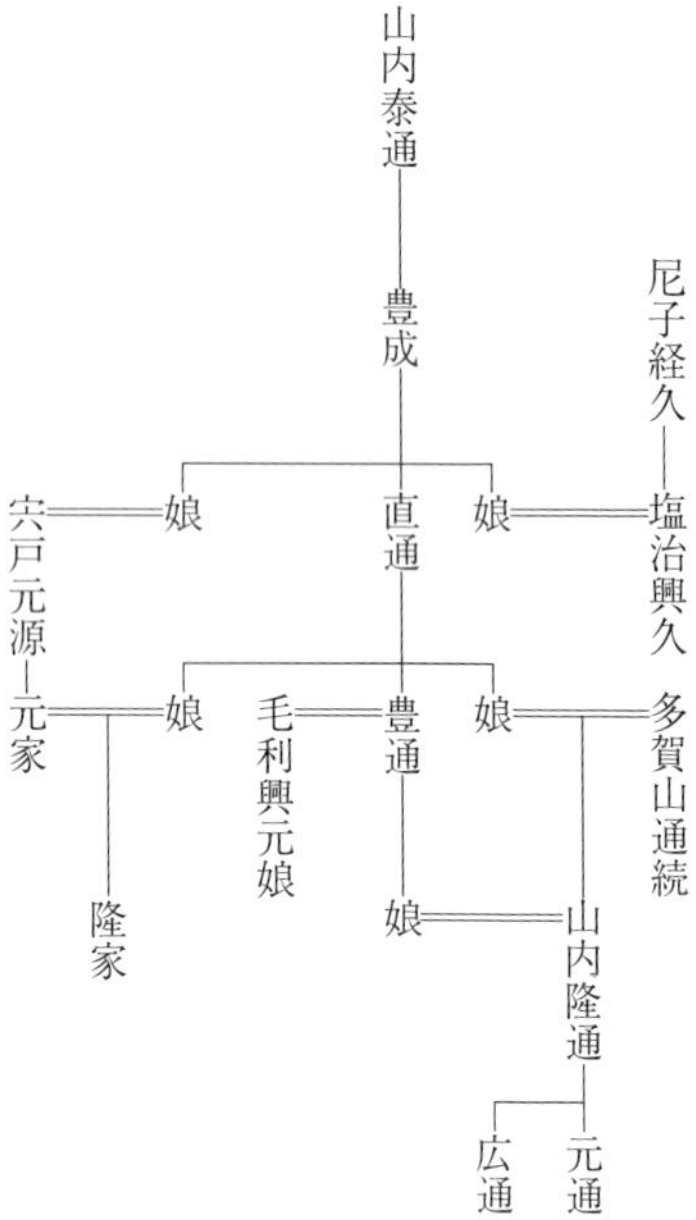

山内氏略系図

とりわけ、山内泰通《やすみち》は応仁・文明の乱において、山名持豊《もちとよ》を主将とする西軍に属して、父と対立して東軍に与した持豊の子是《これ》豊《とよ》や是豊に従う備後国人、沼田小早川《ぬたこばやかわ》家らと交戦し、戦功をたてた。是豊没落後の備後国守護職は、政豊《まさとよ》（持豊の孫）、俊豊《としとよ》（政豊の子）へと継承されたが、俊豊は父政豊と対立して、明応二年（一四九三）三月頃から山名氏の本拠但馬国における両者の抗争が激化していった。同年五月には、山内通久《みちひさ》（庶家）が俊豊から但馬国における戦功の恩賞として、同国城崎《きのさき》郡において所領を与えられており、備後山内氏の俊豊への荷担が確認される。その当時の山内氏当主は豊成《とよなり》（泰通《やすみち》の子）。

しかし、同年八月の合戦において俊豊方が敗北すると、備後国においても俊豊方と政豊方との合戦が激化していった。その際、豊成は引き続き俊豊に荷担し、その結果、俊豊から備後国中南部においても所領を与えられて、備後国を代表する国人へと成長した。また、延徳四年（一四九二）九月には、翌年の備後国における段銭奉行《たんせんぶぎょう》に任じられ、さらに、明応二年閏四月に俊豊が安芸毛利氏に対して備後への出兵を要請した際には、豊成と話し合うことを指示したうえで、豊成が奏者となっている。これらの史料から、俊豊の備後国支配において豊成が中心的な役割を担っていたことが判明する〔柴原一九九三〕。

その後、明応四年（一四九五）十一月二十二日付けで、俊豊は山内二郎四郎に対して、備後・播磨国における知行などを安堵している。山内二郎四郎は豊成の子とされる直通《なおみち》を指す。同日付けで俊豊は豊成に対して隠居を許可しており、この時点においては存命していたが、これ以降、豊成の動向はみられなくなり、まもなく死没したと考えられる。

直通の登場

豊成の子とされる直通の生年は未詳であるが、応仁三年（一四六九）三月二十一日付け宮田教言（山名氏家臣、備後国守護代）書状において、矢野《やの》庄梶田《かじた》・本郷（広島県三次市）両代官職を預けられている山内こう（幸）松丸が直通に比定される。その後、文明二年（一四七〇）六月、山内幸松は矢野庄内梶田・本郷、西村を与えられた。さらに、文明十五年九月、豊成（当時の実名は豊通《とよみち》）は「嫡子」幸松に本領である地毗庄本郷、下原、信敷、伊与、津口、岩成下村、河北村などを譲渡し、山名政豊は譲渡された所領について、幸松に対して安堵の判物《はんもつ》を与えている〔山内家文書〕。直通は、応仁三年から十四年を経過した文明十五年においても幸松という幼名を称しており、生年は応仁三年を大きく遡らない時期と考えられる。

延徳四年（一四九二）九月の栖真院領四ヶ村代官職を安堵する山名俊豊書状〔山内家文書〕の宛先は山内二郎四郎となっており、これ以前に元服して二郎四郎を称した。その後、明応四年十一月に豊成が隠居して、二郎四郎が家督継承した点については右にみたとおりであるが、その当時の二郎四郎の実名は直通なのだろうか。直通という実名の初見は大永五年（一五二五）十月である〔萩藩閥閲録〕。これ以降、天文二十二年に死没するまで、直通の実名が継続的に確認される。また、実名直通期には官途名上野介《こうずけのすけ》を称している。一方で、永正元年（一五〇四）六月二十三日付けで大楽寺尊慶《だいらくじそんけい》が小早川扶平《すけひら》に宛てた契状を受け取った際に記されたと推定される同月二十四日付け文書〔小早川家証文〕には「山内次郎四郎豊通が放状を望んだので、実国の放状を調え、豊通へ与えた」とある。この次郎四郎は豊成の後継者二郎四郎と同一人物と考えられ、直通の当初の実名は豊通であったことを示す。一方で、少なくとも延徳二年十一月時点では、豊成が実名豊通を称している。したがって、幸松が元服を契機に実名豊通を継承して、それまで豊通を称していた父が実名を豊成に改めたと推定される〔木下二〇一二〕。

直通（当時の実名は豊通）が家督を継承した頃、備後国守護山名俊豊は父山名政豊と抗争中であったが、明応八年（一四九九）以降、俊豊の動向はみられなくなる。明応八年に死没した政豊の後継の備後国守護職には、政豊の子致豊《むねとよ》（俊豊の弟）が補任されたが、大内義興《よしおき》を頼って周防国へ下向していた前将軍足利義尹《あしかがよしただ》（のち義植《よしたね》）が上洛を企図した際の永正四年（一五〇七）十二月十三日付け上山加賀守〔備後国人）宛山名致豊書状写〔萩藩閥閲録〕に「尾道《おのみち》・鞆《とも》両所において義尹のご寄宿について申し付ける。国の役なので、何事も山内に相談して尽力することが非常に大切です」とある。尾道・鞆における義尹の寄宿については、同日付けで山内新左衛門尉に対しても指示されており、それをうけて、豊通が高須《たかす》右馬助（備後国人）に対して、義尹が尾道に寄宿する際には港まで来るように指示している〔萩藩閥閲録遺漏〕。これらの史料から、この時点で直通は仮名《けみょう》を二郎（次郎）四郎から新左衛門尉に改めていたこと、実名は引き続き豊通であったことがわかる。

さらに、永正九年二月には上山村・草村（広島県府中市）における浄土寺《じょうどじ》（広島県尾道市）の寺領を安堵している〔浄土寺文書〕ほか、高須右馬助の被官の家の継承についても安堵を指示している〔萩藩閥閲録遺漏〕。義尹が山名俊豊と親密な関係にあったことから、義尹およびその後見である大内氏の影響力が備後国へ浸透した状況下において、かつて俊豊方の中心であった山内氏の備後国における地位が上昇し、備後国南部の国人や寺社への影響力も強め、自立した地域権力へ進化しようとしていた。

自立を模索する直通

山名惣領家の家督は永正九年（一五一二）、致豊から弟の誠豊《のぶとよ》へ譲与された。その際、十月二十六日付けで誠豊は山内新左衛門尉（直通に比定される、当時の実名は豊通）に対して「備後国守護代職については、元のとおり、太田垣《おおたがき》へ申し付けます」と伝えた〔山内家文書〕。この決定は山内氏の勢力拡大を

山内氏の本拠・甲山城跡　広島県庄原市

牽制する意図を有していたと考えられる。誠豊が家督を継承した時点においても備後国は山名惣領家の分国であり、大内氏の備後国への進出を強く警戒していたと考えられ、親大内派で、かつ、自立化を企図していた山内氏による他の備後国人への影響力拡大を阻止する必要があった。そこで、守護代によって備後国の統制強化を図ろうとしたのである。

これに対して、直通は大内氏や山名氏との関係も維持しつつ、国人衆を統合してその連帯の中核になることによって勢力拡大を図ろうとした。永正九年十月十八日付け毛利興元《おきもと》（前年に京都奪回を目指していた大内義興の軍勢から離脱して帰国していた）書状（小早川家文書）によると、興元の斡旋に応じて、山内氏は沼田小早川家との和解に同意し、小早川の申し入れによって、木梨《きなし》氏（備後国人）とも和解している。また、興元は豊通とは一味であると認識しており、この年三月に締結された安芸国人衆の一揆契約と同様に、備後国においても国外勢力に対峙するため、国人一揆に類似した枠組みが形成されつつあり、さらに安芸国人一揆との統合も視野に入っていた。直通（豊通）は備後国人衆の連帯における中心的存在であり、山内氏は毛利氏とともに安芸・

備後国人衆統合の要だったのではなかろうか。

とはいえ、備後国人衆が直通を盟主としてまとまって国外勢力の影響力を排除するまでには至らなかった。尼子経久《つねひさ》の子で塩冶《えんや》氏へ入嗣した興久《おきひさ》は、永正年間前半頃に山内氏から妻を迎えている。この縁組みは備後国への影響力拡大を図る尼子氏と山名氏からの自立を企図する山内氏との利害関係が一致して成立したと推定されるが、尼子氏が備後国への直接進出を図るようになると、大内氏との関係を重視する山内氏との関係は悪化したと考えられる。

尼子経久が備後国北部へ進攻して勃発した大永七年（一五二七）七〜十一月の尼子勢と大内方との合戦は、尼子氏が山内氏を降伏させることによって備後国人衆を尼子方に引き戻すことにあったとされる〔長谷川二〇〇二〕。大永三年頃には、勢力拡大を図る尼子氏の圧力に屈して、山内氏のほか、多賀山《たがやま》・和智《わち》・湯浅《ゆあさ》・高須などの備後国人は尼子氏に従属していたが、大内氏の反攻によって、大永六年に山内氏のほか多賀山氏、大永七年には高須氏や和智氏が大内方に転じており、その状況を打開するために起こったのが尼子勢の進攻であった（一〇二〜一〇三頁参照）。このように、山内をはじめとした備後国人衆は尼子・大内両勢力の狭間にあって、いずれかに従属しなければ生き残ることができない状況に置かれていたのである。

直通から隆通へ

大永七年（一五二七）に比定される九月三日付け大内義興書状〔山内家文書〕において、伊多喜《いたき》（広島県三次市）に在陣し、かつ、和智筑前守を大内方に寝返らせたことを賞されている山内次郎四郎とは誰を指すのであろうか。直通はこれ以前から上野介を称している。また、大永八年に比定される山内次郎四郎宛義興書状〔山内家文書〕に「直通在陣」とあり、次郎四郎は直通ではない。直通は天文五年（一五三六）、「子である次郎四郎の息女と聟法士との縁組み」〔山内家文書〕によって、聟法士（のちの隆通《たかみち》）へ山内家の惣領職を譲与するとしている。したがって、大永七〜八年の次郎四郎は直通の実子である。

次郎四郎は父や祖父と同様に、実名豊通を称したが〔木下二〇一二〕、この後、その動向はみられなくなり、家督継承前に若年で死没したことが判明する。妻は毛利興元娘であったが、嗣子はなかった。このため直通は、多賀山通続《みちつぐ》（多賀山氏は山内氏から分出した国人で、蔀山城《しとみやま》〈広島県庄原市〉を本拠とする）の子聟法士を豊通娘と縁組みさせて、家督を継承させた。聟法士の母は直通娘であり、直通の外孫にあたる。この継承は血縁関係を考えると、穏便に行われたようにみえるが、実は異なる。

父尼子経久との抗争に敗れた塩冶興久は、妻の実家である山内氏のもとへ逃れ、直通の庇護下にあった。しかし、天文二年（一五三三）十一月頃から始まった尼子氏の攻撃に耐えかね、直通は降伏した。その際、尼子経久・詮久から「〔山内氏について〕断絶させるつもりであったが、尼子氏への忠節を誓ったので、（聟法士を）縁組みさせた」という書状（山内家文書）を受給しており、聟法士による継承は直通の意思に基づくものではなく、尼子氏主導で決定されたものであった（一〇六頁参照）。隆通は享禄三年（一五三〇）生まれとされるので、縁組み当時七歳であった。

このような経緯から、隆通が家督継承した当初の山内氏は尼子氏に従属していたが、毛利氏討伐に失敗した尼子勢が天文十年正月に撤退すると、山内氏は尼子氏から離反した。隆通（少輔四郎）は天文十一年十二月二十六日付けで毛利元就加冠状《かかんじょう》を受給しているが、その一ヶ月後の天文十二年正月十一日付けで大内義隆《よしたか》加冠状も受給している。この経緯は定かでないが、山内氏の尼子氏からの離反が元就の働きかけによるものであったため、いったん、元就の加冠によって元服したものの、出雲遠征において苦戦した義隆が山内氏を味方につなぎとめるために、改めて自らが加冠して、「隆」の偏諱《へんき》も与えたという可能性を指摘できる。

ところが、尼子氏の本拠富田《とだ》城（島根県安来市）攻めに参加していた山内勢は、天文十二年四～五月頃、大内氏から離反して再び尼子方へと転じた。長期遠征に対する不満に加え、富田城攻略の見込みが立たず、恩賞を期待できなくなったことなどが要因と考えられる。これ以降、山内氏は当分の間尼子氏に従っていたが、天文二十年の陶隆房《すえたかふさ》らによるクーデターによる影響が備後国北部へも及び、毛利氏への従属へとつながっていく。

山内隆通が奉納したとされる「赤糸威鎧兜　大袖付」 広島県庄原市・日吉神社蔵　画像提供：庄原市教育委員会

毛利氏への従属

大内義隆の殺害による大内氏領国内の動揺に乗じて、尼子氏は備後国における勢力拡大を企図し、天文二十一年（一五五二）の合戦では敗れたものの、天文二十二年四月、江田《えだ》氏の調略に成功した。しかし、同年五月、江田氏討伐に赴いた毛利勢に尼子勢が敗れて、十月に江田氏が滅亡すると、隆通は十二月、宍戸《ししど》隆家《たかいえ》を通じて毛利氏へ九ヶ条の条件を提示し、元就らがそのほとんどを受け入れた結果、多賀山氏とともに尼子氏から離反した（一一五頁参照）。

この時点においては、毛利氏の仲介によるとはいえ、山内氏は大内氏に従属していたため、天文二十三年五月に毛利氏が大内氏と断交した直後には、山内氏に対して大内氏への荷担が呼び掛けられたと考えられる。『山内家文書』に残されている陶晴賢《はるかた》に宛てた大内義長《よしなが》（晴賢らに擁立された義隆の後継者）の書状（内容は義長・晴賢の不仲を否定するもの）は、晴賢が義長から受給した書状を山内氏に送ることによって、山内氏が毛利氏に荷担することを阻止しようとしたものと推定される。

その後、永禄五年（一五六二）七月、元就・隆元《たかもと》連署で出雲国において所領を与える旨の判物を隆通へ発しており、これ以前に山内氏は毛利氏に従属している。おそらく、毛利方が大内氏の衰退を踏まえ、弘治二〜三年（一五五六・五七）頃に従属したと推定される。もっとも、元就が死没してまもない元亀三年（一五七二）七月、隆通は吉川元春《きっかわもとはる》・熊谷信直《くまがいのぶなお》の指南によって、元就の後継者輝元《てるもと》との契約に応じている。隆通・元通《もとみち》（隆通長男）連署の起請文は、山内氏の輝元に対する忠誠を疑う風聞があったため、熊谷信直に対して弁明したところ、輝元が納得したことを満足であるとし、今後は毛利一門と同様に忠誠を尽くすことを誓い、元春・元資《もとすけ》（のちの元長《もとなが》）父子の指南は願ったものである。これに対して輝元も隆通・元通に宛てた起請文を認め、同時に、元通と元資との兄弟契約も結ばれた。

この出来事が示すように、毛利氏に従属したとはいえ、山内氏の自律性は依然として高く、毛利氏家中に包摂された存在とはいえなかった。本能寺の変後の天正十二年（一五八四）になっても、前年に毛利氏領国内の国人領主層が人質を提出したにもかかわらず、隆通はいまだ人質を提出しておらず、輝元から「三吉《みよし》・久代《くしろ》・三沢《みさわ》そのほか皆々が提出しているので、ご納得いただいて、早急に提出いただけると、本望です」という書状〔山内家文書〕を受け取っている。それでもなお隆通は抵抗していたが、最終的に次男鬼松（のちの広通《ひろみち》。元通が早世したため、隆通の後継者となっていた）を人質として提出した。もっとも、毛利氏の本拠吉田《よしだ》（広島県安芸高田市）ではなく、宍戸氏の本拠五龍城《ごりゅう》（安芸高田市）への提出、かつ、「養生のため」という理由にするなど、条件付きの了承であり、人質提出が毛利氏家中への包摂を意味するとはいえない。

結局、隆通はある程度の自律性を保ったまま、天正十四年（一五八六）十月十五日、五十七歳で死没した。

（光成準治）

【主要参考文献】

木下和司「三人の山内豊通」（『備陽史探訪』一六五、二〇一二年）

柴原直樹「毛利氏の備後国進出と国人領主」（『史学研究』二〇三、一九九三年）

長谷川博史「大永七年備後国和智郷細沢山合戦と陣城遺構」（『芸備地方史研究』二三〇、二〇〇二年）

山本浩樹「戦国期但馬国をめぐる諸勢力の動向」（『戦国期西国における大規模戦争と領国支配』二〇〇四～二〇〇六年度科学研究費補助金基盤研究（C）研究成果報告書、二〇〇七年）

山名理興——山名一族の備後支配の要

備後国守護山名氏

山名《やまな》氏が初めて備後国守護職を獲得したのは、康暦元年（一三七九）である。管領細川頼之《ほそかわよりゆき》と対立した将軍足利義満《あしかがよしみつ》が反頼之派有力守護と連携して頼之を京都から追放したいわゆる康暦の政変後、反頼之派の中心人物の一人であった山名時義《ときよし》が備後国守護職に補任され、康応元年（一三八九）に時義が死没すると、甥（時義の兄師義《もろよし》の子）義熙《よしひろ》が守護職を継承した。しかし、明徳二年（一三九一）の明徳の乱の結果、山名氏は備後国守護職を失った。その後、応永六年（一三九九）の応永の乱を経て、親大内《おおうち》派勢力を封じ込めるために、備後・安芸・石見三ヶ国の守護職が山名氏に与えられ、このうち、備後国守護職には惣領《そうりょう》家の時熙《ときひろ》（時義の子）が補任された〔岸田一九八三、市川二〇一七〕。

以降、守護職は山名惣領家の人物（持豊《もちとよ》〈宗全《そうぜん》、時熙《ときひろ》の子〉、教豊《のりとよ》〈持豊の子〉、政豊《まさとよ》〈教豊の子〉、俊豊《としとよ》〈政豊の子〉、致豊《むねとよ》（俊豊の弟）、誠豊《のぶとよ》（致豊の弟）〉が継承していった。もっとも、応仁・文明の乱において父持豊と対立して東軍として行動した是豊《これとよ》（教豊の弟）が一時的に守護として処遇されていた。その背景には、大内氏対策上重要な位置にある備後国を、大内氏と連携する山名惣領家に委ねたくない細川氏の意向が反映されたのではないかと指摘されている〔市川二〇一七〕。また、俊豊も父政豊と対立して山名氏の本拠但馬国において抗争を繰り広げるなど、惣領家内において惣領に対抗する人物がしばしば守護の地位についている。

いずれにせよ、山名惣領家の内部抗争の結果、守護による備後国内の統制は弛緩していき、逆に、大内氏や尼子《あまご》氏の備後国への影響力が増していく。そのような状況下において、神辺《かんなべ》城主として現われたのが山名理興《ただおき》である。

理興の出自

理興について、かつての通説では山手銀山城《やまてぎんざんじょう》（広島県福山市）を本拠とする山手杉原《すぎはら》氏の出身とされてきた（山手杉原氏については後述）。「山名家譜」などの記録類によると、天文七年（一五三八）の大内義隆《よしたか》が備後国へ進攻して神辺城（福山市）を攻撃した際、大内氏に従った山名忠興が神辺城主山名氏政《うじまさ》（忠勝《ただかつ》）を自害に追い込んだとされる。忠興＝理興で、氏政に代わって神辺城主になったことにともない、名字を杉原から山名に改めたと考えられてきたが、理興が杉原を称した同時代史料は確認できない。

一方、近年、大永八年（一五二八）に比定される文書にみられる山名彦次郎が理興を指すという説が提起された〔木下二〇一二〕。正月十六日付けで備後国人田総《たぶさ》信濃守に宛てた塩冶豊綱《えんやとよつな》（山名惣領家家臣）書状〔田総家文書〕に「山名彦次郎殿様のご下向について急ぐべきであるとのご意向を示されました」

とある。さらに五月十三日付けで備後国人湯浅《ゆあさ》藤右衛門尉に宛てた山名祐豊《すけとよ》書状〔湯浅家文書〕にも「備後国への彦次郎の下向について、筑前守（備後国人和智《わち》豊広《とよひろ》）へ伝えました」とある。

神辺城跡　広島県福山市　撮影：筆者

山名氏と尼子氏との良好な関係は尼子氏の伯耆国への進出によって崩壊し、尼子氏が備後国へも進出すると、山名氏は大内氏との連携に転じた。さらに、大永七年八月の細沢山合戦において尼子勢が敗退すると、それ以前に大内方に転じていた山内《やまのうち》・多賀山《たがやま》に加え、高須《たかす》・和智といった国人も大内方に転じた（一〇二頁参照）。ちょうどその頃、山名氏は備後国人衆に対して和談を命じており、弛緩していた備後国支配権を強化し、山名氏の下に国人領主層を統合しようとしていた。そのためには、遠隔地の但馬国から間接的に支配するのではなく、一族の人物を備後国に常駐させて直接的に支配する必要があり、「山名彦次郎」を下向させたと考えられる〔木下二〇一一〕。

また、五月十四日付けで太田垣誠朝《おおたがきのぶとも》（山名惣領家家臣）が末長《すえなが》左近大夫（竹原小早川《たけはらこばやかわ》家家臣）に宛てた書状〔譜録〕には「備後国について、安芸守殿（竹原小早川弘平《ひろひら》）とあなた様へ屋形（山名惣領家当主祐豊）から書状をもってお伝えいたします。（中略）宮内少輔《くないのしょう》と話し合って早急に決着するように心掛けられることが非常に大切です」とある。親大内派国人であった竹原小早川家に対して、山名氏への支援を依頼し、詳細は宮内少輔と話し合って決めるように伝えたものであり、宮内少輔が山名氏の備後国支配の中心的役割を担うこととされていたことがわかる。

この書状は大永八年に比定されるが〔木下二〇一一〕、これ以降の史料において理興は宮内少輔を称しており、この書状の宮内少輔も理興に比定される。備後国への下向に当たり、理興は彦次郎から宮内少輔に名乗りを改めたのである。宮内少輔はかつて備後国守護職に補任されていた山名時熙の官途名である。一方で、伯耆国守護家の山名豊之《とよゆき》も宮内少輔を称していた。実名をみると「興」は大内義興《よしおき》の偏諱であるが、「理」は美作国守護職などに補任されていた山名義理《よしただ》（時義の兄）やその子時理《ときただ》、義理の孫山名教清《のりきよ》やその子政清《まさきよ》が守護職に補任された石見国に関する史料に政理《まさただ》という人物が確認される〔木下二〇一三〕。しかし、いずれも理興の詳細な出自を断定するには不十分であり、現時点では山名氏一族ということを確認しておくに留めたい。

神辺合戦

次に、備後国へ下向した後の理興の動向についてみていこう。天正十九年（一五九一）に小早川隆景《たかかげ》が備後南部の国人渡辺《わたなべ》氏の功績について記した書状〔譜録〕の一部に「尼子方が郡山城を攻撃して敗退した際に、備後国はすべて大内殿によって制圧され、神辺城主山名宮内少輔に備後国南部を委ねられたので、他の国人領主と同様に（渡辺氏も）神辺へ従われました。その後、大内殿が出雲遠征で敗退した際、山名宮内少輔は裏切って富田《とだ》城へ入城しました」とある。

少なくとも永享年間頃までの山名氏による備後国支配の拠点は国府《こくふ》（八尾山）城（広島県府中市）だったと考えられるが〔谷重二〇一六〕、遅くとも天文十年（一五四一）頃の理興は神辺城を本拠としている。神辺については、山名氏による備後国人衆の和談に関して「神辺和談」という表現がみられる。大永七～八年（一五二七・二八）頃に神辺が山名氏による備後国支配の一拠点となっていたことを示すが、理興下向の際に入城したのが神辺城、国府城のいずれだったのか確定することは難しい。

いずれにせよ、理興下向後も山名惣領家の備後国への影響力は低下していき、山内氏が尼子氏に屈服した天文五年頃になると、理興は大内氏への従属を強めていたと考えられる。ところが、天文十二年、大内勢による富田城（島根県安来市）攻撃が難渋すると、理興は大内氏から離反して、尼子方へと転じた。最後まで大内方に留まった沼田小早川家当主正平《まさひら》は撤退時に討ち死にしたが、その直後に備後勢が沼田小早川家領椋梨《むくなし》（広島県三原市）に進攻している。この備後勢に理興の軍勢が含まれていた蓋然性は高いが、毛利勢の救援などによって撃退され、その後、理興は毛利勢など大内方の攻撃をうけることとなった。

天文十六年四月、外郡五ヶ村（福山市）へ大内方の軍勢が進攻。毛利氏や湯浅氏（世羅《せら》郡を本拠とする国人）は勝渡（正戸）山（福山市）西に布陣しており、理興の居城神辺は次第に追い詰められていった。翌年の天文十七年六月に神辺固屋口（大内義隆は「村尾《むらお》城下」と表記しており、神辺城山麓の城下町地区を指す）で大規模な戦闘があり、死傷者が確認される吉川《きっかわ》勢のほか、毛利氏譜代家臣、内藤氏などの安芸国人衆、湯浅氏などの備後国人衆、大内氏家臣も参加している。その後、七月に大内氏は毛利元就《もとなり》らへ神辺表における稲薙《いねなぎ》を命じるとともに、西条勢衆（大内氏の安芸国支配の拠点東西条一帯の軍勢）の派兵を告げた。また、備後国南部のみならず、北部の国人衆に対しても出兵を命じている。つまり、六月の大規模な攻撃にもかかわらず、神辺城は陥落しなかったため、総攻撃態勢に入ったのである。

しかし、大内方の攻撃は翌年の天文十八年も続き、二月の村尾要害麓における戦闘（隆景勢が戦功）、四月の神辺城下（毛利隆元《たかもと》は「七日市表固屋」と表記）における戦闘（毛利氏譜代家臣のほか、大内氏家臣杉勢などが戦功）を経て、八月になってもいまだ神辺城は持ち堪えていたが、九月四日、ついに陥落した。なお、神辺城攻撃中に陣没した安芸国人平賀隆宗《ひらがたかむね》について、軍記類においては攻撃の中心的役割を担い、活躍する様子が叙述されているが、同時代史料において隆宗自身の活躍を確認することはできない。

神辺城陥落後、理興は城からの脱出に成功。その後、尼子氏に庇護されたという。理興が毛利氏と大内氏との断交後に毛利氏によって神辺城主への復帰を許され、弘治三年に死没したとする説は、杉原豊後守と混同したものであり、そのような事実はない。

（光成準治）

【主要参考文献】
市川裕士『室町幕府の地方支配と地域権力』（戎光祥出版、二〇一七年）
岸田裕之『大名領国の構成的展開』（吉川弘文館、一九八三年）
木下和司「大永七年九月の備後国衆和談と山名理興（上）」（『芸備地方史研究』二七四、二〇一一年）
木下和司「大永七年九月の備後国衆和談と山名理興（下）」（『芸備地方史研究』二七五・二七六、二〇一一年）
木下和司「山名理興の出自について」（『備陽史探訪』一七一、二〇一三年）
谷重豊季「山名刑部少輔持熙―備後版「永享の乱」、悲運の将―」（『芸備地方史研究』三〇〇、二〇一六年）

杉原盛重——尼子氏と対する西伯耆戦線の指揮官

毛利興元娘と杉原豊後守・杉原盛重

毛利《もうり》元就《もとなり》の兄興元《おきもと》の娘は当初、山内直通《やまのうちなおみち》の嫡子次郎四郎豊通《とよみち》に嫁していたが、豊通が若年で死没したため（子はなかった）、小早川興景《こばやかわたかかげ》（竹原《たけはら》小早川家）に再嫁した。ところが、興景も天文十年（一五四一）に死没した（二九四頁参照）。

その後、興元娘は杉原《すぎはら》豊後守に嫁した。杉原氏は公家近習武士だった「平」を姓とする光平《みつひら》が宮将軍宗尊親王《むねたかしんのう》の鎌倉下向に随伴して幕府奉行人となり、所領として賜った備後国杉原保（広島県福山市）を名字としたことに始まるとされる〔木下二〇〇三〕。光平の子孫のうち、観応の擾乱期に足利尊氏《あしかがたかうじ》・義詮《よしあきら》父子に荷担した信平《のぶひら》・為平《ためひら》の系統が備後国において有力となった。前者として木梨《きなし》・高須《たかす》氏、後者として山手《やまて》杉原氏があげられる〔木下二〇〇四〕。

杉原豊後守は興元娘との婚姻当時には山手杉原氏の当主だったと考えられるが、その系譜は定かでない。少なくとも天文十五年までは山名理興《やまなただおき》に荷担して大内《おおうち》氏・毛利氏と敵対していたが、天文二十二年四月以前に毛利氏と親密な関係にあることが確認され、その頃までに興元娘と婚姻した可能性を指摘できる。一方で、毛利氏に服属したわけではなく、大内氏に従属する国人であり、神辺《かんなべ》城主となった時期は毛利氏と大内氏とが断交した天文二十三年五月以降と考えられるため、婚姻時期も神辺城主となった時期とする見解もある〔木下二〇一二〕。

いずれにせよ、弘治三年（一五五七）二月頃までに豊後守は死没した〔木下二〇一二〕。なお、山名理興が毛利氏と大内氏との断交後に毛利氏によって神辺城主への復帰を許され、弘治三年に死没したとする説は、杉原豊後守と混同したものである（三四二頁参照）。

豊後守死没後、興元娘は後継の神辺城主となった杉原盛重《もりしげ》に嫁したとされる。しかし、永禄四年（一五六一）に元就・隆元《たかもと》が小早川隆景《たかかげ》の居城新高山《にいたかやま》城（広島県三原市）を訪問した際、興元娘が新高山城に居り、その時点で盛重妻だったとは考え難い。興元娘は「竹原にし殿」と表記されており、常住場所は竹原（西殿屋敷）で、元就・隆元の訪問にあわせて新高山城に来訪していた蓋然性が高い。豊後守の死没後、興元娘は一時期、竹原へ帰っていたと考えられる。

一方で、「森脇覚書《もりわきおぼえがき》」によると、杉原盛重は永禄六年頃に死没した西伯耆地域の有力な国人行松《ゆきまつ》入道（居城は尾高《おだか》〈鳥取県米子市〉）の後家を娶ることによって、尾高城主となったとされる〔岡村二〇一〇〕。この縁組の詳細を示す同時代史料は確認できず、行松入道後家と興元娘が同一人物という確証はない。しかし、尼子《あまご》氏の圧迫によって国外に退去した行松氏が、毛利氏の支援によって尾高に帰城したのは永禄五年とされており〔森脇覚書〕、杉原豊後守の死没後に竹原へ帰っていた興元娘が尾高に帰城した行松入道に再嫁したとすると、永禄四年に興元娘が竹原に居住していたことと整合する。

したがって、興元娘は杉原豊後守の死没後に竹原へ帰り、永禄五年に行松入道へ嫁したものの、ほどなく行松入道が死没して、その後、杉原盛重に嫁したという可能性を指摘できる。

尾高城主盛重

杉原豊後守と盛重との関係は不明である。また、天文二十三年（一五五四）頃に宍戸《しし ど》隆家《たかいえ》娘（元就外孫）が伊予河野《こうの》氏へ嫁した際、隆家娘に杉原直良《なおよし》妻（熊谷信直《くまがいのぶなお》外孫娘）が侍女として随行している。直良と盛重・豊後守との関係も不明であるが、この女性は隆家娘の乳母であったと考えられ、元就からの信頼も厚かったと推定される〔木下二〇一二〕。そのような女性が杉原氏一族に嫁していたことは、毛利氏が備後国への影響力を高めるに当たって、杉原氏を重要視していたことを示している。

大内氏を滅亡させて毛利氏による備後国支配が安定してくると、盛重は西伯耆戦線の指揮官に起用された。その際、尾高城主行松入道後家（興元娘）との縁組みによって、尾高城主および西伯耆戦線の指揮官としての正統性が付与されたと推定される。換言すると、比較的新参の一国人（かつ、杉原氏傍流と推定される）にすぎない盛重を西伯耆戦線の指揮官に起用するためには、元就姪との縁組みによって、毛利氏の縁戚にする必要があったのではなかろうか。いずれにせよ、元就は盛重の武将としての能力を高く評価し、尼子氏の本拠富田《とだ》城（島根県安来市）攻略において重要な位置にある西伯耆地域の制圧・

安定化を盛重に委ねたのである。

西伯耆地域においては、永禄五年（一五六二）頃に、尾高城への行松氏の帰還、河岡《かわおか》城（米子市）を本拠とする河岡氏の尼子氏からの離反のほか、尼子氏に圧迫されて備後国人久代宮《くしろみや》氏のもとへ逃れていた山名藤幸《ふじゆき》（山名師義《もろよし》の長男義幸《よしゆき》系で、日野《ひの》郡を本拠とした日野山名家）が毛利氏の支援をうけて久代宮氏の軍勢とともに日野本城（鳥取県日南町）の奪回に成功するなど、尼子氏支配地域を毛利方が制圧しつつあった。これに対して尼子氏は、永禄六年五〜七月、尾高城・河岡城へ攻め寄せており、この折の攻撃には毛利氏から派遣されていた在番衆の働きなどによって撃退に成功した。

尾高城跡　米子市

このうち、尾高城には永禄六年三月時点ですでに盛重家臣横山《よこやま》・谷《たに》本《もと》が入城している。また、七月時点における盛重は山名藤幸や久代宮景盛《かげもり》とともに日野に滞在していた。盛重家臣の尾高入城と盛重が行松入道後家と縁組みした時期の前後関係を確定することはできないが（三月以前に縁組みは決定していた蓋然性が高い）、元就は七月二十三日付けで、盛重・藤幸・景盛の尾高・河岡への救援を命じたとしており、その後、十一月には盛重勢が天満固屋（鳥取県南部町）を攻撃していることから、盛重はこの間に尾高城主になったと考えられる〔岡村二〇一〇」。

これ以降、盛重は神辺城主と尾高城主を兼ねることとなったが、軍事行動の主な舞台は日本海側になっていく。永禄七年八月には日野衆の蜂起を鎮圧して伯耆国内の尼子方勢力を撲滅し、その結果孤立した尼子氏は永禄九年十一月、富田開城に追い込まれた。永禄十二年の尼子勝久《かつひさ》・山中幸盛《やまなかゆきもり》らの挙兵時には北部九州へ出兵していたため、伯耆国の一部を尼子方に掌握されたが、永禄十三年には帰国して、伯耆国のほか、出雲国の尼子方拠点の攻略に戦功をたてた。元亀二年（一五七一）八月頃までには伯耆国内の尼子方の掃討に成功している。なお、この間の永禄十二年八月には山名理興旧臣とされる藤井皓玄《ふじいこうげん》が神辺城を一時的に奪取するという事件が出来したが、すぐに奪回している。

その後も天正七年（一五七九）に毛利氏から離反した南条元続《なんじょうもとつぐ》らとの戦闘において中心的な役割を担ったが（一五四〜一五五頁参照）、天正九年に死没し、長男元盛《もともり》が家督を継承した。

杉原氏の衰退

軍記類によると、元盛の弟景盛は天正十年（一五八二）の秀吉勢の進攻時に、元盛に対して織田権力への服属を勧めたが拒否されたため、企ての露見を怖れて元盛を殺害したという。実際に、後述する景盛討伐時の輝元書状〔湯浅家文書〕に「景盛については、元盛を殺害して以降、暴悪非道な企みがあった」とあり、景盛による元盛の殺害は事実である。また、天正十年八月まで確認された元盛発給文書がそれ以後確認できなくなり、代わって同年閏九月から景盛発給文書が確認されるようになっており〔木下二〇一二〕、元盛の殺害、景盛の家督継承は天正十年九～閏九月だったと考えられるが、元盛殺害の要因を同時代史料で明らかにすることはできない。

その後、天正十二年になると、輝元は秀吉への内通の嫌疑で景盛に対する討伐命令を発し、出雲・石見衆に加え、湯浅氏など備後国人も西伯耆の杉原氏領へ向かった。八月七日までには天満要害が陥落し、景盛が籠もる佐陀《さだ》城（米子市）も陥落寸前に追い込まれ、十六日、景盛は平田（鳥取県大山町カ）で落命した。おそらく、佐陀城陥落時に捕縛され、処刑されたと考えられる。また、景盛の子も処刑された。一方、神辺など備後国の杉原氏領において戦闘があった形跡はない。四月頃には井原《いはら》氏などが神辺在番として派遣されていたが、輝元による景盛討伐命令が発せられた際、杉原氏家臣所原肥後守らは毛利氏に抵抗することなく在番衆に協力したと考えられ、その結果、景盛の弟広亮《ひろすけ》によって杉原氏の存続は叶った〔松浦一九七七、横畠二〇〇九〕。

しかし、杉原氏は西伯耆の所領を失い、備後国における所領も、神辺やその周辺の所領については、毛利氏の直轄支配地域、あるいは、秀吉との国境画定交渉によって所領を失った備前・備中・美作などの領主の所領とされた。このようにして、杉原氏は大きく衰退することとなったのである。（光成準治）

【主要参考文献】

岡村吉彦『鳥取県史ブックレット4　尼子氏と戦国時代の鳥取』（鳥取県、二〇一〇年）
木下和司「備後国衆・杉原盛重の立場―毛利氏との主従関係を中心として―」（『芸備地方史研究』二八一、二〇一二年）
松浦義則「戦国末期備後神辺城周辺における毛利氏支配の確立と備南国人層の動向」（『芸備地方史研究』一一〇・一一一、一九七七年）
横畠渉「豊臣期毛利氏の備後国における動向―神辺周辺を対象として―」（『芸備地方史研究』二六四、二〇〇九年）

毛利輝元——三英傑と互角に渡りあった男の実像

輝元の生涯

毛利輝元《もうりてるもと》は天文二十二年（一五五三）、毛利隆元《たかもと》の長男として生まれた。母は内藤興盛《ないとうおきもり》娘（尾崎局《おざきのつぼね》）。永禄六年（一五六三）、父隆元が急死したため、祖父元就《もとなり》の後見のもと、十一歳で毛利家の家督を継承した。元就死没後、大友宗麟《おおともそうりん》の画策した毛利氏包囲網（山陰の尼子勝久《あまごかつひさ》、備前の浦上宗景《うらがみむねかげ》・宇喜多直家《うきたなおいえ》ら）との抗争を繰り広げたが、天正三年（一五七五）になると、直家と結んで、浦上宗景や毛利氏に反旗を翻した三村元親《みむらもとちか》を滅ぼした。

この頃から、織田信長との関係が悪化し、天正四年、備後国鞆《とも》（広島県福山市）に逃れてきた将軍足利義昭《あしかがよしあき》を受け入れて、信長との全面戦争に踏み切った。大坂本願寺《ほんがんじ》への兵糧搬入、播磨国上月城《こうづき》（兵庫県佐用町）の攻略など、緒戦においては優勢であったが、天正七年に宇喜多直家や伯耆国の南条元続《なんじょうもとつぐ》が織田方に転じると戦況は不利となった。中国方面に派遣された信長の将羽柴秀吉によって、天正九年、因幡国鳥取城《とっとり》（鳥取市）が攻略され、翌十年には備中国高松城《たかまつ》（岡山市北区）を包囲されたが、本能寺の変の報を受けた秀吉との間に停戦が成立した。

毛利輝元画像　東京大学史料編纂所蔵模写

その後の講和交渉の結果、毛利氏領国は安芸・備後・周防・長門・石見・出雲・隠岐、および伯耆西半、備中西半となった。これ以降、輝元は秀吉に協力して、四国、九州、関東、さらには朝鮮半島へ派兵するとともに、秀吉晩年にはいわゆる五大老の一人として、豊臣政権を支えた。また、天正十七年には広島《ひろしま》城（広島市中区）の築城を開始し、郡山《こおりやま》城（広島県安芸高田市）から居城を移した。

秀吉の死没後、石田《いしだ》三成《みつなり》と連携して、反徳川家康闘争を企図し、慶長五年（一六〇〇）には西軍の総大将格として、大坂城に入城したが、関ヶ原合戦において西軍が敗北したため、大坂城から退去し、周防・長門二国に減封された。慶長九年、新たに普請した萩《はぎ》城（山口県萩市）へ移り、寛永二年（一六二五）四月二十七日に死没した。享年七十三歳。

毛利氏の支配領域は元就の代に中国地域の過半まで拡大したが、輝元の代に本領安芸国を失い、防長二国に縮小した。このため、輝元の武将としての評価は低い。しかし、最終的には縮小したものの、毛利氏の支配領域が最も拡大したのは天正六年頃。輝元の代である。輝元は天下一統を目指す織田信長や「天下人」となった豊臣秀吉、徳川家康ともある時期までは互角に渡りあった。関ヶ原合戦における敗北を乗り越え、毛利氏が幕末に至るまで大名として存続する礎を築いており、後世の輝元に対する評価は厳しすぎる面もある。

そこで、過小評価されている輝元の実像について、①絶頂期（義昭下向～北部九州再進出）、②家康との対抗期（秀吉死没～関ヶ原合戦）に着目して、迫っていきたい。

足利義昭の鞆下向

永禄十一年（一五六八）、義昭を奉じて上洛した織田信長と毛利氏との友好関係は永禄十二年から確認される。毛利氏包囲網の一翼を担っていた三好《みよし》氏（義継《よしつぐ》・三好三人衆）と信長とは対立関係にあり、両者の利害関係は一致していた。元亀四年（一五七三）に信長が義昭を京都から追放した後も、両者の関係は維持されていたが、義昭を追放して天下一統を目指し始めた信長にとって、毛利氏は将来的に完全服従させるべき相手となっており、元亀三年に事実上屈服するかたちで毛利氏と講和していた浦上宗景に対して備前・播磨・美作国の朱印状を発給して、毛利氏に揺さぶりをかけた。この信長の策略は、宇喜多直家の毛利氏への接近、三村元親の毛利氏からの離反を招き、天正三年（一五七五）、三村元親の滅亡、浦上宗景の居城天神山《てんじんやま》（岡山県和気町）の陥落という結末を迎えた。

その結果、毛利氏領国は直接的に織田氏分国と境界を接することとなり、また、織田権力が後援していた浦上氏を事実上滅亡に追い込んだことによって、毛利氏と織田権力との緊張が大いに高まることとなった。そのうえ、毛利氏は天正三年正月、対立してきた但馬山名《やまな》惣領家との同盟を成立させたが、但馬国を織田分国に組み込もうとしていた信長にとって、この同盟は毛利氏への不信をかきたてた。

そのような状況下で、天正四年二月、義昭が毛利氏領国内の鞆へ毛利氏に無断で下向してきた。織田権力との関係が悪化傾向にあったとはいえ、表面上の同盟関係は継続しており、輝元は義昭の受け入れを逡巡し、対応に苦慮した。しかし、受け入れを決定していなくても、下向した義昭が毛利氏領国内に留まっていれば、毛利氏は同盟を破棄するつもりであると信長が疑うに違いないと考え、四月、義昭の受け入れを決定し、織田権力との戦争に突入した。

毛利氏が義昭の受け入れを決めると時を同じくして、大坂本願寺と織田権力との戦闘が始まった。本願寺は戦闘当初に勝利を収めたものの、信長自身の出陣によって劣勢に陥り、ついに織田勢によって包囲された。本願寺が織田権力によって殲滅、あるいは降伏してしまうと、織田勢の矛先が毛利氏へ向かうことは明白であったため、兵粮不足に陥った本願寺へ毛利方の水軍が兵粮を送り込むこととなった。毛利方の水軍は七月十三日〜十四日早朝の木津川《きづがわ》河口における戦闘において織田水軍を撃破し、兵粮補給に成功した。

さらに、天正六年三月には、播磨国三木《みき》城（兵庫県三木市）主別所長治《べっしょながはる》や梶原《かじわら》・長井《ながい》・神吉《かんき》・櫛橋《くしはし》・宇野《うの》といった播磨国の領主層が織田権力から離反、織田権力に服属していた尼子勝久・山中幸盛《やまなかゆきもり》らの籠もる上月城が七月に陥落すると（一三四頁参照）、十一月には織田権力の播磨国経略を担っていた摂津有《あり》岡城《おか》（兵庫県伊丹市）主荒木村重《あらきむらしげ》も離反し、播磨国においても小寺《こでら》・在田《ありた》などの領主層がそれに追随した。

このようにして輝元は、事実上従属している勢力を含めると、中国地域のすべてのみならず、播磨国の大半や但馬国も（豊前国や讃岐国一部も）影響下におき、元就期をはるかに上回る版図を有する全国屈指の戦国大名となったのである。その勢いに乗って、義昭は輝元に対して自ら兵を率いて畿内へ進攻するよう命じた。輝元はそれに応じて、天正七年正月十六日が出陣日とされた。しかし、毛利氏家中においては、天正六年三月の市川元教《いちかわもとのり》（元就妻妙玖《みょうきゅう》の兄弟吉川経世《きっかわつねよ》の孫）、天正七年正月の杉重良《すぎしげよし》（妻は毛利氏重臣福原貞俊《ふくはらさだとし》の姉妹）の謀反の企みなど、足下に不穏な情勢がみられた。また、過度の軍事動員は国人領主層の離反を招く危険性が高かった。このような状況を踏まえ、小早川隆景《こばやかわたかかげ》は輝元の出陣に反対したと考えられ、結局、輝元は出陣を中止した。

そのような輝元の弱腰がこの年の宇喜多氏（二一九～二二〇頁参照）、南条氏（一五二～一五三頁参照）の毛利氏からの離反を招き、毛利・織田戦争は転換点を迎えた。

北部九州の奪回

輝元出陣中止の一要因となった杉重良の謀叛は、大友宗麟の調略によるものであった。天正六年（一五七八）十一月の耳川《みみかわ》合戦時点においては、元亀三年（一五七二）二月に毛利方へ転じていた麻生隆実《あそうたかざね》を除き、北部九州の国人は大友方であったが、大友氏が耳川合戦で大敗したことを踏まえ、北部九州国人の大友氏からの離反の動きを支援するために杉は下向しており、天正七年正月には秋月《あきづき》氏が杉を仲介として毛利氏への荷担を申し出るなどの成果をあげていた。

この杉の謀叛は天正七年三月頃に鎮圧されたが、大友氏による杉への救援が十分でなかった背景には、秋月氏に加えて、二月頃までには筑紫《つくし》氏・宗像《むなかた》氏・長野《ながの》助守《すけもり》・高橋《たかはし》鑑種《あきたね》といった北部九州の国人が相次いで毛利方へ転じていたことをあげることができる。さらに、原田《はらだ》氏や、豊前国中南部の国人（野仲《のなか》氏・城井《きい》氏など）も大友氏から離反、宇佐宮《うさぐう》や彦山《ひこさん》といった宗教勢力についても反大友氏の動きがみられた。このように、耳川合戦で島津《しまづ》勢が大友勢を破ったことに乗じたものとはいえ、輝元は元就が失った北部九州における勢力圏の奪回に成功していた。

しかし、宇喜多氏・南条氏の離反によって対織田戦争の情勢が悪化すると、毛利勢主力の北部九州への渡海は困難となり、その結果、北部九州国人の足並みに乱れが生じていく。天正九年には、高橋元種《もとたね》（鑑種の後継者、秋月氏の出身）の管理する苅田《かんだ》松山《まつやま》城（福岡県苅田町）を馬ケ岳《うまがたけ》城（同行橋市）主長野統重《むねしげ》（助守の後継者）が攻撃するという事件が起こっている。長野氏には城井氏、高橋氏には秋月氏が助勢して、親毛利派国人同士の紛争は拡大していったが、城井氏は大友氏への接近を強めており、毛利氏による直接的な支援が見込めない状況下で、それぞれの国人は生き残りに向けて毛利氏を頼みとしない方策を考えざるをえなくなっていた。

また、毛利勢主力の九州への渡海が困難になったことにともない、島津氏・龍造寺《りゅうぞうじ》氏が大きな抵抗の予想される大友氏本国豊後国への進攻を避けた結果、両氏ともに、自らの領国に隣接する肥後国への進出を図ることとなり、利害関係の対立が生じた。輝元は親毛利派国人とともに龍造寺氏が大友氏の筑前国支配の拠点立花山城《たちばなやま》（福岡市東区、福岡県新宮町・久山町）を攻撃することを期待していたが、龍造寺氏の消極姿勢（肥後方面を優先）によって攻撃は実現しなかった。

本能寺の変後も毛利勢主力の九州渡海はなく、原田氏・筑紫氏は龍造寺氏への接近を強め、天正十二年三月の沖田畷《おきたなわて》の戦いにおいて、龍造寺隆信《たかのぶ》が島津氏・有馬《ありま》氏に敗れて討ち死にすると、秋月氏・高橋元種らは島津氏へ接近していった。

このようにして、輝元による北部九州の奪回は最終的には大きな成果を得ることなく、秀吉による九州国分《くにわけ》を迎えたが、秀吉の天下一統に協力することによって、小早川隆景への筑前一国・筑後・肥前の一部への給付というかたちで北部九州における毛利氏分国の獲得に成功している。

徳川家康との対立と融和

慶長三年（一五九八）八月十八日の豊臣秀吉死没直後から、諸大名は親徳川家康派・反家康派に二分されていく。八月二十八日付け四奉行（いわゆる五奉行のうち浅野長政《あさのながまさ》を除く）宛輝元起請文案文（「毛利家文書」）には「もし今度定められた五人の奉行（いわゆる「五大老」）の内、秀頼《ひでより》様への謀叛ではなくても、増田長盛《ましたながもり》・石田三成・前田玄以《まえだげんい》・長束正家《なつかまさいえ》の意見に同意しない者があれば、私（輝元）は長盛・三成・

輝元の居城・広島城跡　広島市中区

玄以・正家に同意して、秀頼様へ奉公する」とあり、これは石田三成が当初の案文に加筆・修正したものとされることから、輝元は秀吉への取次を担っていた石田三成・増田長盛との関係を重視して、反家康派に荷担していたことが判明する。

　八月末から九月初頭には毛利勢の上方への集結がみられるなど、両派の対立は一時的に危機的状況にあったが、九月三日、五大老・五奉行が起請文を取り交わしいったん沈静化した。ところが、慶長四年に入ると、家康私婚問題（無断縁組み）が表面化し、五大老の一人前田《まえだ》利家《としいえ》を旗頭に、家康の責任を追及する動きが高まり、それに反発する親家康派との間で軍事衝突寸前にまで至った。輝元も反家康派の中心の一人であったが、二月十二日に家康と他の四大老・五奉行が起請文を交換して、この危機も回避された。

　ところが、前田利家が閏三月三日に死没すると、いわゆる七将が石田三成の襲撃を企てるという事件が勃発した。襲撃を逃れた三成は伏見城内の「治部少丸」に入り、小西行長《こにしゆきなが》・寺沢正成《てらさわまさなり》を輝元のもとへ派遣して、輝元に決起をよびかけた。大坂の喉元を押さえる交通の要衝である尼崎《あまがさき》（兵庫県尼崎市）に輝元が布陣して西日本の諸大名を結集、伏見城内の石田三成と協力して親家康派を挟撃するという戦略であった。約一ヶ月前の三月一日には千五百の吉川勢の伏見駐留が確認されるうえ、襲撃事件当時、広《ひろ》家《いえ》自身も伏見を目指し上京中であったことから、輝元も親家康派との対決に積極的だったと推定される。しかし、秀吉の後継者豊臣秀頼の居所大坂城が親家康派によって掌握されてしまったため、この戦略の成功は難しくなり、結局、三成が奉行職を退き、佐和山《さわやま》城（滋賀県彦根市）へ隠居することによってこの事件は解決した。閏三月二十一日、輝元と家康は起請文を交換したが、その中で家康は輝元を兄弟、輝元は家康を親子と称しており、輝元は表面上家康に屈服した。

反徳川闘争決起と西国進攻

慶長五年（一六〇〇）六月、上洛命令を拒否した五大老の一人上杉景勝《うえすぎかげかつ》を討伐するため、家康は諸大名を動員して会津へ向かったが、家康が容易に上方まで引き返せない距離に達するのを待ち構えたかのように、三成・大谷吉継《おおたによしつぐ》・安国寺恵瓊《あんこくじえけい》の三者は三成の居所佐和山において密会し、反徳川闘争決起を企てた。毛利氏の参画に関する従来の通説では、恵瓊が輝元に無断でこの企てを行ったとされてきたが、七月十二日付け豊臣三奉行からの上坂要請連署状を十五日に受け取った輝元が即時に上坂を決断して、通常では考えられない高速航行で大坂に到達したこと、大坂に居た元就四男元清《もときよ》の子秀元《ひでもと》（輝元に実子秀就《ひでなり》が誕生する以前には輝元の後継者とされていた）が十七日には大坂城西の丸を預かっていた家康の留守居を追い出して西の丸を占拠していることなどから推定すると、輝元は上坂要請以前から反徳川闘争計画に直接関与していたと考えられる。

ところが、大坂城に入ったのち、輝元が戦場に赴くことはなかった。家康らが反転して上方へ迫ってきた際にも大坂城から動かなかった。一方で、輝元は大坂の親徳川派を一掃している。その際、阿波の蜂須賀《はちすか》一茂《かずしげ》は親徳川的行動を咎められ、自身は逼塞処分、家臣団は豊臣氏の馬廻衆《うままわりしゅう》に編入された。その後、一茂は剃髪させられて高野山《こうやさん》へ追放されたが、かなりの兵力が阿波に残っていたものと推定され、阿波を支配下に置くことが急がれた。阿波占領を担ったのは毛利勢である。蜂須賀氏の居城徳島《とくしま》(徳島市)を占領した毛利勢に対する指示は、輝元と豊臣三奉行の連署で発せられており、形式的には豊臣政権の命令に基づく軍事行動であったが、占領そのものは毛利勢のみによって行われた。

続いて輝元は、会津征討に従った伊予の大名松前城《まつまえ》(愛媛県松前町)主加藤茂勝《かとうしげかつ》と板島城《いたしま》(愛媛県宇和島市)主藤堂高虎《とうどうたかとら》の所領を占領すべく調略を行い、藤堂領については一部成功したが、加藤領については失敗したため兵を渡海させた。

さらに、西軍に荷担した豊前小倉城《こくら》(北九州市小倉北区)主毛利吉成《もうりよしなり》領について、豊前毛利勢が伏見城攻撃の際に大きな損害を蒙り、家中が混乱していることを理由に、門司城《もじ》(北九州市門司区)に毛利勢を入れたのみならず、門司の町全体を支配下に収めようとした。関ヶ原における戦闘終結後には、小倉城も毛利氏によって占領されている。

このように、輝元は四国から北部九州に至る広範囲で自領を拡大しようとしている。このような行動の背景には、関白豊臣秀次《ひでつぐ》が失脚した文禄四年（一五九五）、秀吉から「西国について輝元と隆景に申し付ける」〔毛利家文書〕とされたことがあったと考えられる。

関ヶ原合戦

反徳川闘争決起後の毛利勢は主として、瀬田《せた》（大津市）における普請、安濃津《あのつ》城（津市）攻撃を担ったのち、東軍の西上に備えて南宮山《なんぐうさん》（岐阜県垂井町）に布陣した。一方で、黒田長政《くろだながまさ》を窓口として家康は吉川広家に対して講和を呼び掛け、九月十四日、広家と福原広俊《ひろとし》は不戦協定を締結した。このような動きは輝元の意向に沿ったものであったと推定される。とはいえ、輝元が完全に家康との講和に踏み切ったとはいえない。岐阜《ぎふ》城（岐阜市）落城や伊勢や大津における苦戦、家康の西上に不安を感じた輝元は、広家ルートによって、万一、西軍が敗戦した場合の自己保身を図る一方、南宮山の布陣は解かず、情勢を見つつ、西軍有利と見れば東軍への攻撃に転じることができる態勢をとっていたのである。

毛利輝元の墓　山口県萩市・天樹院跡

ところが、大垣・関ヶ原方面における東西両軍の膠着状態は長引くという輝元の予想に反して、不戦の密約締結の翌日、関ヶ原において東西両軍は激突した。小早川秀秋《ひであき》の西軍からの離反によって危機に陥った大谷吉継の救援のために大垣《おおがき》城（岐阜県大垣市）の西軍が移動した結果、突発的に戦闘が勃発したのである〔白峰二〇一一、二〇一四〕。戦闘の長期化を予想していた輝元は、南宮山の毛利勢に対して、眼前で戦闘が始まった際の行動を指示していなかった。南宮山に布陣した毛利勢には全体を統括する明確な指揮官が存在せず、全軍を指揮できる輝元が戦場に居なかったため、不戦の密約の有無にかかわらず、毛利勢は傍観するよりほかなかった。結局、関ヶ原における戦闘は一日で決着が付き、南宮山に陣取った毛利勢は西軍の敗北を見届けた後、戦場から退却した。

大坂城に居た輝元も所領安堵の約束を得て八月二十五日頃、大坂城から退去したが、その後、家康は毛利氏に対して周防・長門二国への減封を命じた。武装解除していた輝元にはもはや抵抗する術はなく、家康に服従するしかなかった。阿波国・伊予国に展開していた毛利勢も関ヶ原における敗北後撤兵して、西国を統括しようとした輝元の野望は水泡に帰したのである。

（光成準治）

【主要参考文献】

白峰旬『新「関ヶ原合戦」論―定説を覆す史上最大の戦いの真実』（新人物往来社、二〇一一年）
白峰旬『新解釈関ヶ原合戦の真実―脚色された天下分け目の戦い』（宮帯出版社、二〇一四年）

【執筆者一覧】（編者以外は掲載順）

光成準治　別掲

中司健一
一九八〇年生まれ。現在、益田市歴史文化研究センター主任。
【主な業績】「陶氏の領主財政」（『史学研究』二六五・二六六、二〇〇七年）、『中世益田・益田氏関係史料集』（益田市教育委員会、二〇一六年）、『中世益田ものがたり』（共著、益田市教育委員会、二〇一七年）

石畑匡基
一九八八年生まれ。現在、大手前大学国際日本学部講師。
【主な業績】「戦国期毛利元清の権限と地位」（『古文書研究』七八、二〇一四年）、「戦国期における毛利氏の出雲支配と毛利元康」（『日本歴史』八五七、二〇一九年）、「石田三成と宇喜多秀家」（太田浩司編『石田三成　関ヶ原西軍人脈が形成した政治構造』宮帯出版社、二〇二二年）

【編者略歴】

光成準治（みつなり・じゅんじ）

1963年、大阪府生まれ。

現在、九州大学大学院比較社会文化研究院特別研究者、県立広島大学非常勤講師。

主な著書に『中・近世移行期大名領国の研究』（校倉書房、2007年）、『毛利輝元』（ミネルヴァ書房、2016年）、『関ヶ原前夜』（角川ソフィア文庫、2018年）、『九州の関ヶ原』（戎光祥出版、2018年）、『小早川隆景・秀秋』（ミネルヴァ書房、2019年）、『本能寺前夜』（角川選書、2020年）、『天下人の誕生と戦国の終焉』（吉川弘文館、2020年）ほか多数。

戦国武将列伝《せんごくぶしょうれつでん》9 中国編《ちゅうごくへん》

2023年9月10日　初版初刷発行

編　者　光成準治
発行者　伊藤光祥
発行所　戎光祥出版株式会社
〒102-0083 東京都千代田区麹町1-7 相互半蔵門ビル8F
TEL：03-5275-3361（代表）　FAX：03-5275-3365
https://www.ebisukosyo.co.jp
編集協力　株式会社イズシエ・コーポレーション
印刷・製本　モリモト印刷株式会社
装　丁　堀 立明

ISBN：978-4-86403-448-7